なぜ危機に気づけなかったのか

マイケル・A・ロベルト著
Michael A. Roberto

飯田恒夫訳

組織を救う
リーダーの
問題発見力

Know What You Don't Know

How Great Leaders Prevent Problems Before They Happen

英治出版

なぜ危機に気づけなかったのか

KNOW WHAT YOU DON'T KNOW

How Great Leaders Prevent Problems Before They Happen

by

Michael A. Roberto

はじめに

二〇〇五年の春、かつてケネディ政権で国防長官を務めたロバート・マクナマラ氏が、ハーバード・ビジネススクールにやってきた。当時そこの教員だった私と同僚が招いたのだ。フォード自動車と世界銀行で働き、そして国防長官として数々の問題に取り組んだマクナマラ氏の経験を、MBAの学生たちのために話してもらうのが目的だった。

学生たちは、ケネディ政権で起こったピッグス湾事件やキューバのミサイル危機、ベトナム戦争について学んでいた。意思決定をテーマとした私の講義で、こうした事件のケーススタディ（事例研究）をしていたのだ。授業の大半はビジネス界のケーススタディに当てていたが、学生たちが特に興味を示すのは、こうしたアメリカ大統領が絡む事例だった。私たちは、ケネディと後任のジョンソン大統領、またその首席補佐官たちが行った意思決定のプロセスを分析した。そしてその日、一九六〇年代のきわめて重大な事件の鍵を握る人物の一人から、直接話を聞く機会に恵まれたのだ。

マクナマラ元長官は、学生たちの質問に答えてくれた。中にはベトナム戦争やピッグス湾事件で犯した過ち〔一九六一年、米国はキューバのカストロ政権転覆をねらい、反政府軍をキューバ南岸のピッグス湾に侵攻させたが失敗した〕に関する厳しい質問もあった。

マクナマラ氏がハーバードに来たのはずいぶん久しぶりだった。彼は一九三九年に修士課程を修了し、翌年二十四歳の若さで教員として戻ってきた頃のことを懐かしそうに思い出していた。学生たちは、六十五年前に教員であった彼が戻ってきたことを知って驚いていた。

授業が始まる前、マクナマラ氏は私に、どんな研究をしているのかと尋ねた。また、授業の仕方についても質問した。「授業にはケーススタディを取り入れていますか」。私は、ケーススタディは授業ですばらしい効果をあげていると答えた。マクナマラ氏は同意した。彼自身、ケーススタディで学んだり、教えたりするのが楽しかったという。

私の研究・教育テーマである「問題解決」と「意思決定」について、ケーススタディは非常に優れた訓練の材料となる、とマクナマラ氏は言った。ケーススタディを使った授業は、学生を経営者の立場に立たせて、企業が向き合う難しい意思決定に取り組ませるものだからだ。

しかしマクナマラ氏は、そうした教え方・学び方には大きな欠陥があるとも述べた。なぜなら、ケーススタディは通常、学生に何が問題かを教えてしまうからだという。

つまり、ケーススタディでは、企業が直面する状況や背景が説明されるため、あらかじめ意思決定の枠組みが決められてしまっている。しかし現実の世界では、問題解決のための意思決定を行う前に、まず問題を発見しなければならない。リーダーは、まず解決すべき問題は何かを把握しなければならない。そして、組織が向き合っている真の問題を見極めることは、リーダーにとって最も難しい課題なのだ。手遅れになってから脅威に気づくケースがあまりにも多い。真の問題ではないものに気を取られ、無駄な取り組みをしてしまうこともある。

当時、私はちょうど意思決定をテーマにした本を書き終えたばかりで、数週間後には本が出版される予定だった。このテーマには自信があった。ところがマクナマラ氏は、私が大切なポイントを見逃していると示唆したのだ！　問題の「解決」にばかり関心を持つのではなく、問題を「発見」する方法を学ぶことが大切だ、ということだ。

その後の六カ月間、私は必死になってこのテーマについて考えた。二〇〇六年の冬、新しい本の執筆に取り掛かった。問題解決と意思決定ではなく、問題発見のプロセスを扱う本だ。そして二年後、ようやく本書が完成した。

問題発見の七つのスキル

経営者であれ小グループのまとめ役であれ、あらゆるレベルのリーダーは、問題を発見するためのスキルを磨かなければならない。これが本書のテーマである。

問題発見のスキルを磨くことで、組織に大惨事をもたらしかねない脅威を、あらかじめ阻止することができる。組織の機能停止や崩壊は一瞬で起こるものではなく、徐々に進行するものだということを忘れないでほしい。それは往々にして、何カ月あるいは何年も前にさかのぼる、小さな問題や過失から始まっている。時が経つにつれて、小さな問題が、大きな危機になるのである。過ちは時間とともに悪化する傾向がある。一つの小さな問題が、他の問題を誘発する。初期の段階なら、その連鎖反応を食い止められる。しかし時が経てば経つほど、モメンタム（勢い）が蓄積され、かつては小さかった問題が、手のつけられない危機へと変貌する。

多くのリーダーは、驚かされるのを嫌がる。どのレベルのリーダーも、部下に対して、バラ色の話より悪いニュースを早く聞かせてくれと頼むものだ。従業員と対話集会を行ったり、会社のあちこちを視察して回ったり、自分の部屋のドアはいつもオープンだ、と部下に話したりする。それでも、いろいろな理由から、問題は組織の中で隠れたままになりがちだ。悪いニュースが、自然にリーダーのところまで浮かび上がってくることはない。

リーダーは、ハンター（狩人）になって、組織に大きな危機をもたらす可能性のある問題を、積極的に探さなければならない。問題が自分のところまでやってくるのを待っていてはいけない。時間が生死を分けるのだ。リーダーが問題を発見し、明るみにするのが早ければ、それだけ大惨事を阻止できる可能性が高まる。リーダーが初期のうちに脅威を見つければ、それだけ是正措置を講じるための時間が稼げる。手がつけられないほど拡大する前に食い止められる。

こうした考えのもと、本書では、優れた問題の発見者になるためにリーダーが身につけるべき七つのスキルと能力を解説する。

❶情報のフィルターを避ける。リーダーのまわりの部下たちは情報にフィルターをかけることがある。この事実を認識しなければならない。彼らはリーダーの貴重な時間を無駄にしたくないため、たいていは善意によって、フィルターをかける。ときには悪いニュースをフィルターにかけ、揉ねてしまう。問題を発見するには、こうしたフィルターを避けなければならない。

❷人類学者のように観察する。リーダーは、自然な環境の中で人々の集団を観察することを学ばなければならない。いわば人類学者になるのである。人に質問するだけでなく、その行動を見守らなければならない。というのも、人の発言と行動は一致しないものだからだ。

❸パターンを探し、見分ける。優れた問題の発見者は、問題のパターンを探し、見分けることができる。過去の個人的な経験や組織としての経験をチェックする方法を身につければ、問題を人より早く見分けられるようになる。

❹**バラバラの点を線でつなぐ。**一見バラバラの情報の断片の中から「点をつなぐ」能力を磨かなければならない。危機の兆候はあちこちに散らばっていることが多い。細切れの情報をたくさん集めて、やっと組織の抱える問題が見えてくるのだ。

❺**価値のある失敗を奨励する。**優れた問題発見者になるには、部下にリスクを取ることを促し、失敗から学ぶ方法を教えなければならない。失敗の中にも有益なものがあるからだ。それは学習と改善の機会となる。リーダーは、有益な失敗とその他の失敗を区別しなければならない。

❻**話し方と聴き方を訓練する。**リーダーは自分自身のコミュニケーション能力だけでなく、組織全体のコミュニケーション能力も磨かなければならない。部下に率直かつ効果的な話し方を教え、組織のあらゆる階層のマネジャーに、懸念を伝えたり、問題を指摘したり、社会通念に異論を唱える部下にうまく対応したりする方法を教える必要がある。

❼**行動を振り返り、反省のプロになる。**スポーツチームの偉大なコーチや監督は、過去の試合や演技の録画を見て、自分のチームの問題だけでなく、ライバルが抱える問題からも教訓を得る。リーダーは、反省し見直すことに熟達し、新たな行動を効果的に練習する方法を考えなければならない。

本書の構成は単純だ。第一章では問題の発見に関する一般的な考え方を説明し、問題発見の重要性とその意味について述べる。それに続く七つの章では、上記の問題発見のスキルと能力を一つずつ説明する。最後の章では、問題発見力を身につけたい人の心構えについて述べる。優れた問題の発見者になるためには、ただスキルを身につける以上のことが必要だ。あなたの職場とあなたのまわりの世界について、今までとは異なった姿勢と心構えを持たなくてはならない。知的好奇心を発揮し、システム思考を実践し、健全なバランス感覚を持つことが求められる。

徹底的な実地調査

本書を執筆するために、私は一五〇人以上の企業経営者にインタビューを行った。成功や失敗の話とともに、失敗を阻止するために彼らがとっている方法についても語ってもらった。対象者のいる業界はさまざまで、企業の規模もまちまちだ。また、ＣＥＯだけでなく、事業部門のリーダーや部課長クラスの人々にも話を聞いた。

私が求めたのは、幅の広さと同時に深さだった。対象を民間企業に限定せず、非営利組織のケースも研究した一方で、いくつかの特定の組織を細部にわたって調査した。

さまざまな学問分野にまたがる、横断的なやり方で研究をしてきた。心理学や政治学、マーケティング、社会学、経済学、神経科学、医学など、多岐にわたる専門分野の文献や、その道の人の研究を参考にした。リーダーシップというテーマは、一つの学問だけで十分にカバーすることはできないからだ。そのため今日、ビジネススクールで行われている研究の大多数は、実業界のリーダーにとっては役に立たない。

私たちは、現実の世界で闘っているリーダーたちにインタビューし、彼らの行動を観察した。徹底的な実地調査の結果、本書に至ったことを強調しておきたい。

本書の読み方

時間は貴重だ。本書の価値を活かすためには、本書のアイデアを実践し、目に見える変化を生み出さなければならない。したがって本書を読む際には、ただページをめくって内容を理解しようとするだけでなく、実践することを考えながら、積極的な姿勢で臨まれることをお勧めする。内容を読みながら、アイデアをどのように実践するかを考えるのだ。思いついたなら、すべてを読み終えるまで待つ必要もない。思いついたことを信頼する同僚に投げかけてみよう。あなたの組織で実地にやってみることが大切なのだ。うまくいかなかったら、その経験を踏まえて、取り組み方を調整していけばいい。そうして自分自身のリーダーシップ・スタイルと、あなたの組織の状況に、最も適したやり方を見つけてほしい。

優れたリーダーになる旅に、終わりはない。このことを肝に銘じておかなければならない。本書は、あなたを優れたリーダーへと変身させる処方箋を書いた本ではない。一夜で優れたリーダーになることはできないし、きわめて優秀なリーダーであっても向上の余地はある。本書によって刺激を受け、リーダーとしての役割と責任についての考え方を磨いていただきたい。おそらく、自分や同僚が抱える問題や、犯したミスに対する取り組み方が、新鮮な目で見えるようになるだろう。忍び寄る危機を回避し、あなたとあなたの組織を救うために、本書がいくらかでも役に立てば幸いである。

二〇〇八年七月二十三日　ロードアイランド州スミスフィールドにて　マイケル・A・ロベルト

なぜ危機に気づけなかったのか

目次

第4章　パターンを探す……117

第5章　点を結びつける……147

第6章　価値のある失敗を奨励する……179

第7章　話し方と聴き方を教える……205

第1章
問題の解決から問題の発見へ

あの人たちは解決方法がわからないのではないのです。
問題が何なのかわかっていないのです。

——G・K・チェスタートン、イギリスの推理作家

「コード・ブルー！　コード・ブルー！〔容態が急変し、緊急に蘇生が必要な患者が発生したという意味の病院用語〕」

メアリーの心臓が止まった。それに気づいた看護師が応援を求め、救命医療チームが患者のもとに駆けつけた。こんな事態は誰も予想していなかった。膝の人工関節の定期検診のために病院にやってきたとき、メアリーは普通の健康状態だった。ところが今や彼女は呼吸をしていない。救命の専門家たちがカートに山と積まれた器具を使って心肺蘇生を開始した。彼らは電光石火の速さで、しかも信じられないような冷静さと的確さで、メアリーの心臓を蘇らせた。

メアリーは集中治療室（ＩＣＵ）に運び込まれ、そこで二週間過ごした。結局、彼女は人工関節

の処置を受けてから一カ月以上もこの病院で過ごすことになった。自宅に戻ってからも、病状の回復は思った以上に長引いた。もっとも、「コード・ブルー」の状態からの生存率は一五パーセントに満たないことを考えれば、彼女は幸運だったと言えるだろう。

彼女の呼吸が正常に回復したとき、メアリーの家族は命を救ってくれたコード・ブルー・チームの働きに心から感謝した。チームが迅速に、しかも効果的に対応したことに誰もが安堵の息をもらした。その後、チームのメンバーは自分たちの通常の仕事場に戻った。メアリーに付き添った看護師も他の患者の世話を始めた。

しかし、普段の仕事に戻ってからも、この看護師の頭からは疑問が消えなかった。あの心停止は予想できないものだったのだろうか。何か警戒信号のようなものを見落としてはいなかっただろうか。

看護師は、心停止の六時間ほど前からメアリーの口の利き方や呼吸の仕方が、わずかながら大儀そうだったことを思い出した。血圧、脈拍、体温、呼吸などバイタルサイン（生命兆候）の検査はした。呼吸数はやや低下していたが、血圧や心拍数、酸素飽和度、体温など、その他のバイタルサインは正常だった。その二時間後、メアリーが具合悪そうにしているのに気づき、気分はどうかと尋ねたが、「大丈夫。いつもよりちょっと疲れたような気がするだけよ」と答えた。メアリーの酸素飽和度は少し低下していたが、それ以外のバイタルサインには変わりがなかった。担当医を呼ぼうかと思ったが、ためらった。差し迫った問題が発生したという具体的な兆候があるわけではない。間違った警告をしてしまうのではないかと考えると気が進まなかった。それに、あと一時間もすれば、担当医師の助手が回診に来ることになっていた[01]。

残念なことに、これは長年にわたって多くの病院で起きてきたシナリオである。入院患者はしばしば心停止の六～八時間前に微妙な、ときにはそれほど微妙でもない兆候を見せることが調査で明らかになっている。この時間のあいだに、心拍数や血圧、精神状態などに小さな変化が生じる。しかし、病院のスタッフは必ずしもこのような兆候に気づかない。気づいたとしても、自分の力で対応しようとして、その懸念を他のスタッフに伝えようとしないことが多い。ある研究によれば、患者の三分の二は、心停止が起きるまでの六時間のうちに心拍数が異常に高い、あるいは低いというような要注意の兆しを見せているのに、看護師やその他の介護スタッフがその事実を指摘して医師に注意を促すケースはわずか二五パーセントでしかない[02]。要するに、こうした小さな問題を他の関係者に告げるのが遅れていることが多いのだ。その間にしかるべき診療が行われていれば危機を防ぐチャンスがあったにもかかわらず、患者の容態は悪化の一途をたどることになる。

数年前から、オーストラリアのいくつかの病院が、危機の発生を阻止するために早めに手を打つ取り組みを行っている。これらの病院では、一般に大きな病気の前兆となる小さな問題に対応するために、看護師たちがより迅速に処置ができる仕組みを考え出した。それが緊急対応チーム（Rapid Response Team：ＲＲＴ）の立ち上げだった。心停止に結びつきうる兆候に気づいた病棟看護師からの応援要請に対応する特命チームだ。通常、救急救命の経験豊かな看護師一名と呼吸療法士一名で構成されており、ときには医師や助手、あるいはその両者が加わることがある。看護師から呼び出されると、RRTは数分後には患者の病床に駆けつけて診断し、しかるべき処置を施す。患者の要注意の兆候に対してさらに検査が必要か、あるいは心停止を防ぐために治療が必要かどうかを素早く判断する。

各病院では、看護師やその他の介護スタッフが危機に先立つ兆候を見分けることができるように、心停止の前兆となりうる「誘因《トリガー》」を表にして各病棟に貼り出している。研究者たちが過去の多くの心停止の症例の中から拾い出したものだ。ほとんどの誘因には心拍数などの量的変数が示されている。たとえば、患者の心拍数が一分間に四十以下または一三〇以上になった場合、RRTを呼び出すよう指導している病院が多い。バイタルサインが悪化する以前であっても、看護師がしばしばトラブルに気づいていることがあるため、患者の容態に懸念や不安を感じる場合、RRTを呼び出せるようにしている病院もある[03]。

RRTの制度を採用したおかげで、オーストラリアでは目覚ましい結果がもたらされ、ただちに米国にも広まった。この制度をいち早く採用した病院の中には、私たちが調査の対象としたメンフィスのバプチスト・メモリアル病院、ペオリアのセントジョセフ病院、セントルイスのミズーリ・バプチスト医療センター、ボストンのベス・イスラエル・ディーコネス医療センターの四カ所が含まれていた。

ＲＲＴに「誤った警報」を出してしまっても、その人を非難したり、罰したりしないような教育が行われているので、以前に比べて助けを求めるのはずいぶん気軽にできるようになった、と看護師たちは言う。「この制度ができるまではそんなことはできなかったのですが、今では看護師はいつでもＲＲＴを呼んでいい、というお墨付きをもらいました」とある看護師は語ってくれた。また、ある看護師はこう言った。「何よりも素晴らしいのは、患者の容態が悪くなったとき、ＲＲＴを呼べるのがわかっていることです」

いち早く問題を見つけるこの制度のおかげで、採用したすべての病院で、心停止と集中治療室への搬入、死亡例が相当減少したという。ある医師は、ＲＲＴが成功した理由をこう説明している。「この制度の鍵はタイミングです。問題を見つけるのが早ければ早いほど、危険な状態を避ける可能性が高まるのです」

ＲＲＴの有効性は、学術研究によっても裏付けられている。たとえば、『ジャーナル・オブ・アメリカン・メディカル・アソシエーション』誌に掲載されたスタンフォード大学の最近の研究では、ある小児科病院でＲＲＴを設置したところ、「コード・ブルー」が七一パーセント、死亡率が一八パーセント減少したという[04]。こうした有望な結果により、この制度は野火のように広がった。米国の「医療の質改善研究所」(Institute for Healthcare Improvement：ＩＨＩ)はこの制度を積極的に支持している。これまでに米国の一六〇〇を超す病院がＲＲＴ制度を採用し、多くの生命が救われてきた。

この話の教訓は何だろうか。大きな危機に先立って小さな問題が起きるケースが多いということだ。実際に、ほとんどの大規模な惨事は、単一の根本的な原因というより、むしろ一連の些細な間違いや失敗から引き起こされる。小さな問題が積み重なって大きな危機を引き起こすのだ。民間航空や軍隊、医療関係などの事故の現場調査員は、一般に「一連の出来事や過ち」が特定の大惨事につながることが多いことを明らかにしている[05]。このように、ちょっとした失敗がのちの大きなトラブルの前兆である可能性がある。

したがって、小さな問題の段階で適切に対処しておけば、それは早期の警戒警報としての役割を果たす。大規模な危機は長期の潜伏期間を経て起きることが多いということは、小さな問題が起きても、最悪の結果を回避するために手を打つ十分な時間的余裕があるということである[06]。けれども、問題が表面化しないことも多々ある。小さな問題は局所的なレベルで発生し、大きな組織の中では目につきにくい。

大きな医療事故を引き起こした病院は、事後になって救命のために莫大な資源を費やすのが常だった。心停止に陥った患者を蘇生させるためには並々ならぬ努力が必要だった。だが今や、破局的な結果につながる以前に小さな問題を見つけ、表面化させる仕組みが考案された。コード・ブルー・チームはいわば消火の仕事をする。これに対して、ＲＲＴの仕事は煙を見つけることなのだ[07]（図１・１参照）。

本書では、「問題」と「失敗」という言葉は同様の意味で使用する。どちらも期待した結果が達成できなかった状態、言い換えれば、望んだ通りのプラスの結果が得られなかった、またはマイナスの結果が生じた場合を指す言葉として用いる。

こうした問題は技術上、認識上、人間関係上のいずれか、あるいはそのすべてについて障害を引き起こすおそれがある。技術上の問題としては、機器、テクノロジー、自然体系などの機能の障害が挙げられる。認識上の問題によって、個人または集団の判断や分析の誤りが引き起こされる。人間関係上の問題には、コミュニケーション、情報の伝達、知識の共有、紛争解決に関する支障が考えられる[08]。

すべてのレベルの従業員の問題解決能力を高めようとして並々ならぬ努力を惜しまない組織の数は多い。しかし、大規模な障害に至る前に問題を発見するために、これと同じ程度の努力を傾け、時間を費やしている組織があるだろうか。

人は、目に見えない問題、つまり秘められたままで

図 1.1　消火の仕事と煙を見つける仕事の比較

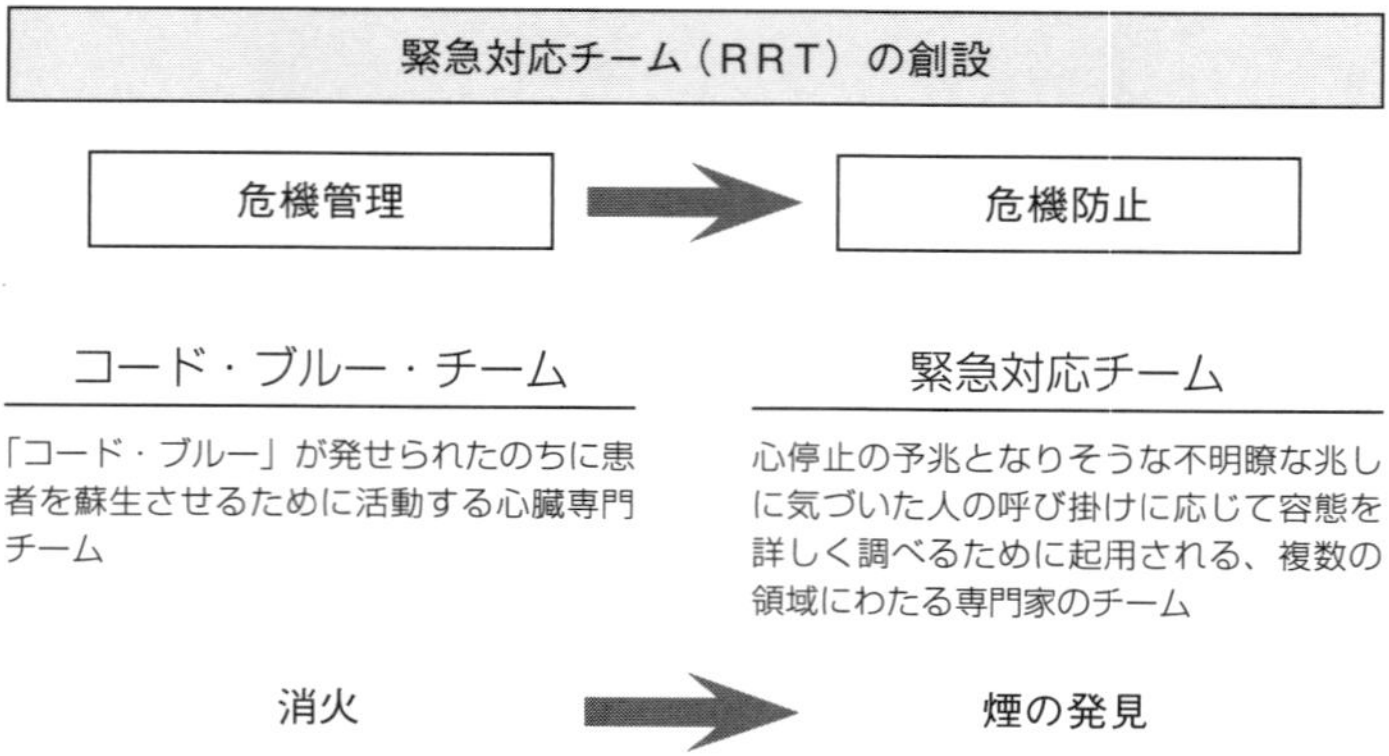
緊急対応チーム（RRT）の創設
危機管理
危機防止
コード・ブルー・チーム
「コード・ブルー」が発せられたのちに患者を蘇生させるために活動する心臓専門チーム
緊急対応チーム
心停止の予兆となりそうな不明瞭な兆しに気づいた人の呼び掛けに応じて容態を詳しく調べるために起用される、複数の領域にわたる専門家のチーム
消火
煙の発見

特定できない問題を解決することはできない。残念なことに、組織はさまざまな事情で長期にわたって隠れたままになっている問題を抱えている。適切に対応するには、まず問題を発見しなければならない。優れたリーダーは、単に問題の解決方法を知っているだけではない。問題を見つける方法を知っているのだ。燃え盛る火を相手に戦おうとするだけではなく、その前に煙を見つけることができるのだ。すべてのレベルのリーダーが効果的に問題を見つけることができるようにすること、それが本書の目的である。

包容力をもって問題を受け入れる

個人や組織は問題を前向きに捉えていないことが多い。問題を異常な状態として、どんな代償を払ってでも避けなければならない事態として受け止めている。つまり、問題が少なければ少ないほど、組織の目標や目的を達成する可能性が高まると考えている。大方のマネジャーは問題について話し合うことを好まない。自分の部署が抱える問題を明るみに出す機会を大切にしようという気持ちなどさらさらない。問題の発生を放置するのは不適任の証拠だとか、自らの手で問題が解決できないのは無能力だからだと見られるのがいやなのだ。要するに、自分の問題を他人に相談することなく、静かに、手際よく解決するのが優れたマネジャーだ、というのが多くの人の考え方である。自分の持ち場で小さな失敗が起きたとなると、たいていのマネジャーは何よりもまず、ひっそりと対応することを信条としているようだ。

しかし、問題をまったく異なった角度で受け止めている組織がある。小さな失敗はまったくありふれた、正常なことだと考えているのだ。どんなに成功している組織においても、また最善のマネジメントや精緻な管理技術をもってしても、問題は発生するものだと認めているのだ。こうした組織では、実際のところ問題を「包容力をもって受け入れている」

トヨタ自動車は、ほとんどの会社で毎日のように起きている小さな失敗に対してこのように非常に異なった姿勢を示している組織の例である。トヨタは、問題を「学び、そして改善する機会」だと捉えている。したがって、問題をカーペットの下に掃きこんでしまうのではなく、むしろそれを探し出そうとしている[09]。

またトヨタは、小さな問題をそれだけ取り出して単独で処理しているのではない。常にその問題をもっと大きなものに関連づけようとしている。この小さな問題はより大きな障害の兆候となるものではないだろうか。何かシステム上の失敗が潜んでいるのではないだろうか[10]。これがトヨタの問題意識だ。こうした点でトヨタは、原子力発電所や米国海軍の航空母艦のような危険度の高い環境下で非常に信頼性に富むオペレーションをしている組織との共通点がある。カール・ウェイクとキャスリーン・サトクリッフの二人の学者は、こうした組織が小さな問題について独自の考え方を持っていると指摘している。

すべての失敗は、それがどんな些細なものであっても、システム全体の窓として考える傾向が彼らにはある。あらゆる過ちはそのシステムの他の部分においても生じうる弱点の兆候ではないかと考える。これは、失敗を局所的なものと考え、特定の、独立した問題として捉えがちな大方の組織とは非常に異なった姿勢である……彼らは、あたかも限定的な失敗というようなものは存在せず、その失敗を引き起こした因果関係の連鎖は長く、システムの内部の奥深くに絡みついているのではないかと疑って行動している[11]。

トヨタが長年自動車業界において品質に優れているという評判を保ってきたのは、このような土壌があったからだ。専門家は、優れた品質は絶えず改善を目指してきたトヨタの生産システムの成果だと指摘している。今では多くの人が知るように、トヨタは現場作業者の一人ひとりに、問題に気づいた場合「アンドン〔各工程の状況を示す赤青黄のランプ〕の紐を引く」権限を与えている。これによって、現場管理者に製品の欠陥やラインの故障の可能性を警告するのである。問題がタイミングよく解決できない場合、組み立てラインが実際に停止することになる。このアンドン方式によって、通常、他の自動車メーカーよりもはるかに早く生産工程における問題を発見できるので、トヨタの品質は飛躍的に向上した[12]。

RRTを配置した病院のように、トヨタも、問題の発見が遅くなればなるほど、重大な失敗が劇的に増える可能性があることに気づいている。病院とトヨタが学んだのは、小さな火種に早めに対応することは、それがときには間違った警報である場合もあるが、時間の経過とともに急速に膨れ上がった問題の解決に努めるより、そのほうがはるかに少ないコストで済むということだった。

問題に対するこのような姿勢はトヨタの組織に浸透しており、単に生産ラインの品質管理に留まらない。経営幹部の資質や戦略の問題にも同じような姿勢が見られるのだ。二〇〇六年の『ファスト・カンパニー』誌の記事で、あるアメリカ人の経営者が、トヨタは普通の組織と同じような活動しているのではないということを学んだ、と述べている。この経営者は一九九〇年代にケンタッキー州ジョージタウンのトヨタの工場で雇われ、その直後に経営幹部会議に出席したときのことを語っている。彼が担当部署で進めているいくつかの活動の成功ぶりを報告しはじめたところ、CEOがその話を遮って、こう言った。「ジムさん、あなたが優れたマネジャーであることは皆が知っています。そうでなければトヨタに来てもらうことはなかったでしょう。どうかあなたが抱えている問題について話してください。そうすれば私たちはいっしょに取り組むことができるでしょう[13]」

けれども、ごく最近になってトヨタの品質がいくらか低下してきた。『ハーバード・ビジネス・レビュー』誌のインタビューで、当時のトヨタの渡辺捷昭社長はこの問題に触れ、爆発的な成長によって同社の生産システムにひずみが出てきたかもしれないと述べている。渡辺社長の次の言葉は、問題に対する同社の姿勢を雄弁に物語っている。

私は当社のシステムが背伸びしすぎたのではないかと感じています。この問題を目に見えるようにしなければなりません。隠れた問題は、究極的に深刻な脅威となる問題です。問題が明るみに出て皆の目に触れるようになれば、私も安心するでしょう。なぜなら、問題が目に見えるようになれば、もっと早くから気づいていなかったとしても、社員たちがその解決のために全員で頭を振り絞ってくれるでしょうから[14]。

ほとんどの経営者は、自分が率いる組織の欠陥についてこれほど率直には語らないだろう。それに引き換え、渡辺社長は社内において「問題を明るみに出す」のは自分の責任だと語っている。トヨタの最近の品質トラブルはたいしたことではないというような話しぶりをしたり、最小限のコメントに留めたりするのではなく、率直に語ることによって、渡辺社長は同社のすべての管理職に身につけることを望む姿勢の模範を示したのだ。渡辺社長と彼の率いるトヨタの組織にとって、問題そのものは敵視すべきものではなかった。隠れた問題こそが敵なのだ。

なぜ問題は隠れるのか

組織の抱える問題が隠れたままになっているのには多くの理由がある。

第一に、会社で働いている人の多くは、特に自分がミスを犯したかもしれないとか、ある失敗の火種を作ったかもしれないというようなことを社内で口にすることで、問題児と見られたり、不利益をこうむったりするのを恐れている。

第二に、組織の構造の複雑さが、日光がなかなか地面に届かない森の中の暗い木陰のような場所を作り出す。複数の管理階層、紛らわしい上下関係、複雑なマトリックス組織（商品別、顧客別、地域別などの異なる組織をミックスして、指揮命令系統を多次元的にした組織）などが、メッセージがしかるべきリーダーに届くのを難しくしていることがある。メッセージが暗い森を通り抜けたとしても、その途中で中身が骨抜きになったり、誤って解釈されたり、内容が変わったりすることがある。

第三に、実力のある側近の存在によって、たとえまったくの善意で情報のフィルタリング（選別）が行われる場合であっても、悪いニュースがリーダーの耳に入らないことがある。

第四に、公式の分析を強調しすぎたり、直観的な推理を軽視しすぎたりすることによって、問題が非常に長い間隠れたままになっていることがある。

最後に、従業員に問題の見つけ方の教育をしていない組織が多い。従業員が潜在的な問題を探し出す方法や仕事中に特に気をつけておくべき兆候、懸念を感じたときにそれを他の人に伝える方法を教えられていれば、問題はもっと早く表面化するだろう。

恐れの文化

マクシン・クラークは、子どもや家族のために「テディベア（熊のぬいぐるみ）を産み出す」ことを目的としてビルド・ア・ベア・ワークショップという会社を設立し、いまなお社長を務めている。クラークの会社の仕組みは、各店舗で注文をして自分だけのテディベアを作ることができるというものだ。子どもたちはまず、自分がほしいぬいぐるみの形を選ぶ。店のスタッフは、テディベアに詰め物をし、縫い、ふわふわのけば立てを施す。その後、子どもはそのテディベアにどんな衣装を着せ、どんなアクセサリを着けさせたいかを選ぶ。

クラークの会社は信じられないような成功をおさめ、過去十年の間に売上が三億五〇〇〇万ドルを超えるまでに成長した。そんな急成長を遂げたのは、クラークの店がお客に世界最高クラスの体験をしてもらっているからだ。彼女はその理由を、常に革新的で、改善を心がけている各店舗のスタッフのおかげだとしている。スタッフはどのようにしてそうなるのだろうか。第一に、スタッフはミスを認めたり、問題を明るみに出したりすることを恐れていない。過ちに対するクラークの姿勢を見れば、スタッフの態度もうなずける。彼女はミスを犯したり、問題を明るみに出しても罰するようなことはない。それを奨励しているのだ。

過ちに対するこうした姿勢をクラークに植え付けてくれたのは、小学校一年のときの先生、ミセス・グレースだった。小学校の先生がよくやるように、ミセス・グレースも赤エンピツでテストの点数をつけた。しかし、ミセス・グレースが他の先生と違ったのは、毎週末かなり風変りなご褒美をくれたことだ。彼女が最もミスの多かった生徒にくれたのは赤エンピツだった！　なぜだろう。ミセス・グレースは、どんな難しい問題であっても、すべての質問についてクラス全員が話し合って答えを出すことを望んだ。「先生は、生徒がいろいろな可能性を試すことができるように、間違いを恐れる気持ちを持たせたくなかったのです。先生が作った規則はたった一つ。それは、同じ過ちを繰り返したときにはご褒美がもらえないことでした[15]」とクラークは語っている。

クラークは、小学校のときの先生のやり方を真似て、ビルド・ア・ベアにも赤エンピツ賞を設けた。この賞は、過ちをしたが、その過ちを振り返ってそこから学ぶべきことを見つけた結果、さらに優れた仕事の方法を考え出したスタッフに与えられる。店長はスタッフに対して「自由に実験し、いわゆる過ちは物事を正しく行うのに一歩近づくことだと考える[16]」よう勇気づけるべきだと彼女は語っている。この考え方はまったく正当である。またミセス・グレースが、人は同じ過ちを繰り返すなら、その責任を負うべきだと強調していたことも、正しい教えであった。学ぶことを怠れば、失敗は見過ごすことのできない間違った行為になる。クラークはこの点をスタッフにはっきりと悟らせている[17]。

組織の中には、そこで働く人たちが問題を見つけたときに、あるいはおそらく自分が過ちを犯したときでも、それを口に出すのがはばかられる雰囲気があるところが多い。こういう組織では、もちろん赤エンピツ賞を出すようなことはしない。私の同僚であるエイミー・エドモンドソンは、このような組織は「心理的安全性」を欠いている、つまり個々の人が安心して人間関係のうえでリスクをとることができないような雰囲気を感じている、と指摘している。心理的安全性が希薄な環境では、人は、歯に衣を着せぬ物の言い方をしたり、大勢を占める意見に楯突いたりすれば、他の人に非難されるか、のけ者にされるか、何らかの不利な立場に立たされると考える。トラブルメーカーであるとか、無知あるいは無能と見られるような危険性も感じる。また、過ちを認めたり、問題を指摘したりすることによって受ける後のたたりを恐れる[18]。エドモンドソンは、こうした「安全でない」環境でも、問題を見つければ、あえて行動に出る従業員がいるケースをいくつか紹介している。しかし、こうした人たちも、大局的な見地から制度上の問題として対策を講じる必要があると主張するのではなく、むしろ局所に絆創膏を貼る程度の行動に留めることが多い。この種の絆創膏式の行動は、長い目で見るとむしろ害を及ぼすおそれがある[19]。

どのレベルのリーダーであるかにかかわらず、煩わしいコミュニケーションの手続きを定め、従業員の間に非常にはっきりした身分の差を設け、さらに自分自身の過ちを認めないようなリーダーは、心理的安全性に悪影響を与えている。ビルド・ア・ベアで、マクシン・クラークが設けた赤エンピツ賞は、心理的安全性を高めていると同時に、問題や過ちが長期にわたって隠れたままにならないようにするうえで役に立っている。

組織の複雑さ

どこの企業でも創業当初の組織は非常に単純で、フラットな構造である。企業が成長するにつれて、その構造は複雑化し、階層的になっていく。程度の差こそあれ、このようにだんだんと複雑さが増してくるのは、大企業の特徴に違いない。業績の伸びにしたがって、適切な構造と制度がなければ、企業は継続的に戦略を遂行することができなくなる。しかし、長い年月を経るにつれて、組織構造が手に負えなくなる企業が非常に多い。上下関係が破線で示されたり、マトリックス組織や組織横断チーム、特別委員会が設置されたりして組織図が非常に入り組んだものになってしまう。ちょっとしたことをやろうとしても、官僚主義的な組織の迷路の中で右往左往させられる。特定の問題についてどこに決定権があるのかがはっきりとしない場合もある[20]。

複雑な構造と制度の迷路の中で、重要なメッセージがとんでもないところへ行ってしまったり、届かなかったりする。情報が組織の縦方向にも横方向にも効率的に流れなくなる。重要なメッセージが縦方向に階層の階段を昇っていくにつれて誤って伝えられたり、意味がよくわからなくなったりする。横方向では、各部署間の情報の受け渡しが円滑にいかなくなる。決定的に重要な情報でも組織の隙間からこぼれ落ちてしまうことがある。

九・一一の悲劇は、複雑な組織構造がいかに問題を覆い隠すかを如実に示している[21]。攻撃に先立って、米国に対するテロと戦うために、迷宮のように複雑な組織が活動していた。中央情報局（CIA）、連邦捜査局（FBI）、連邦航空局（FAA）に加えて、国務省と国防省傘下の多数の部署があった。連邦政府で働いているさまざまな人たちが、二〇〇一年九月十一日以前に、どこかで攻撃があるという情報を嗅ぎつけたり、入手したりしていた。しかし、きわめて重要ないくつかの情報は、しかるべき高官の耳にまで至らなかった。また、必要な情報がある機関から他の機関に伝えられていなかったし、バラバラの情報をきちんと統合する作業が行われていなかった。

個々のスタッフは、誰に尋ねれば重要な情報が得られるのか、また自分が知ったことを誰に伝えればいいのかを必ずしも理解していなかった。場合によっては、上司は部下の懸念をまともに取り上げなかったし、部下は自分の懸念を他の誰に伝えればいいのかよくわからなかった。要するに、正しい情報が正しいタイミングで正しい人の手に渡らなかったのだ。連邦政府内部の組織構造と制度の気が遠くなるような複雑さにも、テロを許した責任の一端がある。九・一一委員会は次のような結論を出している。

情報が共有されていなかった。それはときには不注意によるものであり、また法規に対する誤解によるものであった。分析した情報がプールされて共同利用されることはなかった。効果的な取り組みがなされなかった。政府の対外機関と国内機関を横断した情報のやり取りが行われなかった。当委員会はこれらを、問題をいかに処理するかに関する、政府の多面における無能力の兆候だと考える。政府の各機関は病院における専門家チームのように、個々に検査を指示し、症状を診察し、薬剤を処方している。だが、ここで欠けているのは、全員がチームとして機能しているかどうかを確認する主治医である[22]。

ゲートキーパー

経営幹部のオフィスに出入りする情報と人の流れを管理するゲートキーパー（門番）役のスタッフを置く組織が増えている。明確にゲートキーパーとしてポストが設けられているところもある。それ以外にも、正式な権限はないが、非公式ながら相当の影響力をもって活動するゲートキーパーもいる。CEOの中には秘書などの補佐役の長をゲートキーパーとして使っている人も多い。同様に、最近の米国大統領のほとんどがゲートキーパーを起用している。これはなかなか有用なポストである。どのみち誰かが、リーダーが時間を有効に使うように見守っていなければならない。さらに、リーダーを情報過多から守る必要がある。そうしないと、報告書やデータに埋もれてしまいかねない。誰もスケジュール管理をしなければ、リーダーは非生産的な会議や、本当は出席する必要のない会議で身動きが取れなくなるだろう[23]。ジェラルド・フォード元大統領は、ゲートキーパーの機能を持つスタッフを起用することが有益であるとして次のように述べている。

私は、事実上能力のある首席補佐官を持たずに執務を開始したが、どうもうまくいかなかった。それで、有能な首席補佐官を置かずにホワイトハウスの職責を果たそうとすれば、大統領職には非常に大きな負担がかかることに気づいた。フィルター役、つまり完全に信頼が置けて、自分のごく身近で働いてくれる、実質的に自分の分身ともいうべき人材が必要なのだ。有能な首席補佐官を置かない大統領など想像できない[24]。

けれども、ゲートキーパーが意図的に情報の流れを変えるようなことがあれば、トラブルが発生する。一言で言えば、ゲートキーパーの任命は一人の人間に大きな権力を与えることになるのだ。残念ながら、自身の隠れた意図を実現するためにその権力を乱用する人間もいる。ホワイトハウスにおける首席補佐官の機能を研究したチャールズ・ウォルコットとシャーリー・ワルショウ、スティーヴン・ウェインは次のような結論を出している。

ゲートキーパーの役割を果たすために、首席補佐官は正直な仲介者として機能しなければならない。我々のインタビューに応じてくれた首席補佐官とその他の補佐官のほとんど全員が、そのような機能が不可欠だと考えていた。ジェイムズ・ベイカー（レーガン大統領の首席補佐官）は前任者に『正直な仲介者になりなさい。政策への自分の見解を大統領に押し付ける手段としてこの地位を利用してはならない』と忠告されたという。大統領はあらゆる側面を見る必要がある。見えないところがあってはならない[25]。

ゲートキーパーは、必ずしも意図的にそのボスに問題や失敗を知らせないようにしているとは限らない。単にある問題についてその重要性の判断を誤ったり、組織のトップレベルに問題が知らされなかったときのリスクを過小評価したりする場合もあるだろう。実際にはその能力もないのに、自分の手でその問題を処理できると考えているのかもしれない。簡潔に伝えようとして、問題を単純化しすぎることもあるだろう。ある問題を多くの案件といっしょに持ち上げてしまったので、トップのほうがしかるべき注意を払わなかったということもあり得る。

直観を退ける

緻密な分析を重んじる文化を持つ組織がある。こうした組織では問題解決や意思決定をするために定量的な分析とフレームワークを多用する。何事にもデータが先行する。自分の提案を他人に納得してもらうためには大量の統計と情報が必要になる。事実に基づいた問題解決方法にはそれなりの利点が多いが、ある大きなリスクをはらんでいる。こうした社風の組織のトップは、幅広く集めたデータと公式的な分析に欠けているとして、直観的な判断を性急に退ける可能性がある。しかし、直観的に何かがおかしいと感じて中堅管理職や従業員が問題の火種を見出すケースは多い。こうした初期の警戒信号は大規模なデータセットからではなく、むしろ個々の人間の直観から生まれるものである。データによって問題が確かに存在するという結論が裏付けられるころには、その問題は組織にとってさらに深刻になっているおそれがある[26]。

私が調査したところでは、非常に分析好きな文化の組織では、従業員は本能的に不安を感じても自分では言い出せないことが多いようだ。将来問題になりそうなことに気づいても、それを明るみに出すために必要な証拠集めという重荷を負うことを心配するようだ。あるマネジャーは私にこう打ち明けた。「ビジネススクールに通っていたころ、データを頼りにするように教え込まれました。私の勘が問題ありと告げているのに、データがその反対の方向を指していることがありました。私はデータを信頼して、いつまでもくすぶっている直観を退けました[27]」

緊急対応チーム（RRT）の調査をしているとき私たちは、患者がトラブルに陥ったという決定的なデータもないのに、看護師が不安を感じたり違和感を覚えたとしてチームを呼ぶケースが多いことに気づいた。その直観は往々にして正しいことが立証されている。ある病院でこの制度設置のためのリーダー役を務めた人物はこう語った。「この制度を試験的に始めてみたときに一番心配したことは、看護師が不安を感じているのに他には異常な兆候が何もないという結果になることでした」。RRTができる前に行った私たちのインタビューに対して、ほとんどの看護師は、自分の直観だけに基づいて不安を口にするような立場に立たされたら、非常に神経質になるだろうと答えている。看護師たちは、自分の判断を裏付けるデータもないのにしゃしゃり出れば、とやかく言われるであろうことを恐れていた。

訓練不足

問題が隠れたままになっていることが多いのは、個人にしてもチームにしても、問題の見つけ方と自分の懸念を他人に伝える方法を教育されていないからである。

RRT制度が有効に機能するかどうかは、一つには看護師やその他の介護者が患者を看護するときに気をつけておくべき「誘因《トリガー》」がリストにまとめてあるかどうかにかかっている。リストがあることで、最前線で働く人たちにとって注意すべき手がかりがはっきりとし、すばやく問題を調べることができるようになる。また病院側は看護師たちに対して、RRTを呼んだときに、どのようにその懸念を伝えるかについても教育している。問題に関する話し合いを容易にするために、SBARという手法を採用している病院が多い。これは状況（Situation）、背景（Background）、評価（Assessment）、勧告（Recommendation）の頭文字をとった言葉である。医療従事者は、現在の病状の説明から始めて検査や治療をどのように行うべきかの勧告で終える。このSBARの枠組みにより、患者の状態を整理して話し合うことができる。医療の質改善研究所は次のように説明している。

SBARは、特に臨床医師の緊急の手当や行動が必要な重症患者に関するすべての会話を整理するのに役立つ、覚えやすく具体的な手法である。これによって、チームのメンバーの間で簡潔かつ重点的に何をどのように伝達するかを定めることができる。これはチームワークを発展させ、患者の安全第一の文化を育成するために不可欠な方法である[28]。

民間航空業界でも、安全性を高めるために広範囲におよぶチェックリストを作成して、パイロットに飛行の前後と飛行中に点検させている。また乗務員は、安全を脅かしそうな問題をタイミングよく発見し、効果的に対処するために必要な、認識上および人間関係上の能力向上のための訓練を行っている。航空業界では、乗務員がチームとしての効率性をいっそう発揮できるように、コミュニケーションにおいて実践すべき一連の原則や手法、技能を定めたクルーリソース・マネジメント（Crew Resource Management：ＣＲＭ）という手法を使っている。乗務員が潜在的な問題を発見し、それを率直に隠すことなく話し合えるように、民間航空業界全体にわたってＣＲＭの訓練が実施されている。訓練を通じて、機長は乗務員に彼らの懸念を持ち上げるように促す方法を学び、乗務員はその懸念や疑問を礼儀正しく、しかし積極的に機長に伝える方法を学んでいる[29]。

航空関係の専門家は、ＣＲＭのおかげで航空の安全性が計り知れないほど高まったと評価している。一九八九年、ユナイテッド航空２３２便でエンジン・トラブルが発生し、同機の油圧系統すべてが故障するという有名な事故が発生した。大方の推測では生存者はいないだろうということだった。しかし、乗務員たちは驚異的な胴体着陸をやり遂げ、その結果、搭乗していた二九六人のうち一八五人が助かった。アルフレッド・ヘインズ機長は、できる限り多くの生命を助けることができたのはＣＲＭのおかげだったと述べている[30]。

得失評価をする

リーダーはときとして、その状況におけるあらゆる雑音の中から、まぎれもない問題の「信号」

を見分けることが難しいと感じることがある。ある信号が本当に脅威を示しているのかどうかを見分けるのに必要な情報を漏れなく得ようとすると、非常に大きなコストがかかるおそれがある。また、実際にはたいした脅威も存在しないのに、人は問題を見つけたと思い込んで、誤った警報を出すことがある。間違った警報があまりに度重なると、組織の「感度の鈍化」が始まり、注意力が薄れるかもしれない。リーダーは組織内で問題探しをするとき、否応なしに得失評価を迫られるだろう。潜在的な問題を調査するために費やすコストと、期待し得るメリットを比較検討しなければならない。もちろん、コストとメリットを比較するときに、必ずしも正しい判断をしているとは限らない。そのために、のちに非常に現実的かつ重大な危機につながる問題の究明を途中で打ち切ることがある。

優れた問題の発見者になるためには、このような課題をどう捉えればいいのだろうか。

第一に、潜在的な問題を明るみに出して、検討するために、リーダーは必ずしも膨大な資源を使う必要はない。中には、迅速かつコストの安い方法を開発したリーダーや組織がある。トヨタの「アンドンの紐」は潜在的なトラブルの信号を非常に効率的に点検する方法の一つである。現場作業員がアンドンの紐を引くたびに組織の動きが止まってしまうというわけではない。

第二に、問題の発見に優れている人は、間違った警報であっても、それは得がたい学習の機会になり得ると考えている。間違った警報を出したことを後悔させるようなことをすれば、その人は問題を見つけても二度と申し出てこないだろう。人の発言を抑え込むことの代償は、たとえ間違った警報であってもその真偽を確かめるためにかかる費用よりはるかに高くつくかもしれない。RRTについて言えば、実際には危険がなかった場合でも、病院は警報を出した人に対して穏やかに接するようにチームのメンバーを教育し、「間違った警報」という言葉を使わないようにとまで注意している。それよりむしろ、メンバーは看護師たちにそれほど深刻でない問題と本当に危険な状態を見分ける能力を高めるような指導をしている。

最後に、問題の発見に優れている人は、潜在的な脅威を発見しようとする過程には積極的な「波及効果」があることを悟っている。たとえば病院は、医療ミスの可能性を調査する活動が往々にしてコストの節減や患者の満足感を高める機会の発見につながることに気づいている。

おそらくこれが一番重要なことなのだろうが、リーダーは、問題を見つける能力は時間が経つにつれて進歩する傾向があることを記憶に留めておかなければならない。本書で述べる方法を実践すれば、雑音の中から信号を聴き分ける能力に磨きがかかるだろう。断片的な情報であっても、それが深刻な問題を暗示しているかどうかを見極めることが巧みになるだろう。たとえば、私たちがインタビューした看護師たちは、経験が偉大な教師であることがわかったと語っている。時間が経つにつれて、患者が心停止を起こす可能性があるかどうかを正確に見極める方法がだんだんとわかってきたと言う。さらに、RRTのほうも、病床に駆けつけた際の患者の診断の手際がだんだんよくなってきているそうだ。要するに、問題を見つけるためのコストは、人が自分の能力を繰り返し使っているうちに大幅に低減するのである[31]。

問題を効果的に見つける能力を身につける

これから本書では、問題があなたの組織の中で隠れたままにならないようにするために必要なスキルと能力について説明する。問題の発見は、絶え間のない改善のプロセスの結果であることを肝に銘じておかなければならない。学ぶことは一直線の道を歩むようなものではない。専門とする競技の練習を毎日絶やさないスポーツ選手を例にとってみよう。選手は必ずしも最初に問題を見つけて、その弱点を克服するために新たな技術の練習をしているわけではない。通常の練習メニューをこなし、その練習を通じて自分の実力の発揮を妨げている問題点を発見することがある。要するに、問題発見のプロセスと継続的な改善は密接につながっているのだ。他のことを犠牲にして一つのことだけに集中すべきではないし、問題の発見が一直線に実績の改善につながると期待すべきでもない。古い問題を解決しようとしているときに、往々にして新たな問題を発見することがあるのだ。

今後の章で、効果的に問題を見つけるために不可欠な七つの行動について説明する。組織を脅かす小さな問題と失敗を発見するために実践しなければならないのは、次に掲げることである。

●**フィルターを避ける**……ときにはゲートキーパーを介さずに、直接情報源に出向いて、加工されていないデータを見たり、聞いたりする。現場で仕事をしている人の話を積極的に聴く[32]。事業の中核だけに限らず、その周辺部での出来事にも通じておく。

●**人類学者になる**……多くの人類学者がさまざまな民族を自然環境の中で観察している。こうした研究者を見習おう。人に状況はどうかと尋ねるだけですまさない。調査やフォーカスグループ〔商品などの開発に役立つ情報を得るため司会者のもとで集団で討議してもらう数人の消費者グループ〕で得られたデータだけに頼らない。ただ人の話を聞くだけでなく、人類学者のようにその人の行動を注意して見る。こちらから出向いていって、従業員や顧客、サプライヤが実際にどのような行動をしているかを観察する。効果的に問題を見つける人は、自分の観察対象を予断で曇らせるようなことはせず、予想していなかったものを見ることに特に長《た》けている。

●**パターンを探す**……じっくりと考えて、個々のパターンや集合的なパターンを見分ける能力に磨きをかける。個人としての物事の処理の仕方や組織としての処理手続きの有効性に焦点を絞って、過去の経験との類似点を求める。組織内のさまざまなデータポイントの間におけるパターンを慎重に探す。

●**点を結びつける**……大きな危機に先立って、組織の中のさまざまな部署で小さな問題が起きていることが多いことを認識する。緊密な情報の交換が行われるような土壌を育て、人々が重要なデータや知識を収集してこれを統合できるような仕組みを構築する。いろいろな問題点を「線で結んでみる」と、最初は無関係に見えたものが、実際には非常に共通点の多いことがわかる。

●**価値のある失敗を奨励する**……ビルド・ア・ベアと同じように「赤エンピツ賞」の哲学を浸透させる。リスクを取り、間違いを犯したときは申し出ることを奨励する。組織内で過ちを犯すことに対する恐れを減少させる。許される過ちと許されない過ちの違いを部下が理解できるように指導する。

●**話し方と聴き方を教える**……現場の従業員にクルーリソース・マネジメント（CRM）のような、問題や懸念を明るみに出して、それを話し合うのに効果的なコミュニケーションスキルの研修をする。マネジャー層には、従業員が率直にものが言えるような奨励の仕方や、そこで出てきた意見や不安の念を適切に取り扱う方法の研修を行う。

●**ゲームの録画を見る**……スポーツの監督のように自社の活動状況や業績を計画的に見直し、さらには競合他社の活動や業績にも注目する。学んだ教訓を実践する際、あるいは競合他社に関する情報収集を行う際に企業が陥りがちな落とし穴について学び、これを避けるようにする。個人で、またチーム単位で望ましい行動を実践に移す機会を設ける。これによってエリート・スポーツ選手と同じように従業員の活動の質を高めることができる。

孤立化の落とし穴

問題を見つけようとする場合、自分の組織やその関係者から孤立するようなことがあってはならない。問題を見つけるには、往々にして経営上層部の周囲にめぐらされた障壁を取り除かなければならない。事業の周辺部にも足を踏み入れ、そこにいる人たちと偽りのない、台本なしの対話をしなければならない。予断と偏見を捨てて、予想外のことを観察する心構えをしなければならない。

残念ながら、大企業の経営上層部は役員室に閉じこもって孤立するケースがあまりにも多い。組織の中での毎日の生活には、電話を受け付け、Ｅメールを選別し、所定の地まで運転し、使い走りをしてくれる一組の側近が関与してくる。周囲をゲートとフェンスで囲った住宅地に住み、ファーストクラスで旅行し、五つ星のホテルに泊まる。こうした特権を得るために一生懸命働いてきたのだ。特権を受けるに値しないなどと面と向かっていさめる人はほとんどいない。しかし、経営者たちはしばしばカプセルの中に閉じ込められたように隔離された世界で生活し、働いている自分に気づく。最前線の従業員や顧客、サプライヤとの接触が途絶える。

こうした孤立化の落とし穴に遭遇するのは経営上層部だけではない。あらゆるレベルのリーダーが、ときとして組織を脅かしている問題を実際によく知っている人たちから孤立している自分に気づく。もちろん、集会場で従業員とのミーティングを行うリーダーも少なくないし、定期的に顧客訪問を続けているリーダーもいる。傘下の工場や店舗を視察したり、サプライヤを訪問することもある。しかし、こうした視察や訪問の多くは入念に練り上げられ、予定が明かされていることが多い。通常、人々はリーダーがやってくることを知っており、それによってすべての活動がまったく異なったものになってしまう。リーダーは、中堅幹部が印象をよくしようとお膳立てした素晴らしいショーを見るに留まることが多い。これでは、工場で働いたり自社の商品を使っている人たちが必要としていることや心配事を理解できない。このようにして、孤立は自己満足の温床となり、組織が直面している真の問題を理解する能力の低下をもたらす。

問題を見つけたいなら、孤立化の落とし穴に気をつけ、それを避けなければならない。そんな状態から抜け出し、心を開いて問題に耳を傾け、問題を観察し、問題を学ばなければならない。問題を見つけようとすれば、自分が犯した過ちを認め、それを人前で話題にしなければならない。

問題を知らなければ優れた意思決定も厄介な問題を解決することもできないことを認識しなければならない。

最近、スイスの製薬会社であるノバルティスの役員ラリー・アルガイヤは、「私の一番の心配は、人が私に教えてくれないこと」という格言を常に心に焼きつけていると私に語ってくれた[33]。この言葉には問題の発見に優れた人の哲学が反映されている。彼らは、自分の知らない何かについて常に注意を向けている。自分が何を知らないのか、自分自身でわからなくなってしまうことを心から恐れているのだ[34]。

第2章

フィルターを避ける

ワインと違って、悪いニュースは時が経つにつれてよくなるようなことはない。

――コリン・パウエル将軍、第一期ブッシュ政権の国務長官

一九七〇年十一月二十一日、五十六人のアメリカ兵士が、ベトナム中心部の人里を離れた奥地に設けられたソンタイ捕虜収容所に大胆不敵な奇襲作戦を決行した。この作戦の立案は、偵察画像によって兵士が捕虜としてソンタイに囚われている証拠が明らかになったその年の五月から始められた。ある将校はこう語っている。「私たちの注意を引いたのは、モールス信号に従って並べられた石でした。それは、少なくとも六人の兵士が収容所に入れられて、速やかに救助されなければすぐに死んでしまう、と読めました[01]」

特殊作戦部隊がこの任務のために厳しい訓練を受け、奇襲決行までに一七〇回という驚くべき回数の演習を行った。この演習は、フロリダの軍事基地内にソンタイの現状を再現して作られた

実物大の収容所で、実弾を用いて行われた。無線封止のもとでMC－130輸送機による危険な低空飛行が必要とされるこの特別任務に備えて、空軍は一〇〇〇時間以上の飛行訓練を行った。一方、海軍は奇襲当日の夜にハイフォン港で大規模な陽動作戦を行うために万全の準備を整えていた。

リチャード・ニクソン大統領が最終的にこの作戦の実施を承認し、奇襲は十一月に決行された。特殊作戦部隊は驚くべき正確さで計画を実行した。兵士たちは、囚われていると見られる七十人の捕虜を解放すべく、真夜中に収容所に到着した。危険な任務にもかかわらず奇襲中に兵士の死者はなく、二名の負傷者を出しただけだった。攻撃部隊は一〇〇人以上の敵兵を殺害したが、大半は収容所に近接する訓練所に駐留していたロシア人と中国人のアドバイザーだった。特殊作戦部隊は収容所構内を捜索したが、捕虜を発見することはできなかった。北ベトナム側は奇襲の前に捕虜を移動していたのだ。特殊作戦部隊の英雄的な活躍にもかかわらず、この思いがけない結果は、不完全な諜報活動で誤った意思決定を導いてしまったという恥ずべき前例を残すことになった。

ソンタイ奇襲に関する意思決定は米国政府の最高レベルで行われた。ドナルド・ブラックバーン准将が作戦計画の立案と訓練の実施の許可を与えた。統合参謀本部議長のトーマス・ムーラー提督と国防長官のメルビン・レアードがこの計画を検討し、承認した。しかし、夏も終わり近くなったころ、偵察画像からは収容所の活動が活発でなくなってきたことが窺えた。けれども、奇襲の準備活動はそのまま続けられた。

九月下旬、レアードはニクソン大統領にこの作戦のブリーフィングを行った。大統領はこの作戦が気に入ったようだった。レアードはニクソンに、偵察画像は収容所の活動が下火になってきていることを示しているが、専門家がもっと鮮明な写真を探す努力を続けていると報告した。あとになって、秋の間中、偵察画像を手に入れようとして数々の試みが行われたが、どれも成功しなかったことがわかった。この間、計画の立案者は収容所を対象とした人間を使った諜報活動が行われていないことを嘆いていた。

ブリーフィングのあとでニクソンは、国家安全保障担当補佐官であるキッシンジャーとともにこの計画を見直すようレアードに指示し、十月初旬に見直しが行われた。その席上、キッシンジャーはリスクについて尋ねた。「成功の確率は九五から九七パーセントです」とブラックバーン将軍が答えた[02]。キッシンジャーは回想録の中で次のように述べている。「私たちには死傷者のリスクがあることはわかっていた。しかし、作戦実行の意思決定を導くためのブリーフィングの際、収容所が空っぽだという可能性について言及した人は誰もいなかった[03]」

ついに十一月十八日、ムーラー提督とレアード長官は最終承認を取り付けるべくニクソンに会った。ここでムーラーとレアードは、夏の終わり以後に撮影した、活動の低下を示す最新の証拠写真を提示することはできなかった。捕虜の解放に加えて、戦争とニクソン政権に対する国民の支持の高まりを期待したニクソンは青信号を出した。ニクソンはまた、米国が敵の領土奥深くへの攻撃を成功裡に実行する能力を持つことを誇示することによって、交渉の席上での立場を有利に展開したいと考えていたのだ。大規模な作戦準備が行われたことに感銘を受けたニクソンは「これを承認しないでいられる人がいるだろうか」と言い切った[04]。ムーラーが、この作戦に北ベトナムが気づいたという兆候があれば、最後の段階であっても作戦中止をするつもりだと述べるとニクソンは言った。「何だって！　提督、そんなことが起きないようにしようじゃないか。私はこれをやり遂げたいのだ[05]」

運命を決したこの会合の直後、ブラックバーン将軍は、北ベトナムにいるスパイが中央情報局（ＣＩＡ）にソンタイ収容所に捕虜は残っていないと報告したことを知った。捕虜は他の場所に移動したと言う。このスパイは北ベトナムの官僚で、一年以上にわたって米国のために諜報活動を行っており、非常に信頼できると立証されていた。しかしＣＩＡは、ブラックバーン将軍とその部下たちが数カ月にわたって作戦の立案をしている間も、この情報源の存在を将軍たちに明かさなかった。ＣＩＡは、作戦立案者たちが収容所の最新の高画質の画像を入手できないでいることを知って、作戦実行の数日前にようやく、このスパイにソンタイの様子を尋ねたのだった[06]。

話を聞いたブラックバーンは状況の再評価に着手した。その後二十四時間にわたって、彼はレアード、ムーラーおよび国防情報局（ＤＩＡ）長官のドナルド・ベネット中将と協議した。ブラックバーンは予定通り決行することを望んだが、矛盾した情報をどう判断すべきか迷っていた。「ある時点では、捕虜がいないことは確実だと思えたし、しばらく時間が経つと捕虜がすでにソンタイに戻されているのではないかと勘ぐったりした」とブラックバーンは述懐している[07]。十一月二十日に開かれた会議でベネットが持ち出した証拠は、捕虜がソンタイに留まっているという結論を肯定するものと否定するものがほぼ半々だった。最終的にベネットは、ブラックバーンが成功を保証したこともあって作戦の実施に同意し、レアードとムーラーは予定通り十一月二十一日に決行するという決断を下した。興味深いことにレアードは、浮上してきたスパイからの情報の存在と、そのあとに行われた作戦立案者たちの話し合いの内容をホワイトハウスに伝えなかった。ムーラーの補佐官は、その時点でニクソンは矛盾した情報を「知りたくなかった」と解説している。のちにレアードは、この情報に信頼がおけるとは思えなかったので、大統領には知らせるべきでないと判断したと述べている[08]。

ソンタイ収容所奇襲のいきさつは、あらゆる組織のリーダーに対する非常に重要な課題を浮き彫りにしている。組織の階層のさまざまなレベルの人は、いろいろな理由で情報をフィルターにかけている。自分たちが受け取ったり、収集したりしたデータのすべてを流しているわけではない。そうではなく、自分たちのリーダーが重要な意思決定をするために必要な情報が何なのかを判断しているのだ。リーダーも情報がフィルターにかけられていることを知っており、ある程度それを歓迎している。とにかく、あふれるばかりのデータに圧倒されたくはないので、しかるべき助言者が自分のために重要な情報を整理し、分析してくれることを望んでいる。けれどもリーダーは、こうした情報のフィルタリングの過程で重要な問題が隠蔽されているかもしれないことを憂慮すべきである。悪いニュースや矛盾した情報、特定の問題に対して、トップレベルがあらかじめ決めておいた見解や姿勢と矛盾するようなデータは、きわめて徹底的にフィルターにかけられる傾向にあることに疑問の余地はない。

ソンタイの事件に関して情報のフィルタリングが行われたことと、大統領の日ごろの行いがフィルタリングを促したことをよく考え併せてみる必要がある。ＣＩＡは最後の瞬間までスパイからの情報を知らせず、何カ月もの間それを伏せておいた。レアード国防長官は、捕虜が他の場所へ移されたことを示唆するスパイからの新しい情報を大統領に伝えないという決断をした。これは、収容所に関する情報が存在しないことを嘆く作戦立案者の声が何週にもわたって聞かれる中で起きたことだった。結局、立案者たちは長い間持ち焦れていた情報を得たのだが、それを信頼性に欠けると判断し、ホワイトハウスに伝えなかった。

この間ニクソンは、最近の写真の中には収容所における活動が低下していることを示すものがあるという情報に接しながら、さらに詳細を調査させようとしなかった。大統領は、自分がこの作戦の推進を望んでいることを明らかにし、もしこれが中止されるようなことになれば自分は落胆するだろうと、非常にはっきりと発言していた。要するに、ニクソンのこの作戦にそそぐ熱意が、部下たちに、収容所は放棄されたように見えるという「悪いニュース」の伝達を躊躇させたのだ。大統領が、補佐官に対して、捕虜がそこに収容されているという既存の見解を否定するような情報があれば知らせるように、という要請をしていなかったことは確かである。ニクソンは、補佐官に悪いニュースをフィルターにかけるよう指示したわけではない。しかし、耳障りな情報でも歓迎するような雰囲気を作らなかったことも事実である。要するにソンタイ事件は、フィルタリングの危険性と、重要な問題に関する情報の抑制を促しかねないリーダーの日ごろの言動——悪いニュースは誰しも聞きたくないのだが——の両方を警告する生きた事例である。

情報のフィルタリングが起きる理由

どういう理由で、人はソンタイ事件でレアード長官がしたように情報をフィルターにかけるのだろうか。これには、リーダーを助けようという善意から、自分自身の秘めた意図を有利に進めようという利己心に至るまで、さまざまな理由がある。

効率性に対する配慮

まず、部下が効率性への配慮から、リーダーのために情報を要約したり、整理したりすることがある。彼らはリーダーとともに過ごす時間が限られているので、その時間を上手に使わなければならない。リーダーは意思決定に際して支援を求めることがある。たとえば、重要なデータはよく整理して、分析したうえで提示されることを望む。さまざまな選択肢に対して賛成意見と反対意見の提示を求めることがある。また、部下に選択すべき行動方針の勧告を要求することもある。部下は、限られた時間内でどの情報を提出すべきか、という難しい選択をしなければならない。リーダーとの「フェイスタイム」、つまり顔を突き合わせて会話をする時間は非常に貴重なので、整理や分析をしていない情報をやみくもに伝えて、リーダーとの時間を無駄に使いたくはない。リーダーも部下も、関連性のない情報や信頼性のない情報で時間を浪費したくない。スケジュールが過密であったり、会議の議題が盛りだくさんであったりすれば、フィルタリングをする必要性がさらに高いと考える。最近は、どの組織でも万事がハイペースで処理されていることもあって、部下はリーダーとの面談の際には要点を述べなければならないことをわきまえている[09]。

また部下は、リーダーにその手を煩わさなくても解決できる、あるいは解決すべき問題で時間を浪費してもらいたくないと考えている。問題を組織の上のレベルに上げれば、自分が決断力に乏しい、いや最悪の場合、まったく無能であると見られるのではないかと恐れる人は多い。なぜこんな問題を自分で解決できないのか、あるいはたいして重要でもない問題なのになぜリーダーに「時間の浪費」をさせるのか、などと言われるのを恐れているのだ。

大勢順応への圧力

トップマネジメントのグループがかなり短時間で意見の一致を見たような場合にも、部下は情報のフィルタリングをすることがある。こういう場合、大多数の意見に従わなければならないという圧力を感じるものだ[10]。この時点で、大勢を占めている見解を動揺させるような、あるいは異議を唱えるような情報をその議論の場に持ち込みたいとは誰も思わないだろう。最後の瞬間に山のようにリンゴを積んだ手押し車をひっくり返そうとするぶち壊し屋に見られたくない、と部下が思うのは当然だ。

リーダーとしては、すでに決意を固めているという印象を強めることによって、いつでも大勢順応への圧力を作り出すことができる。リーダーが純粋な好奇心を示したり、もっと詳しい事情を知りたいという気持ちをあらわにすることを止めてしまえば、耳障りな情報のフィルタリングを促すことになる。ソンタイ事件で、ニクソンはこの作戦を実行したいという態度を非常に強く示した。最新の画像が収容所における活動の低下を示しているという話を聞いても関心の色を見せなかった。ホワイトハウスでの会合に出席した人たちは、なぜそんなことが起きているのかをニクソンが知りたがっているようには見えなかったと指摘している。さらに、ムーラー提督が、この作戦に障害が起きたことを示す情報が入ってきたら中止したいと告げたのに対して、ニクソンは「何だって！　提督、そんなことが起きないようにしようじゃないか。私はこれをやり遂げたいのだ」と答えている[11]。要するに、実施の意思決定について、その再考を促すような追加情報は聞きたくないという非常に強い姿勢を示したのだ。

リーダーが決意を固めたように見えるとき、部下はその後の意思決定を視野に入れて、それと矛盾しないように振る舞う計算をするものだ。その意思決定に影響を及ぼす機会を捉えたい。リーダーとの会議の席に座るチャンスを逃したくない。面談の機会や権限、影響力を失わないようにするために、部下は意思決定の時期が間近に迫っている事柄に関する情報をリーダーがもうこれ以上聞きたくないと思う時点を見極める。将来の意思決定の過程での自分の役割を保持するために、足もとの意思決定の質が多少落ちる可能性があってもその時点で引き下がるのだ。

確証バイアス

情報のフィルタリングが比較的無意識のうちに行われることがある。心理学者は、人が偏見に従って情報を処理する傾向があることを明らかにしている。人は、自分が現在持っている意見や仮説と一致する情報を探し求める傾向があり、また特定の問題に対する自分の現在の姿勢を否定するようなデータを避けたがり、場合によっては無視することすらある。このような傾向を、心理学者は確証バイアスと呼んでいる[12]。

人は必ずしも偏見に基づいて情報を取り入れていることに気づいていない。さらに、人はこの偏見をさまざまな形で見せる。見せ方が露骨な人もいれば、そうでない人もいる。自分自身のためにデータを収集し、分析する場合でも、明らかに偏った方法を用いることがある。その人の考え方に対する自分自身の好みによって、会議にある人を招いたり、招かなかったりすることがある。

しかし、確証バイアスがもっと微妙な形で現れることもある。たとえば、ある好ましい選択肢を支持する発言が繰り返されることによって、その選択肢に対するモメンタム（勢い）がはっきりと高まるように、一定の順序をつけて会議での発言の順番を決めることがある。重要な意思決定をする人の隣には、その決定を否定するような情報を持つと見られる人が座ることがないように会議室の席順を決めることもある。物理的に距離を置くことで、権力に関する強力な信号を送り、そうすることで会議室の中に現存する世界観にそぐわない情報を持ち出すのを思い留まらせようというのだ。

どうやらキッシンジャーは、確証バイアスがソンタイ事件の意思決定の過程に影響を及ぼしたことを認識していたようだ。彼は回想録の中で次のように述べている。「大統領もそうだが、それ以上に国家安全保障担当補佐官は何も信用してはならない。すべての仮説には疑問を投げかけ、事実を一つずつ証明していかなければならない。もっともらしく見えることが、必ずしも事実とは限らない。行動計画を提案する者は、自分の立場を支持する事実を並べたてる心理的傾向を持っているからだ[13]」（傍点は本書の著者による）。

提言

当然のことながら、情報のフィルタリングが純然たる利己的な目的で行われることもある。一定の立場を主張する人は、その提言を強化し、他の人を説得して自分を支持させることを意図して情報を流す可能性がある[14]。同時に彼らは、自分の提案を実行した場合のリスクやコストについての情報を明かさないかもしれない。ベネット中将が、ソンタイ作戦開始前の最終会議でブラックバーンやムーラー、レアードと情報分析を行ったとき、こうした行動を取らなかったのはさすがである。彼は決行を支持するデータと反対するデータを明らかに均等に提出し、バランスの取れた意見を表明した。けれども、ブラックバーンは明らかに作戦の決行に賛成する意見に終始傾いていたようだ。レアードもまた、作戦がもたらす利点とリスクを公正に評価する立場を貫くというよりは、むしろ作戦決行を強力に主張するようになった。その前の会議で彼はニクソンに収容所での活動が低下しているという証拠について説明したが、十一月十八日に大統領に作戦決行の最終承認を求めたときにはそのデータを提出しなかった。もちろん、レアードは人的諜報の件で大統領のもとへ戻っていくことはなかった。

ゲートキーパーを避けるために

組織に潜む重要な問題を、それが急激に大規模な障害に増殖する前に発見したいとリーダーが望むなら、部下が悪いニュースを伝えてこない理由を理解しておかなければならない。耳障りな情報を知らせるのを部下に思い留まらせているのは、ほかならぬ自分の行動であることに気づかなければならない。

たとえそれが組織で大勢を占めている見解に反するものであっても、リーダーは部下が安心して新しい情報を持ってこられる雰囲気を作り上げる必要がある。けれども、効率的かつ積極的に問題を発見しようとすれば、リーダーはさらに積極的な姿勢を示さなければならない。リーダーはときには直属の部下の頭越しに手を伸ばすことによってフィルターを回避し、未加工のデータにじかに触れたり、要役《かなめやく》の従業員と直接話をしたり、側近とは完全に異なる物の見方をする人からいろいろなことを学んだりしなければならない。

表 2.1　フィルターを避けるための５つの手法

手法	説明
自分の耳で聴く	要役の従業員と経営上層部の間の直接の率直な対話を行う機会を設ける。経営上層部にこの場で聴いた懸念に対応する責任を負わせる。
さまざまな意見を探して聴く	重要な報告や説明を輪番制にする。組織の下のほうのさまざまな従業員と会う機会を求める。実際に現場で仕事をし、あるいは製品を使っている人を探す。
若い人とのつながりを持つ	組織の内外で最も若く、最も頭脳明晰な人を探し出す。新しい傾向を学び、異なった世界観に接するために彼らを活用する。
周辺部にも足を伸ばす	遠隔地の従業員や新技術を模索している部署、企業の中核市場の外部で離陸しようと試みている規模の小さい新規事業などとの意思の疎通を計る。会社の事業について、中核部にいる人と周辺部にいる人が言っていることの間に断絶がないかどうかに注目する。
利害関係者でない人と話す	顧客でない人、従業員でない人、サプライヤ（納入業者）でない人などその組織と何らかの理由で付き合いのない人と話すことを習慣にする。

要するに、ときどきリーダーは、組織の各階層を昇ってくる情報の流れを組み合わせ、まとめ、要約している「通気孔」の風通しをよくする必要がある。役員室から足を踏み出し、ときには組織の壁を乗り越えて新しいデータに直接アクセスしなければならない。プレゼンテーションのために巧みに整理されたものではない情報を見つけなければならない。そのためには、リーダーは表２・１に示した五つの手法に熟達する必要がある。

これらの手法に慣れるためには、ただでさえ非常に多忙なスケジュールの中で時間を見つけなければならないが、それでリーダーが相当早い段階で、脅威だけでなく機会を見つけることができるようになれば、時間の投資は無駄にはならない。

自分の耳で聴く

二〇〇一年八月一日、アン・マルケイヒーはゼロックス社のCEOの座に就いた。それはゼロックスが大きなトラブルを抱えている時期だった。損失が膨れ、販売部隊の士気は下がり、負債の重圧は耐えがたいものになっていた。米国証券取引委員会（SEC）の検査が入り、その結果、最終的に一九九七年にまで遡って損益計算書の修正が命じられた。倒産のおそれが迫っていた。その後の七年の間に、マルケイヒーは目覚ましい変革を見事にやり遂げた。販売製品を再構成し、品質を高め、顧客サービスを充実し、財務体質の健全性を取り戻した[15]。

マルケイヒーは、彼女とその同僚の経営幹部が顧客の満足や不満に関する生の情報に接することができるように、興味深い手段をいくつか講じた。彼女は、話の内容を変えたり、あいまいにしたりするおそれのある仲介者を通さずに、直接顧客から話を聴きたかった。経営トップに届けられる顧客サービスのデータをまとめるという通常のフィルタリングの過程を回避するために、彼女は二つの手段を講じた。自分も顧客を訪問することがあったが、彼女が取った手段はそれをはるかに上回るものだった。

まず、同社の顧客上位五〇〇社のそれぞれを、トップマネジメント・チームのメンバーに割り振った。注目すべきは、販売、マーケティング、オペレーションなどを担当する役員以外にも顧客を割り当てたことだ。彼女はこう説明する。

この活動には会計責任者や法律顧問、人的資源担当役員をはじめ、当社の役員全員を巻き込みました。各役員は少なくとも顧客一社と接触し、彼らが抱いている懸念や要望を理解し、さらに問題を解決したり、課題に対応したり、チャンスを捉えるためにゼロックスの資源がきちんと整っているかどうかを確認したりする責任を負っているのです[16]。

第二に、マルケイヒーは、トップマネジメント・チームの各メンバーが月替わりで本社における「一日顧客満足責任者（Customer Officer of the Day）」を務める制度を設けた。同社の製品で問題を抱えているかもしれない顧客からありのままの話を聞きたかったし、さらに、自分も含めトップマネジメント・チームの各メンバーが顧客の懸念に自ら対応する責任を持つことを望んだからだ。この制度について彼女は次のように述べている。

私たち約二十人が順番で「一日顧客満足責任者」の務めを果たしました。一日というのは一カ月のうちの一日のことで、この任務に就いているときには、本社にその日舞い込んだ顧客からの苦情のすべてを、何事によらず処理する個人的な責任を負うのです。苦情は通常、ひどい経験をした顧客からのものです。当然、顧客は怒っているし、フラストレーションも溜まっています。それに最後の拠り所として本社に電話をかけてきます。ゼロックスの「一日責任者」には三つの責任があります。顧客の言い分を聴き、問題を解決し、その問題の背後にある原因を取り除くという責任です。これは間違いなく私たちを現実の世界に触れさせてくれます。基本を教えてくれます。この経験が私たちの意思決定に浸透しているのです[17]。

マルケイヒーが始めた活動によって、同社の製品の実際の利用者と経営上層部との直接の対話が初めて実現した。彼女は断じて顧客サービスに関する統計の要約に頼るようなことはしない。顧客との会話は、膨大な顧客サービスの書類を編集した報告書では得られないような洞察をもたらす貴重な生のデータである。マルケイヒーは、顧客に対するアンケートにですら騙されることがあることを知っている。人は、調査に当たる会社には「満足している」と答えていても、他社の製品に乗り換える確率が高いのだ。彼女は次のように述べている。

長年の経験による基準では「満足している」と答える顧客のおよそ七五パーセントが離反していくそうです。当社独自の調査でもこの数字は裏づけられています。「非常に満足している」と答える顧客が引き続き買ってくれる確率は、単に満足していると答える顧客よりも六倍は多い……並みのサービスをしていれば、おそらく顧客は単に満足しているだけでしょう。これは警鐘だと考えるべきです。自動車業界に例を取ってみましょう。満足度の評点はおよそ九〇パーセントです。これで、同じメーカーから買うお客はどれくらいいるでしょうか。四〇パーセントにすぎません[18]。

経営上層部が顧客サービスに関するフィルターのかかっていない情報を入手する方法を考案したもう一つの企業が、ドラッグストア・チェーンのCVS社である。同社は過去、各地の店舗の顧客サービスを評価するのにミステリーショッパー〔客を装って店舗調査をする覆面調査員〕を使っていた。今日、CVSは品揃え（Stock）、店構え（Store）、サービス（Service）の頭文字をとった「トリプルS」という制度を採用している。顧客が求めている商品を置いているか。ショップは清潔で、散らかっていないか。店員は礼儀正しく、役に立ち、専門知識を持ち、待ち時間を最小にするように気をつけてサービスしているか。同社は顧客へのアンケートによって三つのSを測定している。CVSの買い物客は時折、フリーダイアルの電話番号に電話をしてアンケートに協力してください、と書かれた領収書を受け取る。アンケートに応じた顧客は月に一度現金が当たる抽選券がもらえる。現在、CVSは顧客から年に一〇〇万件以上の解答を得ている。同社は、店舗の売上高がトリプルSの点数と相関関係にあるとしている。

けれども興味深いことに、CVSは各店舗の点数を集計するだけで済ませているのではない。経営幹部はただデータの分析がぎっしりと書かれた報告書を読んでいるのではない。マーケティング担当役員のヘレナ・フォークスによれば、電話は録音されており、幹部は販売で苦戦している店舗に対する実際のコメントを聞くのだそうだ。また、ＣＶＳはトップマネジメント・チームのために「前日の顧客コメント」という制度を設けている。毎日、十人の経営陣は電子音声ファイルを受け取る。そこには前日顧客からかかってきた通話が一件記録されている。内容はプラスのものもあれば、マイナスのものもある。普段はあるシニアマネジャーが、今まで聞いたことも考えたこともないような新しい話題を含む通話記録を選んで経営陣に配っている。中には信じられないほどいろいろと考えさせられるコメントもある、とフォークスは語っている。さらに、ゼロックスと同じように、経営陣は各自がほぼ年に二回一時間ほど顧客からの電話に応対する。

こうした通話録音や生の電話応対は「個人にとってとても有益な」経験だとフォークスは指摘している。この制度のおかげで経営陣は、自社の店舗で買い物したり歩き回ったりしても得られないような物の見方に接することができる。「小売業者の一員として買い物するのと、顧客として買い物するのとではまったく違います」とフォークスは言う。その結果、店舗における経営者の体験と顧客の体験ははっきりと異なること、顧客の目で店を見るのは非常に難しいことがわかる。「前日の顧客コメント」に耳を傾け、また自ら顧客からの電話を取ることによって経営陣はじかに問題を聴き、パターンや傾向を素早く見つけ、重役室で孤立状態になることを避けることができるのだ[19]。

さまざまな意見を探して聴く

二〇〇五年、デビッド・タチェッリは、マサチューセッツ州ノーウッドを本拠とする半導体テスト装置のメーカーであるLTX社のCEOに就任した。タチェッリは、同社の主要顧客との取引を定期的に見直すために厳しい顧客点検システムを採用した。その目的は、この定期的評価システムを通じて「顧客サービスの問題点を早期に浮上させる」ことにあった。しかし、彼は、見直し会議のたびに同じシニアマネジャーが特定の顧客について報告するのであれば、これはありきたりのシステムになってしまうことに気づいた。「報告にはフィルターがかけられがちでした。彼らは自分で問題を解決できると思っていたのです。したがって、彼らが問題を報告したときは手遅れでした[20]」。そこでタチェッリは、特定の顧客に関係のあるすべての人が確実にこの見直し会議に出席できるようにした。彼は次のように説明している。

私は意図的にプレゼンターを輪番制にしました。ある会議で問題が明るみに出れば、私は前回のプレゼンターのもとに行きます。そして、自分が発表したときにその問題に気づいていなかったのかと尋ねます。もし、気づいていたなら、その問題をもっと早く明るみに出さなかった理由を究明します。重要なことは彼らにこの経験から学び取ってもらうことであって、責任の所在を明らかにするためにやっていることではありません。問題を率直に話し合えば、みんなでもっと効果的に解決できるということを教えようとしているのです。もちろん、発表する人から過ちのパターンを予想することができます。誰かが繰り返し情報を隠した場合、その人物については別の問題解決をする必要があります。彼らも最終的には責任を問われることを知らなければならないからです[21]。

タチェッリは、マネジャーたちにこの会議の発表に使うスライドの数を制限するよう求めている。「私が望むのは彼らが私や他の出席者と話し合うことで、スライドを読み上げることではないのです」。彼は自分の役目をこう説明する。「彼らといっしょに『ジョパディ』〔米国の人気クイズ番組〕で遊ぶこと……つまり、ソクラテス的な手法〔ソクラテスは対話を通じて相手の矛盾や行き詰まりを自覚させて、相手自身に真理を発見させた〕を使って何が重要な問題かを突き止めること、特定の顧客からの苦情の原因について、私たちがどのようなことに気づいているのかを確かめることです[22]」

化学製品販売事業を営むアメテックの事業部長ラリー・ヘイワードも、時間をかけて他の人とは異なった意見の持ち主を探し求めている。ヘイワードは、他の経営幹部と同じように定期的に顧客を訪問している。その際に、いつも電話やEメールで連絡している人たちだけではなく、普段は交流のない購買部の人たちとも話すように心がけている。さらに重要視しているのは、話し相手を購買部だけに留めないことである。ヘイワードは、自社の製品を毎日使っているエンジニア、さらに顧客の組織のさまざまな分野の人と会う時間も残しておく。自社の製品と顧客サービスに関するありとあらゆる意見を知りたいのだ。彼が会うのは幹部クラスだけではない。特に、自社の製品の使い心地について直接の経験を持つ第一線のエンジニアと話す機会を求めている[23]。

ペニ・ガーバーはＡＢＲＹパートナーズの共同経営者で、同社はボストンにあるメディアと通信業界を専門に扱う未公開の会社である。彼女はいろいろな会社に投資しているが、その投資にあたってさまざまな意見を探して聴くという方針を貫いている。投資している会社を訪ねるとき、ＣＥＯやその他の役員と対話するだけで済ませず、その会社のさまざまな部署のマネジャーからも情報を得るよう心がけている。それには三つの理由がある。一つは、その会社の人材評価ができること。二つ目は、その会社の組織としてのまとまりをテストできること。全員が戦略を理解しているか。会社の上層部がすべてのレベルから強固な協力を取り付けているか、すべての社員が一連の価値を共有しているかを探るのだ。最後は、そしてこれがおそらく最も重要なことだろうが、ＣＥＯやその他の役員が気づいていないが水面下で悪化しつつある問題がないか、あるいは投資家に意図的にすべてを開示していない問題がないかを知るためである。ほとんどの場合、ＬＴＸのタチェッリと同じように、彼女も経営陣が投資家に害を与えるつもりで悪いニュースを隠しているのではないと思っている。彼らは多少時間がかかっても自らの手で問題の解決ができると考えている。簡単に解決できそうな問題で投資家の時間を浪費したくないのだ[24]。

若い人とのつながりを持つ

若い人たちは、早いうちから重要な社会の傾向を敏感に察知していることが多い。彼らは一般に、テクノロジーやファッション、健康的な生活、環境などの分野に関する最新の考え方や製品をとてもよく知っている。経営学者のゲイリー・ハメルは、ＣＥＯは無理をしてでも、自分の組織内の最も若く、そして最も頭のいい人とのつながりを継続的に持つべきだと主張している。彼は、二十代、三十代の非常に有能な従業員を集めて「陰の内閣」を作ることをＣＥＯに勧めている。そして、ＣＥＯは定期的にこの若い閣僚と会って、重要な戦略的問題に関する彼らの意見がトップマネジメント・チームのメンバーから聞いている意見とどのように違うかを知るべきだ、としている。ハメルは、若い人たちとの交流が、経営上層部が気づいていないような機会と脅威をＣＥＯに察知させるのに役立つと考えている。さらに、こうした若い人たちの発想は、組織の重層的な機構の中ではフィルターにかけられてボツになることが多いと指摘している[25]。

ゼネラル・エレクトリック（ＧＥ）は、一九九〇年代の半ばから末にかけてのｅコマース革命の間に、すでに他社より一歩先んじていた。ロンドンに駐在するある事業部長は、職務上自分が当然理解しておくべきインターネットの知識に乏しいことを認識していた。彼はインターネット事業のスピードについていけないことを恐れた。そこで、事業部内でまだ三十歳になっていないきわめて頭のいい青年を発見し、eコマースのさまざまな問題に関するメンター（指南役）になってほしいと頼んだ。この有能な青年は、数カ月かけて事業部長を教育した。この話を聞いたときジャック・ウェルチは、GEのジェネラルマネジャー全員に、ウェブの表から裏までのすべてを教えてくれる若いメンターを探すよう指示した。「私たちは組織の上下を逆さまにした。最も若くて最も頭の切れる連中に、最も年寄りを教えさせた」とウェルチは述べている[26]。

今日では、テクノロジーを通じて若い人たちの物の考え方やアイデアをうまく活用しているビジネスリーダーをよく見かけるようになった。各種の技術革新のおかげで、経営上層部が組織の第一線の若い人たちとのつながりを素早く、効率的に持つことができるようになっている。自分のブログを持っているCEOは多いし、中には従業員が自分たちのブログに何を書いているのかを知るために時間と費用をかける人もいる。

ヒューレット・パッカードの研究者は、一万人以上の従業員がブログに書いた内容を分析する新しい技術を開発した。ウォータークーラー（WaterCooler）と名付けられたこの技術は、一定期間内に話題になった重要そうな問題や、ひいては長期にわたるコメントの傾向を発見することを目的にしている。この名前は、サイバー空間の仮想の飲用水冷却器のかたわらで従業員が交わしている数々の会話に、その許しを得て聞き耳を立てることができるというソフトの機能に由来している[27]。

フェイスブックやマイスペースなどのソーシャル・ネットワーキング・サービス（SNS）を使っ

て、自社の若年層の従業員と果敢に対話しているＣＥＯもいる。ベス・イスラエル・ディーコネス医療センターのＣＥＯであるポール・レヴィは、フェイスブックのページを立ち上げた。彼は自分が作ったソーシャルグループに四〇〇人以上がいるが、その多くは病院の従業員である。「なかなかおもしろいものですよ。普段口を利く機会もなかった人たちと対話をするのにもってこいの方法です」とレヴィは語っている[28]。トム・グローサーは情報サービス大手のトムソン・ロイターのＣＥＯだが、同じようにフェイスブックに時間を費やしている。英国の新聞業界では、彼がこんな時間の使い方をしていることについて非難する向きもある。これに対して彼は次のように反論している。もちろん、彼のブログの上で。

想像力を働かせたり、アイデアを試したりすることはもっと若い人に任せて、ＣＥＯは戦略の策定や部下にあれこれと命じるような「重要な」仕事だけをすべきだと主張してもかまわないでしょう。これはリーダーとしては甚だお粗末で、常識外れのやり方だと言われるかもしれません。しかし、人はその時代の先端を行くテクノロジーを使って他の人と交流したり、楽しんだりしなければ、壮大な夢を見ることもできなければ、創造力の豊かな人が寛いだ気持ちになれる環境を作り出すこともできないでしょう……この最新のテクノロジーとメディアが合体して作り上げた世界を探求するために私の「自由な」時間を投資するのは、非常に価値のあることだと信じています[29]。

周辺部にも足を延ばす

長年インテル社の会長とCEOを務めたアンディ・グローブは、経営上層部が脅威と機会をその初期の段階で見つけようと思えば、組織の周辺部と接触しなければならない、と説いている。彼の言う周辺部とは、地理的な遠隔地、新しいテクノロジーを研究している部署、あるいは企業の中核市場の外側で離陸しようと努めている小規模な新規事業である。グローブの説明は次の通りだ。

こういう風に考えてみてはどうだろうか。春がやってくると、雪は周辺部から融け出す。最も日光や外気にさらされやすい場所だからだ……会社の日常業務について、私は総務部長や販売部長、製造部長と話をする。彼らから会社で何が起きているかを知ることができる。しかし、彼らが教えてくれるのは、私の視点からそれほど離れていない場所から見える事柄だけである。ときどき私は、地理的に遠い場所にいる人や、私より組織の数段階下にいる人からのニュースや情報を吸い上げて、まったく異なった立場から見た彼らの意見を用いてビジネス上の問題の三角測量をしてみる。そうすると、通常接触している人からは得られない洞察が湧き出てくる[30]。

ジョーゼフ・バウアーは最新の研究で、ＣＥＯは自分の組織の周辺部においてでも非常に有能な後継者を見出せる可能性がある、と指摘している[31]。バウアーは、新しいＣＥＯとして内部の人間（インサイダー）と外部の人間（アウトサイダー）のどちらを選ぶのがいいかという問題を検討している。内部の人間には自社のビジネスの経験が豊富で、しかも会社の文化と価値を十分理解しているという利点がある。しかし、内部の人間はビジネスの仕方について特定のメンタルモデル〔固定観念や暗黙の前提〕に凝り固まっているおそれがある。こうした認識の硬直性は、外部環境の急変を経験したとき、企業に好ましからぬ結果をもたらす可能性がある。

一方で、外部の人間は確かに新鮮な考え方を持ちこんでくるだろうが、必ずしも適切な経験を持っているとは限らず、また企業文化にうまく溶け込めないおそれもある[32]。バウアーは、後継が成功しているケースの多くは、外国駐在や新規事業などで長期にわたって組織の周辺部で過ごしたことのある経営幹部を起用している、と指摘した。周辺部での経験のおかげで、彼らは新鮮な考え方を身につけており、おそらく事業の中核で働く人たちが金科玉条としている信条になんらかの疑問を持つようになっているのだろう。バウアーは、この種の人々をインサイド・アウトサイド・リーダーと呼び、彼らがＣＥＯになれば、主力業務が必要とする変革に対してもっと客観的な考え方を持ち込むだろうと述べている。インサイダーであることの利点とアウトサイダーとしての異なった視点が相乗効果をもたらすのだ。

利害関係者でない人と話す

経営者の多くは、現在の顧客や社員、サプライヤとの対話で時間を費やす。しかし、顧客でない人、社員でない人、サプライヤでない人、つまり現時点で何らかの形で自分の組織とかかわりのない人々とときどき会話を交わす経営者はどれくらいいるだろうか。こうした人たちと付き合うようにすれば、信じられないほどの洞察が得られることがある。たとえばクレイトン・クリステンセンは、イノベーションの機会に気づくのは、現在の顧客とではなく、顧客でない人と話をしているときであることが多い、と指摘している。現在のユーザーは、本当に画期的な変化というよりは、むしろ漸進的な改善策に目を向けがちだからである[33]。

これと同じように、あなたの会社の採用を蹴った応募者と話をすれば、才能ある人材の関心を集めて、定着して働いてもらうためのより効果的な方法とその理由について大いに語ってくれるだろう。あなたの会社が主催した会社説明会には出席したものの、エントリーしなかった大学生に話を聞いてみるという手もあるだろう。彼らが聞いた説明の中で、他の会社を探してみようという気にさせたものは何だったのだろうか。

いくつかの大学では、自校に入学しなかった合格者と話をすることに相当の時間をかけており、その結果非常に多くのことを学んでいる。大学側が、入学率、つまり試験合格者のうち最終的に入学した学生の比率のことであれこれと悩んでいることには疑問の余地はない。入学率は学校に対する関心の高さの決定的な指標なのだ。さらに、予想される入学率が低いとなれば、それは大学にとって死活的な問題である。入学率が予想したよりも低ければ、校舎がガラ空きで授業料収入が減る。一方、予想より高ければ、教室があふれかえり学生たちから不満が出る。これが、大学が時間をかけて、試験に受かっていながら他校に入学する学生から話を聞こうとする理由である。その際に多くの質問をする。学生が最も多く選ぶのはどの大学か。なぜその大学を選んだのか。自校に入学しない学生はどういうタイプが多いのか。こうした質問に対する答えを体系的に分析することによって多くの事実が明らかになり、翌年以降の、入学するまでの手続きの改善や大学全体としての質の向上が図られることになる。

学校と同じようにビジネスリーダーも、自社に背を向けた人から話を聞けば、何らかのメリットが見出せるだろう。しかし、この仕事を顧客サービスの担当者やHR担当マネジャーに任せてしまってはいけない。経営上層部は折に触れて、こうした声をじかに聞く必要がある。自社と関わりを持たない道を選んだ人から、その理由について、飾らない真実の声を聴くべきなのだ[34]。

きわめて先見の明があるリーダー

フィルターを回避するのは、どれだけ価値のあることなのか。大きな危機になる前に問題を見つけることが、リーダーが将来を見通すうえで、実際にどのくらい役に立つのだろうか。

この章を終えるにあたって、しばしウィンストン・チャーチルの輝かしい経歴に思いを馳せてみよう。生涯の節目節目で、いかに彼に先見の明があったかに驚く人が多い。彼には、他の人よりずっと前に脅威が迫ってくるのが見えたようだ。彼は、再三にわたって愛する英国に忍び寄る脅威に対する警鐘を鳴らし、準備を整えるよう呼びかけた。第一次世界大戦の数年前に、勃興するドイツ軍国主義の脅威を予言した。同様に、一九三〇年代にヒトラーの脅威について警報を発したが、残念なことに長い間無視され続けた。さらに、ソビエトの拡大主義の脅威を予言し、その主張はあの有名な一九四六年三月の「鉄のカーテン」の演説〔米国のウェストミンスター大学で行った演説の中で、「鉄のカーテン」という語を用いて欧米の自由主義陣営とソ連を代表とする共産主義陣営の対立が深まっていることを指摘した〕で最高潮に達した。

脅威や問題を、それが迫ってくる前に見つけることができる能力を、チャーチルはどのようにして養ったのだろうか。一つの要因として、彼が英国政府内で手がけたそれぞれの任務に寝食を忘れて没頭したことが挙げられるだろう。彼はもっぱらロンドンで親しい相手とだけ相談しあったわけではなかった。彼はいつもアクションの真っ只中にいることを望んだ。絶え間なく旅行し、政府の内外で多方面の人たちと話をした。そして、驚くべき知識欲と好奇心を発揮し、第一線で働く人たちとの会話を好んだ。折に触れて向こう見ずになるところがあると評する人もいた。彼は一九四四年六月のD－デイ〔第二次世界大戦の連合国軍のノルマンディ上陸の日〕の上陸作戦を、軍艦から直接視察することを望んだほどだった。アイゼンハワー将軍と英国国王ジョージ六世が安全上の理由でやっと彼を思い留まらせた。けれどもチャーチルの、じかに物を見たり、聞いたりしたいという気持ちは、マイナス面よりもはるかにプラスの面が多かった。

一九一一年、チャーチルが英国の海軍大臣に就任したときのことだ。彼はドイツの軍事力が優位を占める分野を理解することから始めて、英国海軍の戦争準備に革命をもたらした。この時期、大々的に艦船建造のキャンペーンを行い、英国の軍艦の動力を石炭から重油に切り替えた。これはきわめて重要な決定であったが、当時としては「健全なさじ加減の」懐疑論に迎えられた。また艦船に十五インチ砲を装備させたが、この革新的措置は直後の実戦においてその重要性が立証された。

チャーチルがこうした決断をしたのは、英国海軍のすべての局面を完全にマスターしたあとのことだった。彼はつむじ風のようにめまぐるしく活動した。

大臣専用のヨット「エンチャントレス（魔女）」号は住居兼オフィスになり、彼はそこに陣取って海軍の戦術と戦力の詳細をことごとくマスターした。まるで同時に数カ所に居合わせているかのように、精力的にあちこちで質問を発し、しつこく聞きただし、貪欲に学んでいた。砲術から兵士の士気に至るまで、すべてのことに興味を持った。航空機に強い関心を示し、たちまち戦時におけるその有用性を理解した。数百時間を費やしてその操縦法を学んだ。また窮屈な飛行機の砲塔にもぐり込み、その仕組みを理解した。下士官や水兵に質問し、意見を求めるのが常で、しばしば彼らの上官を無視し、口論になることもあった。下士官や兵士に敬意を示し、昇給を勝ち取ってやったので、彼らの間の評判がすこぶるよかった[35]。

チャーチルはときどきトラブルを引き起こした。海軍の将官たちは、彼が水兵に上官の好ましからぬ行状を話すよう求めていることが気に入らなかった。上官に対する不服従をそそのかしていると思ったからだ。一般の兵士から生の情報を集める方法について、彼がもっと神経を使うべきであったことには疑いの余地はない。けれども、彼の行動は今日の私たちにとっても教訓となり得る。

チャーチルは、すべての階層的組織で起きるおそれのある情報の締め付けが、組織の機能を麻痺させ、非常に危険な状態を招きやすいことを理解していた。彼はリーダーの最も貴重な財産が、ときには自分の目と耳であることを知っていた。試練に直面したときに、最も緊密な相談相手が健全な助言をしてくれることもあろうが、彼らは、厳然たる事実や歓迎されざるニュース、企業の存在を危うくする潜在的な危険を、リーダーの目や耳から遮断する可能性もある。リーダーは、ときには傘をささずに外へ出て、自分の肌で雨足を感じる必要がある。

第3章
人類学者になる

注意深く見ているだけで多くのことが学び取れる。

——ヨギ・ベラ、アメリカの野球選手

一昔前、企業が市場調査の手段としてフォーカスグループを多用した時期があった。企業は消費者をオフィスに招いて、新しい商品やサービスを市場に出す前に幅広く意見や感想を聞いていた。今日ではやり方を変えて、フォーカスグループの利用頻度を少なくして、家庭や職場あるいは車の中など、ありのままの環境で消費者がどのように振る舞っているかを直接観察している企業が多い。

たとえば、ハギーズ・ブランドのオムツや乳幼児用品のメーカーであるキンバリークラークがその一社である。この会社の調査員は、大勢の両親がオムツを替えているところを観察して非常に多くのことを学んだ。その調査の際に彼らは、両親がオムツやウェットティッシュ、衣服などに手を伸ばすときに、赤ちゃんが動かないようにするのに苦労しているのに気づいた。この問題は、両親が旅行中で、家以外の場所でオムツを替えるときにとりわけ難儀するようだった。そこで、同社はハギーズ・ベビーワイプという旅行用パックのデザインを改めた。この新しいパックを使えば、両親は片手でワイプ（おしり拭き）を取り出せるので、もう一方の手で赤ちゃんを支えることができる。同じようにして同社の調査員は、両親が赤ちゃんをお風呂に入れるときに、入浴剤のハギーズ・ベビーウォッシュのキャップを開けるのに難儀していることに気づいた。この場合も両親はバスタブの中へ沈んでしまわないように片方の手で赤ちゃんを支えなければならないので、使えるのはもう一方の手だけだ。そこで、両親が片手でキャップを開け、入浴剤が出せるように容器のデザインを変更した[01]。

他にもこれと同じように、観察を通じて消費者の行動を学んで製品のアイデアに活かしている企業がある。マイクロソフトはユーザーの家庭を訪問し、自社のパソコンを使って仕事をしたり、遊んだりするところを観察している。同社は何軒かの家庭に無償でパソコン本体とそのソフトを提供している。その対価として、製品をどのように使うかを長期にわたって（二年の間、数カ月ごとに観察する場合もある）観察する許可をユーザーから得ている。ジェネラルミルズも消費者が自社の製品をどのように買って、消費するかを観察している。この会社は「コーナーマーケット」という名前の食料雑貨品店を自前で経営することすらしている。一般客はここで買い物はできないが、特定の消費者をこの店に招いて買い物をしてもらい、その様子を同社の調査員が観察する。買い物の代金は払い戻している。アームアンドハンマー社は重曹と消臭製品のメーカーだが、消費者の家庭を訪問し、冷蔵庫の中から猫のトイレに至るまであらゆる場所を見せてもらっている。その観察中に、猫の飼い主の多くがトイレに敷いた砂が濡れて大きな塊になっているのを見逃していることに気づいた。そこで同社は、飼い主がトイレを掃除する時期がすぐにわかるように、湿ると青く変色する新製品の砂を開発した[02]。

プロクター・アンド・ギャンブル（P&G）は、きわめて大々的な観察調査プログラムを開発して世界中で実施している。同社のA・G・ラフリーCEOは一九九〇年代のはじめに日本に駐在していたが、このとき、顧客にどんなものがほしいかとただ尋ねるよりも、顧客の行動を観察するほうがずっとためになることを学んだ。当時、彼の手元には日本市場を広範にわたって調査した資料がなかった。消費者のニーズを捉えるためにどのような革新的な製品開発が必要なのかを知るために別の手段を見つける必要があった。「アメリカの重役は消費者に関する大量の調査データに埋もれていました。しかし、私は量が答えではないと思っていました。外へ出て、観察しなければならないのです」と彼は回想している[03]。

今日、プロクター・アンド・ギャンブルの従業員は二つの革新的なプログラムを通じて消費者の生活にどっぷりと浸かっている。「Livin' it（いっしょに暮らそう）」プログラムでは、従業員は他の人の家庭を訪問し、スーパーマーケットへの買い物にいっしょについていく。「Workin' it（いっしょに働こう）」プログラムでは、従業員は多種多様な小売店のレジのうしろで時間を過ごす。「より豊かな、すぐに行動に移せる洞察は現実の世界に身を置いて学んだことの中から得られるものです」とラフリーは語っている[04]。同社がこの二つの体験による調査プログラムに費やす費用は過去十年間で五倍以上にまで膨れ上がった[05]。

マーケティングの専門家は、こうした観察活動を民族誌学的調査と呼んでいる。この言葉は人類学と社会学に由来する。有名な文化人類学者のマーガレット・ミードのような民族誌の研究者は、ありのままの環境で人々を綿密に観察することを通じて集団や組織、文化を研究している。ミードは、その有名な著書『サモアの思春期』（畑中幸子・山本真鳥訳、蒼樹書房、一九七六年）で思春期の少女たちの生活と彼女たちが大人になっていく過程を描いている。一九二〇年代、彼女は五カ月間サモア社会に溶け込んで生活し、その体系的な観察に基づいて、文化が若者の社会情緒的な成長にどのような影響を与えるかについて画期的な本を執筆した[06]。今日、民族誌学は異国の文化だけではなく、ビジネス組織で働く人から不良少年グループに至るまでの広範な現象を研究の対象にしている[07]。

マーケティング担当者が、ミードやその同僚の民族誌学者の手法を採用している理由は何だろうか。答えは簡単だ。人が口で言っていることと、することは同じでないということを彼らは理解しているからだ。フォーカスグループの一人に聞いた答えと、その人の家庭や小売店での実際の行動が食い違っているかもしれない。マーケティング学者のジェラルド・ザルトマンはフォーカスグループの手法に批判的だが、「述べられた意見と実際の行動との相関関係は、通常はほとんどないか、あるいはその反対かのどちらかである」と述べている[08]。彼は、フォーカスグループでは評価されたにもかかわらず、発売して失敗した新製品の比率は八〇パーセントにのぼると指摘している。ウォートン・スクールのマーケティングの教授であるアメリクス・リード二世は適切な比喩を使って次のような警告の言葉を述べている。「フォーカスグループは、電動のこぎりのようなものだ。自分のしようとしていることがわかっているなら、非常に役に立つし、効果的である。知らなければ、足を失うかもしれない[09]」

どうすればリーダーが効率的に問題を発見できるかを知るうえで、民族誌学的マーケティングから何を得られるだろうか。従業員に質問したり、顧客やサプライヤと話をしたり、集会を開催したりすることなどが、折に触れてリーダーに有益な情報をもたらすことは間違いないだろう。こうした話し合いを通じて重要な問題を発見したり、競合他社からの脅威に気づいたりするかもしれない。勇気のある部下が悪いニュースを聞かせてくれたり、会社の評判やイメージを傷つけかねない活動について警鐘を鳴らしてくれるかもしれない。しかし、リーダーは注意深く行動しなければならない。人があることを言いながら、まったく別のことをすることがあるからだ。その人には騙す気持ちがなくても、言うこととすることが違っていることに自分でも気づいていないことがある。もっと困るのは、人が集団で議論を始めると、概して発言と行動の食い違いがいっそう大きくなることだ。自分の周囲に他の人がいると、その影響で自分の行動の説明が通常よりも正確さを欠くようになってくる。

従業員や顧客、サプライヤ、競合他社、戦略的パートナーの活動や行動を直接に観察してみると非常に違った洞察が得られることがある。リーダーは、ただ他の人の意見を聞いているだけでは誤った道に進んでしまうことがあり得る。問題があると告げられても、実際にはたいした脅威ではないかもしれない。一方、問題が耳に入っていない場合であっても、それが組織に大きな影響を及ぼすことがある。実際にこの目で組織の活動ぶりを見ることは非常に強力かつ啓発的な学習体験であり、また何よりも正確である。直接的観察は民族誌学の簡易版ではあるが、すべてのリーダーの道具箱に欠かせない手段である。効果的な問題の発見者となるためには、A・G・ラフリーが指摘したように「外に出て観察する」必要がある。

P&Gは、この観察の仕事をマーケティング部門の調査担当者に任せっぱなしにしているわけではない。同社の役員も民族誌学者になったり、人類学者になったりするのだ。役員も定期的に役員室をあとにして現場に足を踏み入れ、顧客のニーズを満たすために対応しなければならない問題や商品の欠陥を実地に見ることにしている。ありのままの状態で人々を直接に観察することは、P&Gでは非常に重要な問題発見の手段になっている。同社は積極的に問題とニーズを発見することによって商品の改善とイノベーションを推進し、この十年間を通じて堅調な売上の伸びを達成してきた。

P&Gは、役員の一人ひとりに直接観察の責任を負わせている。同社のイノベーションの責任者であるトーマス・キンダー副社長によれば、役員は全員が毎年二回の家庭訪問と二回の顧客のショッピングのお供をしなければならないそうだ[10]。こうした顧客との交流は全世界で行われている。ラフリーも会長兼CEOとしてこの家庭訪問と顧客のショッピングのお供をこなしている。「マーク・トウェインの『アーサー王宮廷のヤンキー』（龍口直太郎訳、東京創元社、二〇〇〇年、ほか）に出てくるアーサー王のように、ラフリーは彼の臣民の胸の内を探るためにしばしば身分を隠して家庭訪問をしている」と『フォーブス』誌は伝えている[11]。

キンダー副社長もいろいろな国で人が買い物をしているところを観察して、大いに得るところがあったと語っている。家庭訪問によって消費者の意思決定について新しい物の見方ができるようになったが、こうした洞察はオハイオ州シンシナティの自分のオフィスに山と積まれたデータを細かく調べても得られないものだと言う。キンダーは、このような直接観察のおかげで、他のどんな行動にも増して市場とつながりを感じ続けることができる、と考えている。彼も、他のP&Gの役員も現場に足を踏み入れるたびに問題点を見つけ、改善の機会を発見している。彼らは民族誌学的調査の効用を心から信奉するようになってきている。したがって、自社のマーケティング担当者が民族誌学的手法を用いて考え出した革新的なアイデアを支持することに何のためらいも感じていない[12]。

どうして発言と行動が一致しないのか

リーダーは単に質問したり、意見を求めたりするだけではなく、積極的に問題を見つける鋭敏な観察者にならなければならないのだが、それはなぜだろう。人の言行が一致しない理由を少し深く掘り下げてみよう。発言と行動の間にギャップが生まれるのには、質問する人の接し方から無意識の心の作用に至るまでさまざまな理由がある。

誘導尋問

人は仲間や顧客と話をするとき、聞きたい答えを引き出そうとして質問することがある。そして、その答えは回答者が実際に考えていることや、組織の中で実際に起きていることを反映していないことがあり得る。上司は部下に率直な忠告ではなく、自分の妥当性の確認を求めることが多い、という事実をリーダーは直視すべきである。人は特定の方向の答えを促したり、その後の会話の範囲を限定するような形で質問の仕方を考えることがある。ときには意図的にそうすることがあり、また無意識の場合もある。

心理学者のエリザベス・ロフタスは、誘導尋問というテーマについて、特にちょっとした言葉づかいの変化が大きな相違を生むことについて有力な研究を行っている。彼女はその研究の中で学生たちに自動車事故のビデオを見せた。それは、ドライバーAが停止信号を無視して突っ走り、右折して渋滞の流れに突っ込んで、五台の車を巻き込んだ衝突事故を起こしたというものだった。ビデオのあとで学生に質問票を配った。半数の学生には「停止信号を突っ走ったときのAの車の速さはどのくらいだったか」と尋ねた。残りの半数には「右折したときのAの車の速さはどのくらいだったか」と質問した。そして、全員に「あなたはAの走路に停止信号があることに気づいたか」と尋ねた。前者のグループの学生の五三パーセントは停止信号に気づいたと答えたが、後者のグループで気づいたのは三五パーセントにすぎなかった。ロフタスは、質問の中にきわめて重要な問題を加えたり、除いたりすることによって、その答えに影響を与えることができると結論づけている。彼女は、前提を「質問が文脈的に適切であるために欠かせない条件」と定義している。この場合には、質問に欠かせない前提は停止信号の存在である[13]。

その後の実験で、彼女は虚偽の前提でも事実を歪めた答えが返ってくることを明らかにしている。再び自動車事故のビデオを見せた。今度は半数の学生に「田舎の道路を走っていた白いスポーツカーが納屋を通り過ぎたときの速さはどのくらいだったか」と質問した。実際には、そのビデオでは道のどこにも納屋は写っていなかった。残りの半数には納屋の存在には触れずに同じ質問をした。それから、すべての学生に「あなたは納屋に気づいたか」と尋ねた。ビデオの中で納屋を見たと言う学生の数は、前者のグループでは後者のグループのおよそ六倍であった。虚偽の前提を加えることによって答える人の記憶と回答が歪められたのだ[14]。

私たちはときどき質問に前提を加えることがある。その場合、返ってくる答えが事実を歪めたものになるような言葉づかいをすることがある。その前提は、ロフタス教授が研究で用いたようなあからさまなものである必要はない。質問に加える前提は、当たり前に思われるようなことが多い。たとえば、ある経営幹部が「値段を下げればどのくらい売上が増えるだろうか」と尋ねたとする。この幹部は、消費者は値段を下げればもっと商品を買うものだと思っているだけでなく、商品一単位当たりの売上金額が減る分は、数量増によって十分にカバーできるという前提で尋ねているのだ。

誘導尋問は多くの場合、一定の方針に同意を求める形で行われる。「わが社がこの買収を実行すべきだという考えにあなたは同意しますか」というような質問である。あるいは「この買収の実行に賛成ですね」というもっと強引な尋ね方もある。こうした尋ね方は、違った意見を求めてもっと幅広く意見交換しようという意図のものでないことは確かだ。というより、積極的に異論を封じ込めようとするもののようだ。尋ねられたほうは、問題の買収にかかわる落とし穴や相手先の会社で現在起きている問題について重要な情報を握っているかもしれないが、こういう質問の仕方をされればこの種の問題が浮上する見込みはなさそうである。

集団力学

規模の大小を問わず、リーダーはグループ内の他の人に意見を聞く場を設けている。リーダーは集会に出席したり、公開討論会を主宰したり、また社員グループを招いて昼食会を催すことがある。顧客やサプライヤを訪問して先方の人たちと対話をすることもあるだろう。しかし、残念ながら、人々は集団力学のせいで自分たちの実際の行動を反映していない発言をすることが少なくない。集団という環境の中にいることが、リーダーの質問に対する人々の答えをどのように歪めるのだろうか。

第一に、大声を出す人が数人いれば、あるいはテーブルをドンと叩くような人物が一人か二人いれば、集団の中での率直な意見交換を容易に抑えつけることができるだろう。こういう人たちがしゃべりまくって、他の人の議論への参加を難しくするのだ。騒々しい連中が議論の焦点を自分が好ましいと思う方向に向けさせ、けんか腰の態度がその場にいるリーダーに不快な緊張感を与える。その緊張感が議論の場の雰囲気を急速に白けさせる。

第二に、自分の好みや意見を人前で発表するのを嫌がる人がいる。その場に居合わせた人たちと親しい関係がなければ、尻ごみする気持ちはもっと強くなるかもしれない。たとえばマーケティング担当者は、フォーカスグループに参加した人が見知らぬ人たちの前で自分の趣味やニーズ、希望などを明かすのを嫌がることがあるのに気づいている。個人間の信頼関係が薄いと、発言と実際の行動の亀裂はさらに広がる。集会場での公開討論のような場では、社員はこれと同じような不安感を抱いている。普段はあまり仕事の関係がない他部署の人たちといっしょかもしれない。その場には組織の各階層の役職者が出席しているだろう。中には第一線の従業員の直属上司がいるかもしれない。このようにして、リーダーが出席を求めても、従業員は自由に発言しない可能性がある。

最後に、人は自分が他人の目にどう映っているかを気にして、本当の好みを曲げて伝えるケースがあることを、マーケティング担当者は経験から知っている。人は自分の意見が社会的に認められているものかどうかを心配しているし、グループの人たちにあるイメージを植え付けたいと考えている。たとえば、グループの人たちが喫煙に否定的だという感触があれば、タバコを吸っていることを明かさないだろう。マーケティング担当者は、競合他社をけなす広告について注目すべき結果が出てきたことに気づいている。フォーカスグループでは誹謗広告が好きだと認めている人はほとんどいないのに、実際に調査してみるとこの種の宣伝文句は非常に効果的なことが明らかなのだ[15]。

無意識

人は抽象的な概念に出くわすともっともらしいことを言うが、その概念が現実のものになると往々にしてその行為はまったく発言と違ったものになる。

たとえばマーケティング担当者は、利用した経験がない製品やサービスについては、人が不正確な答えをすることに気づいている。製品をフォーカスグループで初めて見た人は、その製品を買うつもりがあるかどうかについて、すぐさま好意的な反応を見せる。けれども、もっと多くのことを知るようになると実際にその製品を選ぶとは限らない。コンテクスト・ベースド・リサーチグループの共同経営者ロビー・ブリンコフは「誰かにある質問をすると、それについて何も知らなくても、あるいは何の経験がなくても、何がしかの意見を述べる。現実に知っていたり、経験したりしたことから類推しているのだ」と語っている[16]。

同じように、従業員やサプライヤ、戦略的パートナーに今後の方針に関する新しいアイデアを提案すると、その時点ではまだ漠然としていて、理論上の概念にすぎないものであっても、何らかの意見を聞かせてくれるだろう。しかし、提案した方針に沿った活動を実地に体験してみると、彼らの考え方は変わるかもしれない。

ジェラルド・ザルトマンの研究は同じように、発言と行動の食い違いが完全に無意識のうちに起きることがあることを示唆している。人を行動に駆り立てる際に無意識が何らかの役割を果たしていると言うのである。てっとり早く言えば、ザルトマンは、顧客は必ずしも自分のほしいものを見極めることができるわけではない、として次のように断じている。「無意識のうちの思考は、人が実際にどのように行動するかの最も正確な予測材料である。フォーカスグループにおける各自の発言時間は平均五～十分だが、この間にその人の無意識の考え方を知ることは不可能だ[17]」。企業のリーダーがある提案に対する意見を従業員やサプライヤ、その他の関係者に尋ねれば、同じようなことを経験するだろう。その提案が組織内で現実のものになったとき、彼らは自分の無意識の思考や感情がどのような行為を取らせるかに気づいていないだろう。

組織学習の専門家クリス・アージリスとドナルド・シェーンは、人の発言と行動の食い違いを説明する際に無意識がある役割を果たしていると断定している。人はある環境においてどう行動するかを左右する特定のメンタルモデル（固定観念）または理論を頭の中に持っている、と言うのだ。彼らは、実際に人の頭脳の中にあるのは二つの個別の「行動理論」だとして、次のように説明している。

人がある状況でどのように振る舞うかと尋ねられたとき、その人が通常答えるのはその状況にふさわしいと信じている行動理論だろう。これはその人が信奉している行動理論、つまり建前としての理論であり、求められればその理論を他の人に伝えるだろう。しかし、その人の行動を実際に支配しているのは実践理論、つまり持論である[18]。

たとえば、私たちの信奉理論は職場での対立関係が生じたとき、対立の原因となった問題を公の場で明らかにし、その意見の食い違いを協力して建設的に解決するような場合に使う理論である。しかし、私たちの実践理論には当惑や対立を避けることを目的とした一連の行動が関係してくる。アージリスとシェーンはこの種の行動を「防衛的な型通りの行動（defensive routine）」と呼んでいるが、これが私たちの実践理論の特徴である。実践理論と信奉理論の食い違いが長期間持続するのはなぜだろうか。人は通常、実践理論が自分の行動を支配していることに気づいていないからだと、彼らは説いている。さらに、人は信奉理論と実践理論の間に食い違いがあること自体に気づいていない。発言と行動の食い違いがいつまで経っても治らないのは、こういう理由があるからだ[19]。

観察力に磨きをかける

従業員からの意見を聞くために集会を数回開いたぐらいで、組織の問題が発見できるわけがないことはすでに理解されただろう。優れたリーダーは顧客の買い物の仕方や従業員の働きぶり、競争相手の動向の観察に長《た》けている。彼らは孤立状態の執務室から抜け出して、「外に出て、観察している」。ただ単に「そこらを歩き回って目を光らせている」のではない。人や業務のプロセス、設備を注意深くかつ体系的に観察している。業務の遂行状況はどうか、消費者が自社製品をどのように買って使っているかを日常生活の文脈にどっぷりと浸って体験している。組織の第一線で働く人々と関わりを持ち、顧客サービスのために現場作業で手を汚している。従業員といっしょに働くことによって、仕事の実際の処理ぶりを確かめている。

ジェットブルーの創設者デビッド・ニールマンの場合を見てみよう。航空会社の多くが危機に瀕している時期に、ニールマンは新しい航空会社を設立して、目覚ましい成功に導いた。ごく最近、彼はブラジルで航空会社の立ち上げに乗り出した。ジェットブルーは、ニールマンがCEOを務めていた期間の大半で利益を計上していただけでなく、航空会社品質ランキング（AQR）でも非常な高得点を得ている。これは到着時間の正確さから手荷物の取扱いミス、乗客からの苦情に至るまでのあらゆることを得点で評価する制度である。実際にジェットブルーは二〇〇三～二〇〇七年の間、毎年AQRで一位か二位の評価を得た。同社は二〇〇七年に一週だけ到着遅延を起こして体裁の悪い思いをしたものの、速やかにこのトラブルを解決し、この年全体としては高得点の維持に成功した[20]。

ニールマンはどのようにしてこの顧客本位の航空会社を作り上げることができたのだろうか。

破格なサービスという約束をどのようにして実現したのだろうか。その理由の一つは、彼が日常的に第一線の従業員といっしょに働くことを望み、顧客と直接に触れ合っているということにある。乗客にフライトを楽しんでもらえるようにするという、会社の土台となる仕事から距離を置くことを自分に許さなかった。どういうやり方をしたのだろうか。飛行機に搭乗しているときには、いつも機内放送で自己紹介した。それから、客室乗務員といっしょに飲み物とスナックのサービスを行った。あるジャーナリストはそんな彼の様子を「スナック・サービスとおしゃべりの基本演習」と評した。ニールマンは実際に「スナックボーイ」という彼のニックネームを縫い付けたエプロンを着けて通路を行き来した[21]。ニールマンはこの機会を利用して乗客から話を聞いたり、その様子を観察したりしただけでなく、パイロットや客室乗務員とも親しく対話をした。彼らの活動を観察し、非常に打ち解けた雰囲気で話をした。「デビッドと会えるなんて素晴らしいことです。彼は非常に気さくで、何でも話し合えました」とある乗務員は語っている[22]。

オフィスを飛び出したところで、どうすればリーダーは鋭敏な観察者になれるのだろうか。まず老練な民族誌学者が使っているのと同じ原則とテクニックのいくつかを忠実に守ることがいいだろう（その要約は表3・1参照）[23]。最初に「参加観察者（participant-observer）」に徹する意思をはっきりと固める必要がある。デビッド・ニールマンのように通路を行き来して働く意思を持っているか、それともただ座りこんで見守るだけにしようと考えているのか。ときには、その場の活動に参加したほうがいいだろう。控え目に振る舞うことや、人目につかないようにすることが役に立

表 3.1　効果的な観察を行うための原則

すべきこと	してはいけないこと
観察を始める前に先入観を払拭する	見たいと思っているものへの強い期待感をもって臨む
異なる状況のもとで、さまざまな視点からの観察結果を広く集める	ごく少数、あるいは偏った、または少数で偏った観察事例から重要な結論を導き出す
判断力を活かして情報提供者を探す	専門家と称する人の単独の見解に頼る
重要な会話の引用を含めて忠実にメモを取り、重要な物証を収集する	すべてのことを記憶だけに留めようとする
積極的に聞き耳を立てる	誘導尋問をする
驚くべき、あるいは従来信じていたことと矛盾する観察結果を体系的に追跡しつづける	主として従前からの仮説を立証するためにデータを探し、記録する

つケースもあるだろう。

そのうえで、自分の組織や従業員、顧客、競合他社に対する先入観を捨てる必要がある。それがどんなに難しいことであっても、過去の記録はきれいさっぱりと消し去らなければならない。自分が何を学ぼうとしているのかについて正確な見通しを立てようなどとは思わないように注意すべきだ。

市場調査の専門家であるサイアマック・サラリは「民族誌の調査研究には常に決まった課題というものはない。他の調査のやり方とはまったく反対だが、これには洞察が生まれるという大きな利点がある。自分に何がわからないのかが見えてくるのだ」と指摘している[24]。

次に、調査研究者が「三角測量」と呼ぶテクニックを学ぶ必要がある[25]。いくつかの見晴らしの利く地点から複数の観察結果を集めなければならない。自分が見たことだけに頼ってはいけない。そのために、赴いた場所での物証を集める。工場の掲示板に貼られたビラでも、競合他社のパンフレットでも、地方の店舗の店長が新規の客を歓迎するために作った看板でも何でもいい。何か興味あるものを見つけたときのために、デジタルカメラかカメラ付きの携帯電話を持ち歩いて写真を撮るのがいいだろう。いくら筆が立ったとしても、写真ほどうまく描写することはできないからだ。

判断力を活かして情報提供者を探し出す必要もある。現場に飛び出してみると、いつもというわけではないが、往々にして観察以上の収穫が手に入る。いろいろな人と話す機会がある。それもときには打ち解けた雰囲気で。その中で最も積極的に包み隠さず、率直に話してくれそうな人を探す。組織の内部には真っ正直だという評判の高い人がいるケースが多い。そういう人を探すべきだ。けれども、どんな人でも自身の見晴らしの利く地点からの限られた物の見方しかしていないことを心しておかなければならない。したがって、わずかの意見だけに頼ってはならない。その人に合った言葉で話しかけるべきだ。言い換えれば、エンジニアと話すときと、販売担当者と話すときでは話し方がかなり違うことに注意したほうがいい。特定の部署で使用されている用語を学んで、その言葉を使って話すべきだ[26]。

人と話をするときには、自由に答えられるような質問の仕方をし、誘導尋問にならないように心がけなければならない。積極的に聴く姿勢を貫く、つまりときどき聞いたことを復唱し、自分の解釈が正しいかどうかの確認を求め、間違っていれば説明してもらうようにする。最後に、メモを取るときに、会話の中で核心になる部分をそのまま記録する。従業員や顧客が自分自身の言葉で語ってくれたことを残しておくことは有益だ。他の経営幹部と分かち合えばいい議論ができるだろう。

会話の間中、しゃべるよりも聞く時間を長く取るように注意しなければならない。自分のしゃべる時間が長ければ、それだけ相手が情報を与えてくれる時間が短くなる。しゃべることによって学ぶことが邪魔されるケースがままある。有名な広告代理店オグルヴィ・アンド・メイザーの調査員は、タイの村落で女性のシャンプーの使用状況を調査する旅から帰って「自分の身の回りで何が起きているかを本当に知りたければ、ただ口を閉じたまま聞き耳を立てていればいいのだということを学んだ」と述べている[27]。

最後に、観察したことの追跡を続けなければならない。メモは注意深く取らなければならない。その際に事実と解釈をはっきりと区別しておく必要がある。さまざまな状況において感想や印象を書き留めることは必要だが、主観的な判断と事実に基づいた証拠をはっきりと分けるべきだ。驚いたことや戸惑ったことを整理して、体系的に追跡する必要がある。組織学習の専門家であるデービッド・ガービンは、最も優れた観察者は「異常な、例外的な、そして矛盾した証拠」を探し求めると述べている。彼は、チャールス・ダーウィンが「彼の理論と相容れないすべての観察を別個に記録しつづけるほどこの点に徹していた」と指摘している[28]。

観察が一段落したら、学んだことを時間をかけて整理する必要がある。いっしょに組んで観察した仲間がいるなら、メモを比較しあう時間を作るべきだ。双方の観察結果や解釈に相違がないかどうかを調べ、もし違いがあれば同じ状況を違った視点で見ている理由を究明する。最後に、発見した問題点と改善のための機会を具体的に表にまとめる。そして、観察に参加しなかった人に表にまとめたアイデアを投げかけて、自分が学習したことに対する相手の反応を見る。他に知りたいことがあるかどうかを尋ね、具体的な行動を起こす前に収集しなければならない情報がないかどうかを検討する[29]。

若干の注意事項

オフィスサプライ・チェーンのステイプルズ社の創設者トム・ステンバーグは、直接的観察と没入型体験の熱心な信奉者である[30]。彼がステイプルズのCEOを務めていたとき、すべての新規採用者は社内での地位に関係なく、入社後の数日間を傘下の店舗で過ごす決まりになっていた。彼らは棚に商品を並べ、レジを操作し、入荷商品の荷降ろしをしたりして店員を手伝った。非常に高い役職に就く予定で採用した人でも入社後の数週間はこの活動に参加した。ステンバーグ自身もチェーン店で大部分の時間を過ごしたし、定期的に競争相手の店舗の立地を詳しく調べた。そのうえ、彼はステイプルズと競争関係にない小売企業の観察にも時間を費やした。たとえば、彼は好んでディスカウント・チェーンのコストコから学んでいた。彼は異業種の会社を訪問することすらあった。当時まだ物珍しかったスピードパス・プログラム〔ガソリンスタンドの給油ランプにかざすだけで、現金もカードもなしで給油精算ができる方法〕に注目して、モービル石油の顧客サービスの方法を学び取った。

ステンバーグは自社の店舗の視察にまつわる問題点を指摘している。彼がやってくるのを知ると、人々が態度を変えることだ。民族誌学者も調査をするときに同じ問題で悩まされる。どちらも自分たちがその場にいるだけで観察対象者の行動が変わることを知っている。ステンバーグは次のような例を挙げている。

> この週、私はピッツバーグとオハイオ州ヤングスタウンに行った……ペンシルベニア州ニューケンジントンにある次の店に入ると、三人の男が私を出迎えた。出来過ぎた話だった。「私を待っていてくれたような気がするんだが」と言うと、そこの店長が「お察しの通りです。あなたがお越しになると聞いていました」と答えた。「ヤングスタウンの誰かが電話してきたに違いない」と言うと、「その通りですが、何も電話してくるには及ばなかったのですよ。あなたが昨夜ユニオンタウンにお着きになったとき、もう話は聞いていましたのでね」という答えが返ってきた[31]。

観察者の存在が他の人の行為に及ぼす影響は、特に観察者が経営上層部であるほど厄介な問題になる。ボスが部屋に足を踏み入れると確実に部下の態度は変わる。リーダーはこの問題にどう対応すればいいのだろうか。第一に、顧客のような関係者と触れ合う場合には、自分の身分を明らかにする必要はない。嘘をつくべきではないが、自分がこの会社の経営陣の一員だという事実に触れずに、この会社で働いているとだけ言えばいいのだ。

第二に、社内であまり知られていない人を使って同じような観察をしてもらい、あとでそのメモを自分のメモと突き合わせてみることだ。この方法は会社内部の動きを観察する場合にとりわけ有効である。リーダーの存在が間違いなく部下の行動に影響するのであれば、観察の目が二組あるほうが啓発的な洞察が得られるだろう。ステンバーグはもう一対の目の起用についておもしろい話をしている。彼は、義理の母親に頼んで、競争相手の会社の配送部門に文房具の注文をしてもらい、その後、それを返品してもらったのだ。その結果、彼は競合他社の返品に対する方針とその手続きについて多くのことを学んだと言う[32]。

第三に、ジェットブルーのニールマンのように、リーダーが第一線での仕事に実際に参加するという方法がある。参加観察者になることによって、ニールマンは乗務員の主要な仕事と顧客との触れ合いの要点を自ら体験した。ただ部下の仕事ぶりを観察していたのではなかった。ニールマンは、エプロンの着用が当然のことと思えるような習慣をつけさせた。それが日常的なことになると、彼がいるからとして実態を歪めるような行為は影を潜めた。彼は、飛行機の通路で働いているうちに乗務員と親密な関係を結んだ。やがて彼らはニールマンを信用し、対応が必要な問題を非常に率直に話すようになった。

最後にリーダーは、自分が観察して得た結論を他のデータと照らし合わせる必要がある。たとえば、ある店舗を訪問して得た体験は、その店に対する顧客満足度の調査と一致しているだろうか。もし一致していなければ、リーダーは従業員とその食い違いについてじっくりと話し合う必要がある。

この章を終えるにあたって、直接的調査のために現場に出かける際の最後の忠告をしておこう。私たちの心の中にはどこか、いい加減なところがある。他の人から学ぶことは何もないと自分自身を言いくるめたりすることがある。私たちの既存の固定観念は非常に強固で、それと相容れない考え方を認めたり、承服したりすることができないこともある。たとえば、顧客が自社の製品を意図した方法で使っていないとする。その使い方によって製品の売上が著しく伸びるかもしれない。けれども、そんな使い方はおかしいとか、誤解によるものだとはね付けることがある。これにはクリネックスのティッシュの有名な例がある。もともとこれは女性が化粧を落とすときに使う目的で作られた製品だった。ところがこのティッシュで鼻をかむ男性が多いことがわかった。このことを知った経営陣は当初一笑に付しただけだった。マネジャーたちがこの使い方を受け入れて、マーケティングのキャンペーンにこのアイデアを取り込むまでに相当の時間がかかった[33]。

ステンバーグは、競争相手の会社を観察していながら、学ぶべき機会の必ずしもすべてを虚心坦懐に受け入れることができなかった例として、次のような話も語っている。

一九八七年のことだが、オフィス用品大手のオフィス・デポの創設者のうちの一人が死にかかっていた。それは痛ましいことだった。あるベンチャー・キャピタリストが同社を安く買い取って、新しいCEOを据えようとしていた。私たちがよく知っている同社への投資家の中には、オフィス・デポを買収しないかと声をかけてくれる人もいた。当時、買おうと思えば同社を一二〇〇万ドルか一四〇〇万ドルで買えた。そこで、当時は同社の事情に通じていなかったので、実状を評価するために二人の部下を派遣した。この二人は二日かけてレンタカーですべての店舗を見て回り、どうせ年末までには辞めさせるのだから基本的に同社の従業員を引き取るのは馬鹿げていると報告した。態度は悪いし、サービスはなってないし、何一ついいことはないと言うのだ。もちろん、ご承知の通り、オフィス・デポはその後成長を続け、業界最大の会社になった[34]。

ステンバーグはウォルマートの創設者サム・ウォルトンから、すべての観察から価値を見出す方法を学んだとして、その教訓を述べている。この伝説的な実業家は、競合他社から人材をスカウトすることが好きで、部下にも同じことをするように指示した。けれどもウォルトンは「その相手がどんな点で自分より優れているのかということに着眼するよう強く指示した[35]」。彼は、部下に彼ら自身が観察したことを取り下げたり、ウォルマートでもありうる問題だとして正当化しようとすることを許さなかった。ウォルトンは、相手の経営状態が最悪であっても、ライバル会社が自社より優っている点はどんなに小さなことでも見つけ出すことができた。要するに、どんなに優良会社であろうとも問題は必ず存在すると認めることから始めさえすれば、観察を通じて問題を見つけることができる。人はどんなときでも常に進歩することができる。そうした心がけがなければ、すべての直接の観察の試みは不毛である。

第4章

パターンを探す

理解するということはパターンを察知することだ。

——アイザイア・バーリン、イギリスの政治哲学者

緊急対応チーム（RRT）の調査をしたとき、私たちは大勢の看護師と話をした。呼吸困難に陥りそうな患者の要注意の初期の兆しをどのように見分けるのかについて質問した。要は、看護師たちが効果的に問題を発見する方法を知りたかったのだ。重要な数値が許容範囲を超えたときに救援を呼べるように、バイタルサイン（生命兆候）をじっと監視しているというのがその答えなのだろうか。非常に経験豊かな看護師は患者のバイタルサインが異常を示す以前にトラブルに気づくという話を再三にわたって耳にした。

私たちはある病院で、最近のRRTの出動の二〇パーセント以上は「何かおかしな気がする」という看護師からの呼び出しによるものだという話を聞いた。対照的に、見習い看護師は指標と

なる数値が許容範囲を超えるまでは問題に気づかないことが多かった。そのときには、患者は重体に陥っていた。

私たちは、経験豊かな看護師が問題の発生を早い時点で見極めることが多いのはなぜなのかを見つけ出そうと試みた。何が異常を感じさせるのか。ある看護師はこう答えた。「何かを感じるのです……どうしてそうなるのかをはっきりと言えませんが、とにかくハタと感づくのです。検査値と患者をじっと見ていると何が起きているかがわかるのです。それは第六感かもしれません。とても説明はできません！」。

また、別の看護師は次のように説明している。「私は二十六年間この仕事をしています。この間に患者の態度や様子について直観が発達してきたようです。患者を見つめていると『アレッ！』と思うことがあります。肌の色合いかもしれないし、しゃべり具合かもしれません。九〇パーセントは直観が当たっています。ときには、はっきりと説明できませんが、患者の容態が急変するのがわかることがあります」。私たちは調査の間に看護師からこれと同じような発言を数えきれないほど聞いた。

しかしこれは、何十年という経験を積まなければ優れた問題の発見者になれないという意味だろうか。いや、そうではない。ＲＲＴの制度のおかげで、経験の浅い看護師でも、問題を早い段階で見つける能力を急速に伸ばすことができるのだ。看護師たちは、救援を求めてＲＲＴを呼ぶことは患者を助けるだけでなく、自分たちの直観を鋭敏にする役にも立つと口々に語っている。彼女たちは、自分よりも経験豊かな看護師がその懸念を裏付ける具体的なデータもないのにRRTを呼ぶ決断をする理由とそのやり方を観察しながら学んでいた。さらに、彼女たちはRRTの専門家の行動を観察したり、彼らと会話を交わしたりすることによって知識を得ていた。見習い看護師は、RRTの専門家が患者の容態を診察するのをじっと見守っている。どんな検査をするのだろう。どんな質問をするのだろう。限られたデータからどのように診断を下すのだろう。どのようにして過去の症例との関連性を見つけるのだろう。

RRTのメンバーは個々の呼び出しを「教育の機会」と考え、患者を助けるだけでなく、経験の浅い看護師のよき指導者役も務めている。彼らはよく、経験不足の看護師に過去数時間の間の患者の振る舞いや外見について一連の質問をする。見習い看護師が見落としたかもしれないトラブルの兆候について意見を述べる。患者を診断しながら、自分たちの考え方を新人たちが理解できるように大声で「独り言」を言う。やがて、新人たちも慣れてきて患者の呼吸困難が迫っている微妙な兆候に気づくようになる。「この制度は新しい看護師の第六感を養うのに役立ちます」とあるRRTのメンバーが語っている。

要するに、これらの病院では直観が問題発見の中心的な能力と考えているようだ。しかし、優れた直観は単に生まれつき備わったというようなものではない。他の人よりも優れた直観を持っているのは幸運だったからだとか、頭がよかったからだと断定することはできない。実際には、専門家が他の人の直観を磨くのを手伝うことができるし、それによってその人が優れた問題の発見者になることができるようである。

直観とは何か

第六感、本能、直観……人はすべてこうした現象を経験しているが、これは正確には何を意味するのだろうか。直観はどのようなプロセスで働くのだろうか。人は本当に直観を鍛え、強化することによって優れた問題の発見者になれるのだろうか。

一九八五年、心理学者のゲイリー・クラインは、消防士はどのようにして生死を分ける決断をするのかという研究に着手した[01]。この過程で、彼は（偶然にも）直観的思考過程について学んだ。初めてのインタビューのときに、彼はある消防隊長が今までに遭遇した最も手腕を問われた出来事について説明してほしいと頼んだ。隊長は、優れた意思決定をするにあたってのきわめて重要な要因は「ESP」だと強調した。超感覚的知覚（extrasensory perception）だって？　冗談ではないか？　隊長は、一見些細で、何でもないような台所の火事の現場に駆けつけたときの様子を説明しはじめた。部下たちは居間から火に向かって放水を始めたが、「火は隊員たちのほうに大きく燃え盛って彼らをたじろがせた[02]」。何回か放水を繰り返したあと、隊長は不思議に思った。なぜ水が消火の役に立たないのか。そのとき彼の第六感が閃いて、強い不安を覚えた。なぜ頭の中で突然警報のベルが鳴り出したのかはっきりとわからないまま、部下に建物からの退去を命じた。その直後、リビングの床が崩れ落ちた。隊員が家の中に留まっていたなら、重傷を負うか、死んでいたところだった。

クラインが根掘り葉掘り質問したので、隊長は火災現場で考えていたことを説明しだした。いくら放水しても火の勢いが衰えないことに驚いたことを思い出した。リビングが異常に暑いのを不思議に思ったことも記憶に残っていた。台所の小さな火がこれだけの熱を出すとは思えない。それと同時に、リビングに立っていると微かな物音しか聞こえないことに気づいた。これはおかしい。この程度の火勢であればもっと大きな音がするはずだ。あとになって、火元は彼が立っていた真下の地下室で、リビングの床が崩れ落ちたのはそのせいだということがわかった。水が役に立たなかったこと、猛烈な熱気、音が静かだったことはこれで説明がつく。そのとき隊長は、こうした事実を知らなかった。しかし、彼は何かがおかしいということを知っていた。直観のおかげで重大な問題に気づくことができた。クラインは隊長の思考過程を次のように解釈している。

全体のパターンがしっくりこなかった。彼の期待は裏切られたし、いったい何が起きているのか見当がつかなかった。それが部下を建物から退去させた理由だ……隊長は長年の経験から、いくつかのはっきりとしたパターンを頭の中にしまいこんでいた。彼はこうしたパターンの一つを当てはめてみることによって、いろいろな状況を判断することに慣れていた。そのパターンをはっきりと言葉で表わしたり、その特徴を説明することはできなかったかもしれない。しかし、パターンを当てはめるというプロセスを経れば、状況をはっきりと把握し、落ち着いた気持ちになることができた[03]。

やがてクラインは、パイロットや軍隊の指揮官、看護師をはじめとする他の分野のさまざまな専門家の意思決定を研究するようになった。そして、専門家が状況を判断して意思決定を行う際に直観が大きな役割を果たすという結論に達した。クラインによれば、直観とは基本的にパターンを認識するプロセスである。人がある状況に直面したとき、過去の経験のパターンに当てはまるか（あるいは当てはまらないか）どうかを判断しようとする。パターンを認識するプロセスは往々にして現在の状況と過去の状況の類似性を見つけることである。次いで、パターン認識活動がいくつかの「行動の台本」を呼び覚ますので、人は複数の選択肢を念入りに比較するという作業を経ることなく意思決定を行い、行動できるようになる。過去との類似性がなければ、人は可能性のある行動計画を検討し、その計画が有効かどうかを頭の中でシミュレーションすることになる。うまくいきそうであれば、その通り行動する。そうでなければ、異なったシナリオや選択肢を検討しなければならない[04]。

人が特定の分野での専門的知識を深めるにつれて、直観も徐々に研ぎ澄まされていく、とクラインは主張している。いろいろな状況に遭遇する回数が増えるにつれて、パターンを発見し、それを照合する能力が精緻なものになっていく。言い換えれば、自分では必ずしも気づいていないが、頭の中でこれまでに遭遇したすべての状況のパターンを探し出し、それを付き合わせることによって問題を見つけている。

前述の消防隊長のケースでは、彼は問題の台所の火事を過去の経験のパターンに当てはめることができなかった。彼は何度となく台所火災を目撃してきた。その経験に基づいて、騒音の程度、熱気、水の消火効果という点で一定のパターンが見られるものと期待していた。しかしこの場合には、彼が気づいた手がかりはこのパターンに当てはまらなかった。したがって、彼の直観はこれが単なる台所の火事ではないことを告げていた。現場の状況が過去の台所火災のパターンに当てはまっていれば、自動的かつ本能的に取っていたはずの消火活動に頼ることができなかった。パターンが当てはまらないことが、最初に思っていたよりもはるかに深刻な問題に直面しているとの結論を導くに至った[05]。

不完全な類似性

消防の例で見てきたように、直観的な思考過程は類似性を正しく見極める能力に依存するところが非常に大きい。現在の状況は過去のどの状況と類似性があるのだろうか。人は心の中で絶えずこういう質問をしているようだ。結局、人はいつも類推によって意思決定をしている。ときには無意識のうちに、またあるときには意図的に過去の状況との類似性を求めている。残念なことに、探し求めた類似性が不適切な場合があるし、またせっかく類似性を見つけても、それに基づいて間違った結論に達することもある。類似性を探しているうちに方向を見失ってしまうこともある。その結果、問題をうまく見つけることができない。類似性を過大評価することもあれば、見逃してしまうこともある。

リチャード・ニュースタットとアーネスト・メイは類似性の見つけ方の過ち、つまり類推方法の過ちについて画期的な研究を行った[06]。彼らは大統領職の研究を行い、多くの類推による誤った論理的思考の事例を発見した。

たとえば一九七六年に起きた「豚インフルエンザ」のケースがある。当時、フォード大統領とその補佐官たちは一九一八年のインフルエンザの大流行との類似性を求めるという過ちを犯した。類推を誤ったことによって、彼らは直面した問題の重大性を甚だしく過大評価した。その結果、莫大な経費がかかるうえに、必要もない予防接種の制度を設けた。予防接種による副作用で約五〇〇人が重症に陥り、二十五人が死亡した。この問題の解決のために連邦政府は数百万ドルの支出を余儀なくされた。予防接種で死んだ人の数がインフルエンザの死者を上回ったのだ。

フォード政権はもとより、公衆衛生関連当局の信頼性が大打撃を受けた。

この出来事の発端は、ニュージャージー州フォートディクスの米軍基地で一人の兵士がインフルエンザで死亡し、他にも数人の兵士が発症したという報告だった。このウイルスは通常、豚に影響を及ぼすが、一九三〇年代以降、人体には被害を与えた記録がないウイルスと化学的性質がよく似ているようだった。しかし、専門家は一九三〇年代のウイルスは、一九一八年に大流行したウイルスの毒性が弱まったものだと考えた。一九一八年には強力で感染力の強いインフルエンザでアメリカでは五十万人が、世界全体ではおよそ二〇〇〇万人が死亡した。青春の全盛期を迎えた大勢の若者が突然インフルエンザで亡くなった。それもインフルエンザと診断されてから一両日のうちのことだった。

フォートディクスで兵士が死亡したとき、人々は一九一八年の大流行との類似性があるのではと疑った。過去に多数の死をもたらしたウイルスと生物学的な関連性があるとされたことが、その理由の一端だった。専門家は、フォートディクスの兵士を死なせたウイルスがそれほど危険なものだとは考えなかったが、その確証はなかった。話がはっきりしないことから、人々は両親から聞いた一九一八年に大流行した恐ろしいインフルエンザの生々しい話の記憶をもとに判断した。ニュースタットとメイは次のように述べている。「一九七六年に連邦政府の要職にあった人のほとんどが、一九一八年のインフルエンザを個人的に体験した両親か、叔父、叔母、いとこ、または少なくとも家族ぐるみで付き合っている友人を持っていたようだった[07]」

疾病予防対策センター（ＣＤＣ）の関係者が一九五七年と一九六八年の経験を繰り返したくないと考えたことがさらに圧力を強めた。この両年のインフルエンザの流行（一九一八年のウイルスとは無関係だった）に対して連邦政府はまったく警戒を怠っていた。専門家はインフルエンザ・ウイルスの変異はおおよそ十年ごとに起きるという結論に達していた。彼らは、兵士の死は危険な変異の始まりを意味するものでないかと疑った。ＣＤＣの関係者は、インフルエンザの蔓延に備えて積極的に活動できることを立証したいと考えていた。一九六八年に比べてはるかに優れた対応ができることを全米に知らしめたかったのだ。

十週間のあいだに、四〇〇〇万人が予防接種を受けた。しかし、あちこちで接種の遅れが起き、また広報上の不手際もあった。さらに、豚に直接接触しない限り、豚インフルエンザで死亡した例は世界中のどこにもなかった。この間、およそ五〇〇人がギラン・バレー症候群という病気にかかったが、これは明らかに予防接種の影響によるものだった。これは身体の麻痺を引き起こす病気で、このうち二十五人が呼吸困難で亡くなった。フォートディクスで兵士たちが発病して以来、豚インフルエンザにかかった人はいなかったため、政府は予防接種を中断した。この接種に要した政府の費用は一億三七〇〇万ドルに達し、この他にギラン・バレー症候群にかかった人の家族からの訴訟解決に数百万ドルが費やされた。当時の新聞はこの予防接種制度を「とんでもないへま」とか「世紀の大失態」と評した[08]。

ニュースタットとメイは、フォード政権とＣＤＣは約六十年前の悲劇の記憶に根ざした類推に心を奪われた犠牲者だったとして、次のように述べている。

事実上、この類推は「抵抗できない」ものではなかった。その関連性は限定的であり、類似性を求めたことには議論の余地があり、その後の活動の指針としたことは大いに疑問である。過去のケースは無線誘導電波ではなく、警告灯と考えるべきだった。起きるかもしれない出来事に対応する準備もしないまま、ただ「最悪のケース」を想定して大慌てで行動に走った。他のことに気が回らなくなった意思決定者たちは、不確かな明かりのもとでリスク回避策を講じることを怠った[09]。

類推に基づく誤った論理的思考の核心には何が存在するのだろうか。ニュースタットとメイは、人には似ていると見なした二つの状況の類似性にこだわって、これを過大評価し、多くの基本的な違いを無視する傾向がある、と説いている。フォード政権には確かにこの類似性の過大評価と相違点の無視という二つの傾向があったようだ。

人は類推によって判断する際に多くの想定をする。たとえば、当局者はたいして副作用はないと想定し、また一回の予防注射で十分だと決め込んだ。のちに、どちらの想定も正しくないことが明らかになった。実際には政府の関係者は、自分たちの想定に関して三種類の過ちを犯した。彼らは彼らの暗黙の想定を明るみに出さず、その想定を慎重に調査し、検証することをしなかった。人はときどきこの種の過ちを犯す。ニュースタットとメイは、政府関係者がこの豚インフルエンザの事件の最中に少なくとも七回にわたって重大な暗黙の推定をしたが、そのすべてが「実際には間違っていたことがわかった」と述べている[10]。総合すると、フォード政権は、類推による間違った判断をしたために、実際には存在しない問題を「見つけた」のだ。彼らはパターンを探したのだが、その突き合わせの仕方を間違った[11]。

問題発見のソリューション

企業も過去の経験からお粗末な類推をすることがある。ジョバンニ・ガベッティとジョン・リブキンは、企業経営者は「問題発見のソリューション（解決手法）」からスタートする場合に特定のトラブルに巻き込まれると述べている[12]。推論（analogical reasoning）として典型的なのは、過去の経験とこれから取り組もうとしている現在の状況の類似点を探すことだろう。しかし、おそらくビジネスモデルとしては成功したからなのだろうが、自分が信奉するソリューションを利用することから始める経営者がいる。そのソリューションが適用できる新しい問題を探すのだ。まるで金づちを持って釘を探すようなものではないか。この種の問題探しは非常に問題が多い。

ズーツ社の例を見てみよう。同社は、ステイプルズのCEOトム・ステンバーグと、同じくステイプルズの販売とマーケティング部門の長であるトッド・クラスノウが一九九八年に設立したドライクリーニングの会社である。同社は開業時に非常に多くの公約をしたせいで、巨額の投資をしてしまい、利益を出すのに四苦八苦し続けた。同社は最終的に二〇〇八年のはじめに解散し、その店舗と配送ルートをライバル会社に売り渡し、同社の前マネジャー二人が一部の店舗と商号権を買い取った[13]。

何が起きたのだろう。同社の創設者は、事務用品販売業とドライクリーニング業の間に多くの類似点を見つけて戦略を練ることから始めた。ステンバーグとクラスノウは、事務用品業界で大成功を収めたように、この小規模な店が乱立している業界でも集約のチャンスがあると考えた。全国に何千軒とある家族経営の店を見るにつけ、こうした零細な自営業者を相手にスケールメリットを活かして対抗できると考えた。事務用品では、彼らは自前の流通センターを設置して各店舗に商品を配送する、いわゆるハブ・アンド・スポーク型のネットワークを構築した。この方式は、多数のメーカーから各店舗への直接配送や独立の卸売業者の流通システムよりはるかに効率的で、ステイプルズはこの方法で非常に優位に立った。ステンバーグとクラスノウは、ドライクリーニング業界でも大規模なクリーニング・センターが各地の群小の店舗にサービスを提供するハブ・アンド・スポーク方式が通用すると考えた。彼らは、同時に多くの革新的なサービスを付け加えれば、自営のクリーニング店よりもはるかにコストの優位性があるとそろばんを弾いた[14]。

ところが、事務用品と比べると、ドライクリーニング業界には多くの重大な相違点があることがわかった。ズーツが業容を拡大しようとすると、おびただしい数の営業上の問題に出くわした。中央のクリーニング・センターを稼働させたことによって、品質の問題が生じ、固定費の重圧がのしかかり、日によって洗濯物の量が大きく変わるという頭の痛い問題への対処が必要になった。事務用品では、何といっても標準化とスケールがステイプルズに競争優位をもたらした。ドライクリーニングは依然として基本的には近隣レベルの顧客の注文に合わせる特注型の商売であった。したがって、スケールメリットの利点を生かせるような業態ではなかった[15]。ドライクリーニング・アンド・ランドリー協会のビル・フィッシャー理事長はこの業界の大手チェーン組織が抱える問題点について次のように語っている。「すべての料理と調理方法を標準化できるファストフード・チェーンと違って、ドライクリーニング業は何千種類という衣類を相手にし、しかも毎日それぞれに細かい注文がつくのです[16]」

間違った類推から生まれた戦略で四苦八苦している企業は他にもある。ビール業界では、ピート・スロスバーグが地ビール醸造を始めて「ピーツ・ウィケッド・エール」というブランドで売り出し大成功を収めた。この会社を売却したあと、彼は地ビールで成功したビジネスモデルを応用できる別の業種を探し求めた。二〇〇二年春、スロスバーグはココア・ピーツ・チョコレート・アドベンチャーという商号の高級チョコレートの製造業を立ち上げた。チョコレートにビールとの類似性を求めたスロスバーグの事業の顛末について、スタンフォード大学のケーススタディは次のように説明している。

スロスバーグと彼のアドバイザーにとって、国内のチョコレート業界は、市場の構成とそのダイナミックさにおいて一九八〇年代のビール業界とほとんど同じように見えた。いろいろなブランドのチョコレートの目方当たりの価格を比べてみて、彼らは国内市場が三社（ハーシー、マーズ、ネスレ）に支配されており、三社ともそれほど風味が豊かとは言えない、大衆市場向けの製品を作っていることに気づいた。これは、国内の三大メーカー（アンハイザー・ブッシュ、クアーズ、ミラー）が平凡な風味の大衆向けのビールを製造しているのとそっくりだった。市場分析の結果は、高品質のグルメ向けのチョコレートの国内市場に参入できるだろうという結論に達した。これはピーツ醸造所がターゲットにした国内向けスーパープレミアム・ビールという市場と同じようなニッチ市場だ。さらに、ギタール社のように余剰設備を抱えているチョコレート・メーカーが多数あるので、他社ブランドの商品でも喜んで製造してくれるだろう。これも一九八〇年代の半ばに、ピーツ醸造所が余剰設備を抱えた多数のビール醸造企業を利用してピーツ・ウィケッド・エールを作らせたのと同じ状況だった[17]。

もちろん、ビールとチョコレートの間にも重大な違いがあった。たとえば、ピーツ・ウィケッド・エールのような地ビールが狙う客層は十八〜三十四歳までの男性であった。プレミアム・チョコレートが目標とするのはどちらかといえば、リッチで高学歴の女性である。さらに、余剰設備を持ったメーカーにチョコレートの製造を外注するのは相当難しい話だということがわかった。一般にチョコレートの製法とその包装は地ビールよりもはるかに複雑だった[18]。設立後六年が経過した現在、ココア・ピーツはピーツ醸造所が果たした成功の域にまで未だ達していない。

最後に、悪名高いエンロン社の例に移ろう。一九九〇年代のはじめ、ジェフリー・スキリングは天然ガスを取引する実入りのいい事業を始めた。人々はこの事業構想の可能性に刺激された。次第にエンロンは同じビジネスモデルを当てはめられる他の市場を探し始めた。同社は、最終的に電力やパルプ・製紙、トラック輸送、ブロードバンドのような異なった産業でビジネスを構築しようとした[19]。

エンロンはどうしてこのような異質な市場に参入しようとしたのだろうか。一九八〇年代後半の天然ガス市場とこれらの業界の類似性を認めたからだ。実際に、同社は天然ガス市場の重要な特徴を特定してリストにまとめていた。経営幹部は「テンプレート（ひな型）」と呼んでいた。彼らは、自社の天然ガスのビジネスモデルを、これと同じような特徴を持つ産業であればどこにでも当てはめることができると信じていた。言い換えれば、テンプレートを移動させればいいだけなのだ。彼らが特徴と考えていたのは、たとえば次のようなことだった。その商品は代替可能で、小分けにしても見分けがつかないものか。複雑で、独自の物流システムがあるか。市場支配力を持たない多数の売り手と買い手が存在するか。契約方法や売り出し方法を標準化できるか。いつでも売ったり買ったりすることができるか。エンロンはその商品に関連するリスクをヘッジする金融商品を作り出せるか。マネジャーたちはこのテンプレートを使って新規事業の機会を探した。エンロンは、その最盛期に天然ガスのビジネスモデルが当てはまる次の事業を必死で探す数百人の頭脳明晰な青年を抱えていた。才能あふれる青年の一人ひとりが経営上層部に自分のアイデアを売り込む機会を求めていた[20]。

こうした新規事業の開発の取り組み方のどこかが間違っていたのだろうか。この方法は、エンロンのマネジャーたちが、天然ガス市場と他の産業との類似性を求めるときに、共通点に的を絞る傾向を促した。しかし、市場間の基本的な違いに目を向けさせるには至らなかった。エンロンの「テンプレート」に記載された特徴の大半を備えた産業の数は多かった。しかし、ほとんどの産業は、特にその市場になじみのないエネルギー企業にとって収益性のある取引モデルを確立するのが非常に難しい重大な相違点を持っていた。テンプレートのどこを読んでも、マネジャーにこうした相違点を考えさせるようなことは書かれていなかった。単に類似性があるかどうかの検討を求めているにすぎなかった。

ズーツ、ココア・ピーツ、そしてエンロンというここまでの例のすべてが、ビジネス・リーダーがいかに類推による誤った思考に陥りやすいかを示している。ステイプルズのクラスノウやピーツ醸造所のスロスバーグ、エンロンのガス事業におけるスキリングのように過去に大成功を収めた経営者がとりわけこの種の過ちを犯しやすいようだ。私たちもときどき問題を探すのにソリューションからスタートしている自分に気づくことがある。その結果、類似点にはこだわるが、相違点を軽視するという、類推に特有の思考に陥りがちになる。教訓は簡単だ。私たちはどんな状況でも常にパターンを探すことができるし、またそうすべきである。しかし、必ずしもそのパターンが正確に一致しているとは限らないことに注意することが肝要である。金づちを持って釘を探してしまい、パターンが一致していない場合でも、無理やり一致していると思い込むことがあるのだ。

パターンを認識する能力を高める

どうすればリーダーがパターンを認識する能力に磨きをかけて、さらに高めることができるかに話を戻そう。以下、類推によってより効果的に判断する方法、経験の浅い従業員が速やかに問題を見つけられるように指導教育する方法、体系的分析法を使って組織全体にわたって問題を見つける方法について述べる。

類推力を高める

ニュースタットとメイは、パターンを照合する能力を高めるための簡単な方法を提案している。リーダーは直面している問題を綿密に調べて「既知のこと」「不明瞭なこと」「推定したこと」の三つに区別することから始めるべきだ、という。リーダーが目前の問題を明確に把握していなければ、役に立つ類似点を見つけて、それを正しく使うことはできない。この方法を使えば、暗黙の想定〔いちいち説明しなくても前後の事情から確実にわかること〕を明らかにし、事実と想定の区別をつけざるを得なくなる。自分の想定を効果的に検証するには七つの質問が役に立つ（表4・1参照）。

ニュースタットとメイはまた、リーダーは目前の状況に対して手を打つ決心をする前に、二つの表を作って自分の推論を詳細に検証してみるべきだ、と提案している。この表に目前の状況と類似した状況の「類似点」と「相違点」のすべてを書き出すのである。具体的に相違点に注意を集中することは、一見すると見事に符合するように見えた類推に心を奪われることを防ぐのに役立つ。

リーダーは「たとえ封筒の裏でもいいから」こうした表を作ってみるべきである[21]。物事を書き留めておくことによって、リーダーの思考過程に規律と厳密さが加わるようになる。さらに他の人にも、公式または非公式な会議の席上で無造作に配られた書類を読んですぐさま返答を求め

表 4.1　想定の検証：七つの重要な質問

1. この状況における事実は何か。
2. 曖昧な、あるいは不明瞭なことは何か。
3. 明確な想定と暗黙の想定と考えられることは何か。
4. 事実と想定を混同していないか。
5. 偏見のない考え方を持った外部の人は、自分の想定をどのように評価するだろうか。
6. 重要な想定が間違っていることがわかれば、自分の結論も変わるだろうか。
7. 重要な想定の正しさまたは間違いを立証するために、データを収集したり、簡単な実験をしたり、あるいは一定の分析をしたりすることができるだろうか。

られるよりは、読んだことをじっくり考えたうえで、もっと思慮に富んだ意見を述べる機会を与えることになる。ニュースタットとメイは、クライスラーの元ＣＥＯであるリー・アイアコッカのこの点に関する次のような忠告を紹介している。「会話では、どんなにあいまいであっても、くだらないことでもまかり通ることがあり、ときには自分でもそれを意識していないことがある。しかし、自分の考えを紙の上に書き記すとなると、細かいことにまで立ち入らざるを得ないような力に動かされるような気がする。そのほうが自分も、そして他人をも騙しにくくなる[22]」

ニュースタットとメイは、朝鮮戦争への参戦を決意したときに、この方法がいかにトルーマン大統領の役に立ったかを説明している。当時、トルーマン大統領とその補佐官たちは、融和政策がさらなる侵略を促し、最終的には第二次世界大戦に突入することになった一九三〇年代との類似性を求めた。過去の何年かを対象にして幾度となく類推手法が試みられたが、中には不適切なものもあった。トルーマンは回想録の中で朝鮮に対する彼の考え方を次のように述べている。

私は、満州、エチオピア、オーストリアなど、以前の出来事に思いを馳せた。そして、その都度、民主主義が対応を誤り、それが侵略者の活動を促したことを思い出した。共産主義は朝鮮で十年、十五年、二十年前のヒットラーやムッソリーニ、日本人と同じような行動を取っていた[23]。

ニュースタットとメイは、韓国を支援するにいたったトルーマンの意思決定を弁護している。しかし、彼らが一九三〇年代との類似性をもっと厳しく検証していれば、戦時中の一つの決定的な過ち、すなわちダグラス・マッカーサー元帥が共産主義勢力を南から駆逐した当初の成功のあとで、朝鮮統一を望んで北に攻め入るのを許したことを防げたかもしれないとしている。この決定が最終的に中国の参戦を招くきっかけになったことは言うまでもない。マッカーサーの軍隊は後退を余儀なくされ、米国におけるこの戦争に対する評判は急激に落ち込んだ。

ニュースタットとメイは、一九三〇年代との類似性をもっと慎重に分析していれば、トルーマンの朝鮮統一の試みを防げたかもしれないとしている。「類似点」と「相違点」をきちんと比較していれば「大統領の主たる懸念は朝鮮ではなかった」という点がもっと浮き彫りになっていただろう、というのが彼らの主張である[24]。トルーマンはむしろ、ソビエトのさらなる侵略を抑止し、集団安全保障という新たな戦後システムを維持したかったのだ。一九三〇年代との類似性をもっと慎重に分析していれば、トルーマンは侵略者を撃退するために武力の行使を望みこそすれ、韓国に侵入したことで共産主義者に「罰を与え」、あるいは「報復を行う」ことは考えなかっただろう。結局、トルーマンとその補佐官たちは、一九三〇年代に連合国軍が「ドイツの一部を占領することによってラインラントの危機（一九三六年ドイツ軍がロカルノ条約を破棄してラインラントへ進駐した事件。フランス政府は英国に協力を求めて反撃しようとしたが、英国に拒否され、何の対応もできなかった）を自分たちの力で解決」すべきであったなどとは考えてもみなかった[25]。しかし、トルーマン政権は類似点を入念にチェックしなかったため、目的を当初の「侵略者の撃退」から「朝鮮半島の統一」に変えてしまった。彼らは、中国の参戦の可能性を重要視していなかった。政治力学が、彼らが記憶していた一九三〇年代の様相とは「まったく異なっていた」からだ[26]。

教育指導

私たちは各分野の専門家と交流し、彼らの思考過程をじっくりと理解することによってパターンを見分ける能力を磨くことができる。専門家たちはどのようにして状況を判断しているのだろうか。彼らはどのようにして問題とその動向を認識しているのだろうか。彼らの目にはどんな微妙な兆しが警戒信号に映るのだろうか。組織内の専門家が、それほど経験を積んでいない人のパターンを見分ける能力を鍛えるようにすれば、組織の指導教育のレベルを向上させることができる。

私たちが研究の対象とした病院では、ベテランに見習い看護師を教育するよう指導していた。ある病院のリーダーは「我々はまだ経験を積んでいない看護師を教育し、バイタルサインに問題がなくても、患者の容態が悪化しているのを察知する直観や能力を育てていきたかったのです」と述べている。どのようにして指導教育を行ったのか。「RRTのメンバーがよくソクラテスがやったような方法で誘導尋問をします。これは看護師に筋を通して考えてもらいたいということから出たものです……もちろん、状況が本当に危機的なものであれば教育は後回しにします。まず行動です。じっくりと考えさせるのはあとのことです」

ベテランは、それほど経験のない同僚に自分と同じような直観を体験してもらうためには自制心が必要なときがあると指摘している。「私は、ごく自然に、反射的に行動してしまいます。けれども、何かをするときに、大声を出してしゃべっていることがあります……そのときに少しずつ知識を吸収しているのです」とある看護師が語っている。ベテランはその場を取り仕切りたいという誘惑に駆られることがあるが、それでは経験の浅い同僚が、先輩がどうしてそういう結論に達したのかが理解できないかもしれない。ベテランの思考過程を伝えることが非常に重要になる。あるベテランが言う。「ときにはどのように考えたかをこと細かく説明することがあります。さもないと、新人の看護師がどうしてわかったのかと聞いてくるからです。聞かれたときは患者を診断したときに気づいたことを説明します」。ときにはリアルタイムで「大声で説明する」ことがある。またそうでなければ、事態が収まったあとで報告会が開かれることがある。

このような学習の機会を増やすためには、病院側ではベテランが新人たちに思いやりを示すことが必要だと考えている。ベテランは、見習い看護師に自分たちもかつては同じような立場だったことをわからせる必要がある。ベテランも、必ずしも問題を素早く、積極的に見つける直観をはじめから持っていたわけではない。こういう本能を開発するには時間がかかるのだ。ある病院のリーダーは次のように説明している。

私たちはRRTに、看護師と過去の経験を分かち合い、思いやりを示すようにと言っています……「私も最初こんな場面に出くわしたときは怖かった……そのときの話をしてあげようか」などというように。RRTのメンバーに、過去の経験ではどうしたのか、最初に出動したケースでは患者の症状をどう判断したのか、容態を正しく把握できなかったのはどんな事情があったのかなどを話してもらいたいのです。言い換えれば、自分たちもかつては見習いで、自分が予期しなかったことや、知らなかったことに出くわしてびっくりしたことを教えてほしいのです。

したがって教育指導には、経験の浅い人の側には鋭敏な観察力と積極的に聴こうとする姿勢が必要だし、ベテランの側には思いやりと情報を伝える能力が要求される[27]。ほとんどの人にとって知識は「徐々に吸収」していくものである。人とある出来事について一部始終を話し合って、その人の対応の仕方をよく聞いてみると、いろいろな疑問が出てくるだろう。自分が気づかなかったことを、どうしてこの人は気づいたのだろう。どんな風にして、この人は過去に経験したパターンがこれと同じものだとわかったのだろう。あの場で、この人はどんな兆しに注意したのだろう。リーダーとして、あなたは自分のパターン識別能力を磨くことができると同時に、組織のベテランたちにメンター（指導者）としての活動を奨励することもできる。大きな危機になる前に、組織の全員がパターンを察知し、問題を見つけることができれば、組織にとっては大きなメリットになるだろう。

データの検索

組織内で小さな問題が起きる都度、それを分類整理することを考えたほうがいい。整理しておけば、あとになってそのデータを取り出してパターンを調べることができる。組織内のどこかでこの種の問題が頻繁に起きていたのではなかったか。これらの出来事の間の共通点は何だろうか。このパターンはもっと大きな、システム上の問題を暗示しているのではないだろうか。

病院では、すべてのＲＲＴの呼び出しを記録している。私たちは、ある病院の毎週の検討会に何度かオブザーバーとして出席したことがあった。あるチームがデータを集めて何通りかの方法で分類していた。それを見ながら彼らは次のような疑問を自分たちにぶつけていた。ある病棟ではこの種の出来事の頻度が非常に高いのではないか。酸素飽和度が低いというような一つの特定の兆候で呼び出しが多発しているケースがあるだろうか。緊急処置が必要な患者には何か共通点があるだろうか。

ある検討会で、このチームは重大なことを発見した。膝の関節移植手術後の回復期にある患者の場合、ＲＲＴの呼び出し頻度がずば抜けて高いようだ。さらに分析を重ねた結果、他にもいくつかの要因がこの問題に絡んでいることがわかり、チームはこうした患者のリスクを軽減するためにいくつかの救済手段を講じた。また、別の病院では同じような検討会で鎮静剤の投与のしすぎという問題が明らかになった。患者が呼吸困難を訴えたとしてＲＲＴが頻繁に呼ばれたのだが、その原因のいくつかは鎮静剤の投与によるものだった。病院はこの問題に対応して、鎮静剤の管理方針を変更し、投与した患者のその後の容態を監視することにした。

データを調べることにより、組織に潜む重大な問題を明らかにできることがある。ただし、多くの小さな問題や出来事の中からパターンを見つけることができるのは、データが存在する場合に限っての話である。言い換えれば、パターンの識別には情報の透明性が不可欠だということだ。思いもよらずに酸素飽和度が急に低下した患者の存在を病院が知らなければ、鎮静剤の過度投与の問題は発見できなかっただろう。パターンを発見するためには、予想に反して発生した事態に関する知識を積極的に分かち合う必要がある。組織内での責任のなすり合いというような結果を恐れているわけにはいかないのだ[28]。

ペイパル社はイーベイ社のオンライン決済のための子会社で非常に収益性の高い企業だが、同社の経営幹部は独自の方法を用いてパターンを察知し、大事に至らないうちに問題を見つけている。ペイパルの役員、マリオ・シリアシュキは、同社の各チームに毎週ＰＰＰ（Progress, Problems, Plan＝進展、問題、計画）レポートを提出させている[29]。このレポートには、チームが現在取り組んでいる仕事の進捗状況や、目下直面している問題、その問題を是正する計画を記載させる。レポートを取りまとめたものが、上層部だけでなく社内の各チームにも回付される。シリアシュキも毎週手元に送られてくる十から十五件のレポートをチェックしている。絶えず会社をよくしていくためには、こうした透明性の確保が不可欠だということがわかってきた。多くのＰＰＰレポートを検討することによって、各マネジャーはペイパルの多数のチームに共通するパターンを見ることができる。シリアシュキは、ＰＰＰレポートの制度が「問題の解決に役立って」いるし、その過程で「悪いニュースで驚かされる」ことが減ったので「責任のなすり合い」の防止にも一役買っていると語っている。皆が早くから問題を知っており、解決のために協力しあっているからだ。

ビジネススクールで学ぶこと

この章を締めくくるにあたって基本的な質問をしよう。それは、ＭＢＡコースでも、マネジャー教育プログラムでもいいのだが、ビジネススクールでいったい何を学ぶのか、ということである。学生であれば、毎年高額な授業料を支払うときに同じことを自問するだろう。もちろん、大学の教員たちは多くのフレームワークを教え、学生がそれをマスターすることを期待している。教授たちはしばしばケーススタディを使って、学生がこうしたツールを現実の経営問題に応用する方法を教える。けれどもビジネス教育は、一部の分析技術を教えるだけで済むようなものではない。

ビジネス教育においてフレームワークだけではなくケースを使って教えるのは、究極的にはそれがパターンを認識する能力を磨くことに役立つからだ。ＭＢＡの課程で、学生はケーススタディを通じて数百にのぼるシナリオを学ぶ。これらの事例が、ベテラン社員が現場で味わう実務経験の代わりになるわけでないことは確かである。しかし、学生がその事例の状況の中に没入して、時間をかけて他の事例との比較対照をすれば、彼らもパターンを認識しはじめる。過去に学んだケーススタディとの類似性を探すようになるからだ。頭のいい学生なら、ある状況が過去に繰り返し学んだ状況と一致するときとしないときを見分けることができるだろう。要するに、ビジネス教育も、リーダーシップ開発プログラムも、リーダーにパターンを見つける能力を高める機会を提供しているのだ[30]。

しかし、こういう学習機会を与えられても、期待した結果が得られないことがある。なぜだろうか。一つには、あまりに多くのケーススタディを詰め込むのに忙しすぎて、学生が肝心の問題発見の能力を向上させることに手が回らないからだ。元国防長官のロバート・マクナマラは一九四〇年代にハーバード・ビジネススクールの教授をしていたが、ケーススタディは何が問題かを明らかにしてしまうことが多い、とかつて私に語った[31]。これでは学生は、ただ問題を解決するために正しい分析法を適用するだけでいいことになる。学生に状況を見極めさせ、パターンを探させ、そのうえで「自力で問題を見つけよう」とさせるのが優れたケーススタディである。この種のケーススタディにこそゆるぎない価値がある。現実の「非常に混沌とした」世界で何よりも望まれている、リーダーの問題発見能力を高めるのに役立つからだ。

第5章

点を結びつける

想像力とは一見つながりのないもの同士を結びつける力である。

――ウィリアム・プルーマー、南アフリカの小説家

二〇〇一年九月十一日の悲劇的な事件のあと、米国の情報関係部門がこの大規模なテロ攻撃の兆候を見落としていなかったか、さまざまな調査が行われた。

調査の結果、九・一一の数カ月前から、米国本土へのテロの可能性を示唆するさまざまな断片的情報が存在していたという事実が認められた。中央情報局（CIA）、連邦捜査局（FBI）、国家安全保障局（NSA）をはじめとする一部の情報機関でこうしたバラバラな情報が浮上していたのだ。しかし、これらの機関の内外を問わず、重要な情報が迅速かつ効率的に共有されることはなく、攻撃の可能性を示すデータすべてにアクセスできる機関や個人は皆無だった。九・一一以前の情報活動の失敗に関する米国議会の調査報告書で、リチャード・シェルビー上院議員は次のよう

に断定している。

我々の合同調査は、情報分析官が意思決定者に報告すべき結論を推理し、展開するために必要な情報へのアクセスの機会を奪われている、という情報関係部門内部における情報共有に関する基本的な問題を浮き彫りにした。情報関係部門が九月十一日以前に無惨にも「点を結びつける」ことに失敗したことは、これらの問題に対する関係機関の取り組み方を全面的に見直す必要性があることを明らかにしている[01]。

本章では、多くの集団や組織で情報の共有が十分に行われていない理由を検討する。さらに、より効果的に情報の共有を促進する方法をリーダーに伝授する。情報の共有によって人々がわずかなデータの中から「点を結びつける」ことができ、それが組み合わされ、統合されれば、企業における重大な潜在的問題のシグナルとなり得るのである。

まず、九・一一のテロリストの攻撃以前の情報関係部門の活動を詳しく調べることから始めよう。どんなシグナルがあったのだろうか。そして情報関係部門はなぜ「点を結びつける」ことに失敗したのだろうか。

「システムは赤信号を点滅させていた」

九・一一のテロリストの攻撃の数カ月前から、テロリストの攻撃を暗示する「頻繁ではあるが、断片的な」報告の規則的なドラムの響きが鳴りわたりはじめていた[02]。こまごまとした情報が断片的に入ってきてはいたが、調べてみてもかなり不明瞭なものが多かった。情報担当者は、この時期アルカーイダの宣伝や勧誘、〝おしゃべり〟が増えてきたのに気づいていた。

さまざまな機関が、国内外で米国の施設に対する攻撃の可能性があるという密告を入手していたが、その情報はあいまいなものが多かった。CIAは、攻撃の可能性について、その性質と場所に関する具体的な、信頼に足る情報を入手していなかった。それでも、CIA長官ジョージ・テネットは夏の間中「システムは赤信号を点滅させていた」と述べている[03]。のちに、二〇〇一年の夏に九・一一の攻撃に関するもっと具体的な情報が存在していたが、誰もそれをつなぎ合わせて、まとめ上げようとはしなかったことがわかった。特に、個別の捜査活動に基づいて三件の報告書が提出されたが、それが広く共有されることはなく、したがって上級捜査官は九・一一以前に「点を結びつける」ことができなかった。二〇〇一年夏、クアラルンプールにおけるテロリストの会合を捜査したCIAから、さらにフェニックスとミネアポリスのFBI支局による捜査活動から問題の情報がもたらされた。これらの情報のすべてが共有されていれば攻撃が回避できたかどうかは何とも言えないが、もっと情報の共有と統合が効果的に行われていれば、テロを防止できた可能性が大であったことは間違いない。

クアラルンプールのＣＩＡ

一九九〇年代の終わり、ハリド・シェイク・モハメドという名前の男がアルカーイダの指導者オサマ・ビン・ラディンを説得し、航空機を米国のビルに突入させる計画を実行する承認を得た。その直後、ビン・ラディンは、この計画を実行するためにハリド・アルミダールとナワフ・アルハズミという二人のサウジアラビア人を採用した。この二人はアフガニスタンのアルカーイダの軍事訓練キャンプで訓練を受けたあと、「航空機作戦」に関する重要会議に出席するためクアラルンプールに赴いた。国家安全保障局（ＮＳＡ）はテロリストの会議が開かれる計画があるのを知り、ＣＩＡのエージェントがアルミダールをクアラルンプールまで追跡した。このエージェントは会議の様子を監視していたが、その後テロリストはタイに逃亡した。当時、ＣＩＡはアルミダールが米国入国の数次ビザ（有効期間内であれば何回でも出入国できるビザ。マルチプルビザ）を持っていることを知っていた。ＣＩＡはこの二人の名前を国務省が管理しているＴＩＰＯＦＦテロリスト監視リストに加えず、彼らが米国への数次ビザを持っていることをＦＢＩにも知らせなかった。ＣＩＡはアルハズミが二〇〇〇年一月にタイから米国へ入国したのを知っていた。ＣＩＡはこの入国の事実を他の連邦政府の関係機関に通報しなかった。

二〇〇〇年一月、アルミダールとアルハズミがカリフォルニア州に着いたとき、彼らを追跡していた連邦機関はなかった。二人は実名を使って銀行口座を開設し、自動車免許を取得し、飛行訓練学校に入学した。アルミダールは二〇〇〇年六月に米国を離れた。ＣＩＡは、彼が海外にいる間に米国の駆逐艦コール号の爆破事件〔二〇〇〇年十月同艦はイエメンのアデン港で自爆テロ犯の攻撃を受け大破した〕に関与していたことを突き止めていた。しかし、ＣＩＡはこの事実も国務省に知らせなかったため、同省は二〇〇一年七月に彼が米国に入国する際に新規ビザを発給した。

二〇〇一年夏、ＣＩＡのビン・ラディン・チームはコール号爆破事件とこの二人の人物の関係をさらに突っ込んで調査していた。二〇〇一年八月二十一日、ＣＩＡはアルミダールとアルハズミの件で移民帰化局（当時、同局は国務省の中にあった）に接触した。同局は二人がすでに米国に入国していることを報告した。

八月の終わり、ＣＩＡのビン・ラディン・チームに出向していた分析官がこの二人に関するメモをＦＢＩのニューヨーク支局に送付した。このメモは、ＦＢＩエージェントにアルミダールとアルハズミの捜査の開始を要請するものだった。誰もこの情報をＦＢＩ本部に連絡しなかった。情報調査の取扱いに関するＦＢＩ規則に対する誤解が捜査の妨げとなった。捜査を命じられたニューヨーク支局のエージェントが二人の男の居場所を探し始めたが、九月十一日までの数日間に捜査の実質的な進展はほとんどなかった。

フェニックス・メモ

二〇〇一年七月十日、アリゾナ州フェニックス支局のＦＢＩエージェントは、ＦＢＩ本部だけでなくニューヨーク支局にも次のメモを送付した。

　このメモの目的は、本部とニューヨーク支局にオサマ・ビン・ラディンとの協調のもとに米国の民間の飛行訓練大学および専門学校に学生を送り込む活動の可能性があることを通知するものである。フェニックス支局は、アリゾナ州の飛行訓練大学および専門学校に通学している、もしくは通学したことのある膨大な数の調査対象者を監視している……これらの者は将来、民間航空機を標的にしたテロ行為を行うことができる立場にある[04]。

この一年前、フェニックス支局のエージェント、ケネス・ウィリアムズはザカリア・ソウルバが地元の大学の航空科に入学したことを知った。ソウルバは彼がジハード（聖戦）と呼ぶ反米・

反イスラエルの集会を幾度となく開いていた。彼が所属していた組織は、空港が潜在的標的だと暗示するいくつかの声明を公表していた。ウィリアムズが調査したところ、さらにソウルバは一九九九年に民間機のコックピットに侵入しようとした男とのつながりがあることが判明した。FBIは実際にこのソウルバの仲間を尋問したが、この男がトイレだと思ってドアを開けたら、コックピットだったたと陳述したので釈放した。

二〇〇〇年春、ウィリアムズは何度かソウルバと面談し、ソウルバの自宅にビン・ラディンのポスターが貼ってあるのを見て懸念を抱くようになった。ソウルバはウィリアムズに米国政府の機関は「イスラムの合法的な軍事目標」だと信じていると語った[05]。またソウルバは同エージェントに、米国の海外権益に対するこれまでのアルカーイダの攻撃を支持すると伝えた。

その後ウィリアムズは、ソウルバとつながりがあり、同じように過激な思想を抱いている他のスンニ派のイスラム教徒がアリゾナの飛行訓練学校に入学していることを知った。さらに調査を進めた結果、六人のイスラム教徒が飛行訓練を受けており、一人が航空安全を学んでいることがわかった。この情報に基づいて、ウィリアムズはあのFBI本部宛の二〇〇一年七月のメモを作成したのだ。彼は四つの提案を行った。それは、米国全土の民間の航空学校のリストの作成とそれらの学校との接触、学生ビザに関する情報の取得、および情報関係部門の他の捜査官との自分の調査結果に関するより広範な話し合いであった。ビン・ラディン・チームのエージェントたちはこのメモを検討したが、自分たちの上司にも、FBIの他の部署にも、上層部にもこの情報を知らせなかった。彼らはウィリアムズの提案に沿って動こうとはしなかった。本部のエージェントたちはこのメモの情報をＣＩＡはじめ、他の政府機関のどこにも伝えなかったのだ[06]。

ミネアポリス支局の捜査

二〇〇一年八月、ＦＢＩのミネアポリス支局のエージェントは、ザカリアス・ムサウィという名前の男がミネソタ州イーガンのパンナム国際飛行アカデミーに入学したことを知った。この男はいくつかの点で非常に目立った。まず、彼はインストラクターにボーイング７４７型機の「離陸と着陸」の方法を教えてほしいと頼んだ。けれども、彼は民間航空会社で働いているわけでもなければ、その一社に入社しようとすらしていなかった[07]。もちろん、いかなる操縦士の免許も持っていなかった。ムサウィは六八〇〇ドルというかなり高額の授業料を現金で支払った。

ＦＢＩのエージェントは、ムサウィが米国に対するジハードを遂行するという考えを信じていることを発見した。宗教上の信念について質問されると、彼はうろたえがちであった。彼の過去の旅行歴に基づいて、エージェントは彼がアフガニスタンのアルカーイダの訓練キャンプを訪れた可能性があると考えた。キャンプのことを尋ねると、彼は非常に興奮した。ミネソタのエージェントたちは、ムサウィが「過激な原理主義者の目標を推進するために将来の何らかの活動の準備をしているイスラム過激派」だと疑い始めた[08]。ボーイング７４７型機の操縦を習いたいというのは、大規模なハイジャックを計画しているからではないかと。

八月十七日、移民帰化局はビザの有効期間を超えて滞在したとしてムサウィを勾留した。ミネソタのエージェントは、ムサウィのコンピュータと持ち物を調べるための特別令状を請求した。外国諜報活動偵察法（ＦＩＳＡ）の特別令状を請求するに足る十分な証拠があるかどうかについて支局と本部との間で紛争が起きた。八月の最終日、支局と本部との間で論争の電話のやり取りがあり、本部の職員はミネソタのエージェントがムサウィの件について過剰反応をしているとなじった。注目すべきことには、ミネソタ支局の責任者は、自分たちはムサウィが「飛行機を乗っ取って国際貿易センターに突っ込む」ようなことを絶対にさせないようにしているだけだ、と答えた[09]。本部のエージェントは「そんなことが起きるわけはない。彼がテロリストかどうかはわからない。あなた方は彼がテロリストだという十分な証拠を持っていない。この男がこのタイプの飛行機に興味を持っている。それだけの話ではないか[10]」。九・一一事件以前にＦＢＩの上層部にミネアポリスの捜査について報告をした者は誰もいなかった。

九・一一事件

二〇〇一年九月十一日、アルミダールとアルハズミはアメリカン航空77便を乗っ取り、同機はペンタゴン（国防総省）の建物に突っ込んだ。ＣＩＡは、彼らがテロ活動に関与していることを知り、駆逐艦コール号の爆破事件との関係を疑っていたにもかかわらず、この二人は過去二年間、比較的容易に米国への出入国を繰り返していた。ＣＩＡからの情報がなかったために、国務省もＦＢＩも二人の足取りを追跡していなかった。フェニックス・メモで特定された男たちはハイジャックには参加していなかった。しかし、ケネス・ウィリアムズが捜査した学生のうち少なくとも一人は九・一一事件のハイジャック犯とのつながりがあった。ムサウィは、九月十一日にはビザに関する違反行為で拘留中であったが、ＦＢＩはＦＩＳＡの令状がなかったために所持品捜査ができなかった。あとになってＦＢＩは、ムサウィがハイジャックされた航空機に搭乗していたテロリストとつながりを持っていたことを突き止めた。彼は最終的に、米国に対する攻撃についてアルカーイダに協力した罪を認めた。

ウィリアムズは、ミネアポリスのエージェントが過激派原理主義者による飛行訓練の捜査をしていることを知らなかった。これと同様に、ミネアポリス支局側ではフェニックスの捜査については何も聞かされていなかった。ミネアポリス支局からの捜査令状の請求を拒絶した本部のエージェントは九・一一事件が発生するまでフェニックス・メモの存在を知らなかった。九・一一事件以前にムサウィに対する捜査が行われているのを知っていたＣＩＡもアリゾナでの捜査についてはまったく聞かされていなかったのだ。ウィリアムズは「私の過去の経験では、手に入れたごく些細な情報の一端でも、あとになってきわめて重要な捜査の手がかりになることがわかる場合がある」と語っている[11]。ミネアポリス支局の法務部長コリーン・ローリーは議会で「ＦＢＩ本部で働く人の中に点を結びつけることができる人が必要なことは明白です」と証言した[12]。米国議会上下両院の情報委員会は、合同審問の結果、すべての情報関係部門が情報の共有を怠ったとしてその非を責めている。さらに、情報の共有が円滑に行われていれば、誰かがこの三本の捜査の糸をつなぎ合わせることができ、それによって二〇〇一年の夏に危機に関するもっと幅広い情報の収集ができていただろうと断じている。

情報の共有を阻む理由

九・一一事件以前、米国の情報関係部門には情報の共有が適切に行われなかった理由が数多くあった。その理由のいくつかは諜報活動に固有のものであることが判明している。たとえば、情報関係者は、保安上の理由から権限のない人に情報が漏れないよう、データを厳重に保護することが多い。情報が漏れたり、偶発事故で発覚したりすることを恐れる。さらに、情報源が明らかになることを憂慮する。情報調査にかかわる特別捜査令状の取得に関する規則も、九・一一事件以前には情報の共有を妨げた。このような問題が情報関係部門に特有なものであることは間違いないが、九・一一事件は、民間部門か公共部門かを問わず、各種の組織における情報の共有を阻害する広範かつ多くの障害を浮き彫りにした。

ポール・ローレンスとジェイ・ローシュという二人の学者が説明しているように、すべての複雑な組織は細分化の必要性と統合化の必要性とのバランスを取らなければならない[13]。細分化というのは、その組織のミッション（使命）における特定の局面に専念して専門特化するチームを編成することによって業務を遂行するという手法である。ビジネスの世界では、企業は特定の製品や顧客、地域などに専念する特別の部署を設けることが多い。成功を収めている企業は専門化と統合化の均衡、つまり企業の細分化した部署間の調整を行い、協力関係を保っている、とローレンスとローシュは説いている。

しかし、特に組織が成長して肥大化し、複雑化すると、適正なバランスを保つことは非常に難しくなる。専門化した部署は往々にしてその独自性を高め、そこで働く人は全体としての組織よりも所属部署に帰属意識を持つようになることがある。他の部署の独自性や文化をけなすようなことまで起きる場合がある。さらに、専門化した部署間でときには利害関係が異なることがある。細分化した各部署の間で目標や目的が異なると、必ず組織内のどこかで自己中心主義の「サイロ化」が起き、「厚い壁」が出来上がる。細分化がかなり徹底した組織では、各部署の目標が完全に整合性のとれたものであることを期待することはできない。

細分化した部署間の健全な競争にメリットを見出している企業は多く、中には意図的にライバル意識を煽っているところもある。各部署間の格付けを行い、他の部署より業績のいいところには手厚い報奨を与えている企業を見かけることがある。しかし、ときには競争の行き過ぎが、ある部署が他の部署の犠牲において利益を得たり、協力しあう機会がどこかへ行ってしまうなどの有害な結果を生むことがある。

九・一一事件以前の情報関係部門については、連邦政府の統合化に対する関心は薄く、細分化の必要性を重視する傾向があった（これは私の同僚のジャン・リブキンが、私たちがいっしょに調査していたときに指摘したことである）[14]。これは、政府が情報活動について複数の情報源と多角的な視点を求めたためである。政府は、情報関係部門の異なる機関の間で多少の競争があったほうが、特定の機関内における「集団思考」から生じる過ちを防ぐのにいいだろうと考えていた。さらに、各機関はテロリストの脅威からの防衛の他にも固有の目標と目的を持っていた。たとえばＦＢＩは、その主たる任務は犯罪との戦いだという立場を堅持し、九・一一事件以前には情報収集活動は二次的なものだと考えていた。国防省の関心は軍備の充実であり、ＣＩＡは外国に対する諜報活動を重視している、等々である。

細分化の必要性がさらに高まるにつれて、適度な統合化を妨げる障壁が高くなるという同じようなジレンマを抱えている組織が多い。多くの企業にとっては、外部環境の大幅な変化でも起きない限り、統合する力が多少弱くてもそれほど痛痒を感じない。しかし、環境の激変とそれに伴う新たな脅威の出現によって、細分化された部署間での情報共有と調整の必要性が高まることが多い。九・一一事件によって情報関係部門にも同様の問題が生じた。冷戦時代には高度な細分化が、ほとんどの場合、米国の利益に貢献した。しかし、アルカーイダという実態を捉えがたい組織が突きつけてきた新たな脅威によって、情報活動のさらなる統合の必要性が生まれてきた。

　権限の弱体化につながるのではないかという懸念が組織内での情報の共有を妨げている。サー・フランシス・ベーコンが言ったとされる「知識は権力なり」という有名な言葉を聞いたことがある人は多いだろう。組織の各部署がときには情報を囲い込むことがあるが、これは重要なデータを持っていることが相応の影響力と場合によっては称賛につながることを知っているからだ。情報関係部門の場合について、シェルビー上院議員は「情報はまさに権力である……官僚機構の中におけるある機関の重要性は、データの流れを独占的に支配することによって、国家の安全に対して『独自』の貢献ができるかどうかにかかっている、と彼らは思い込んでいる」と述べている[15]。企業においても同じ力学が作用している。たとえば、マネジャーは他の人を重要顧客に面会させる機会を与えたくないだろう。その顧客に対する売上はすべて自分の功績にしたいからであり、自分の重要性が上司の目に最大に映るように持っていきたいからである。

少数集団における情報の共有

ここまで、大規模かつ複雑な組織で、リーダーの「点を結びつける」仕事を難しくしている情報の共有に関する問題について述べてきた。しかし、情報共有の問題は巨大な官僚機構だけに限られた話ではない。調査によれば、小さなチーム内でもさまざまなメンバーが持っている情報の拡散と共有ということになると、相当な障害があるようだ。

一九八五年、ガロルド・ステイサーとウィリアム・タイタスは「集団の意思決定は、個人の意思決定よりも多くの情報に基づいているという考えに異議を唱える」ための研究を行った[16]。彼らは四人から成る集団をいくつか作り、彼らに意思決定をするよう求めた。ステイサーとタイタスは、集団による意思決定の質と、同じ情報を与えた個人の意思決定の質とを比較した。集団の全員が同じ情報を持っているときは集団の意思決定の質は個人のそれよりも優れていた。その後、二人は個々のメンバーが他の仲間が持っていないような独自の情報を持つようなシナリオを作成した。最善の結論が得られるように、個々のメンバーは自分だけが知っている情報を他のメンバーに分かち与える必要がある。その結果は、「討論が始まる前に個々のメンバーが出した結論より、討論が終了したあとで集団が支持した結論のほうが劣る傾向にある」ことが明らかになった[17]。二人の学者は、集団にとっては個々のメンバーだけが持つ情報を表面に浮上させるのが難しかったに違いない、と推測している[18]。

その後、ステイサーとタイタスは、少数集団における情報共有の難しさについてさらに研究を行った。彼らはこの過程で、集団内での討論を記録した。個々のメンバーは他のメンバーと同じ情報とともに、他のメンバーが知らない自分だけの情報を持っていた。彼らは次のような発見をした。

効果的に情報を共有するためには、単に他人の知らない非共有情報について話し合うというだけでは済ませられないようだ。集団で意思決定する場合には、非共有情報も使って決定する必要がある……共有情報の三分の一は最初に討議されてから少なくとももう一回は話が繰り返されるが、非共有情報が繰り返して議論されるのは四分の一にすぎない。これが意味することは明らかだ。非共有情報は討論の間に触れられる機会が少ないばかりか、触れられてもすぐに無視されることが多いのだ[19]。

他の学者もステイサーたちの発見を確認している[20]。メンバーへの情報提供が平等でない集団では、メンバーは「非共有情報に比べて共有情報を取り上げて、討論する機会がはるかに多いという傾向がある」。非共有情報を十分に共有し、討論し、分析することをなおざりにする結果、集団による問題解決の有効性が失われる。少数集団にはこうした情報共有問題が存在することに注意する必要がある。この問題は、メンバーの利害関係が完全に同じで、権限に関する問題がそれほど重要ではなさそうな実験の場でも起きているのである。エイミー・エドモンドソンとマイケル・ワトキンズ、それに私の三人は、企業の経営チームの多くがそうであるように、集団のメンバーの目標や目的の一部に違いがある場合、こうした集団による意思決定の欠陥はより悪化する、おそらく相当に悪化する、と考えている[21]。要するに、情報関係部門の「点を結びつける」という作業の失敗は、組織の規模や官僚機構の複雑さだけに帰せられるべきではないのだ。この研究は、多くの集団が、それが四人という少数集団であっても、情報の共有とその取りまとめについて問題を抱えていることを明らかにしている。

少数集団の場合、たとえ利害関係が一致していても情報の共有がうまくいかないのはなぜだろうか。心理学者もこの点についてはよくわかっていないようだが、ステイサーは、おそらく「他の人が知らない情報を持っている人は、悪いニュースを持っている人のように、何らかの社会的費用を負担させられるからだろう……この社会的費用の中には他の人が知らない情報の信頼性や妥当性を認めさせる必要性が含まれているのかもしれない」と述べている[22]。ステイサーはまた、身分にかかわる力学がこの問題に悪影響を及ぼす可能性を指摘している。ジェイムズ・ラーソンとその同僚は、患者の症状を診断した専門医学研修医とインターン、医学部の三年生を対象に調査をした。専門医学研修医はインターンや三年生に比べると他人の知らない情報を繰り返して述べる傾向が相当強く認められ、また自分の知らない情報が出てきたときに質問する回数も多い。これは、身分が低い集団のメンバーが他人の知らない情報を取り上げるときに社会的負担に関連する重圧を感じていることを暗示している[23]。

これらを要約すると、「点を結びつける」ことに関する問題は大規模で複雑な組織だけの問題だと考えるべきではない。職場の集団の多くに共通する基本的な心理作用や人間関係の力学の影響で少数集団が抱える問題でもあるのだ。

情報の共有を促進する方法

リーダーはどうすれば情報の共有に立ちはだかる障壁を乗り越えて、「点を結びつける」ことができるのだろうか。どうすれば、断片的で些細な情報を浮かび上がらせ、つなぎ合わせ、組織における重大な問題や脅威を見つけることができるのだろうか。まずリーダーが率いる少数のチーム内でより効果的に「点を結びつける」方法から始めよう。そのあとで、大組織の各部署間における情報の共有と取りまとめという課題に取り組むことにしよう。

チームの場合

普通の人であれば、コンセンサス重視の、参加型のリーダーシップ方式のほうがチーム内の意思の疎通や情報の共有を促進するが、指令型のリーダーシップでは情報の流れが妨げられる、と考えるだろう。しかし興味深いことに、この世間一般の通念に対する予想外の展開が調査によって実証されている。

ジェイムズ・ラーソンとその同僚は参加型のリーダーと指令型のリーダーの比較を行った。まず参加型は部下と権限を分かち合い、他の人に意見を述べる機会を与えるまで自分の意見を控えるリーダーと定義した。一方、指令型は主導権を握り、最初に自分の意見を述べるが、他の意見が出てきたときには悪魔の代弁者〔意見の妥当性を試すためにわざと反対意見を述べる人〕役を引き受けるリーダーであるとした。ラーソンたちは、参加型のリーダーが他人に知られていない情報を発掘することが多いことを発見した。しかし、指令型のリーダーは、それを裏付ける情報がない場合でも、共有されていない情報を繰り返し述べる傾向が見られる。したがって、指令型のリーダーのやり方のほうが、そのチーム・メンバーに共有されていないデータを綿密に調べる気を起こさせ、それがチームの意思決定プロセスに取り入れることが多いとしている[24]。

しかし、指令型のリーダーは気をつけなければならない。最初に自分の見解を強引に述べることは、反対意見を押さえつけ、率直な対話を妨げることになるからだ。リーダーがあまり強引に命令しすぎると、リーダーとの意見の相違が大きな問題になるおそれがある。エイミー・エドモンドソンとマイケル・ワトキンズ、それに私は、リーダーは「意思決定の内容にまで立ち入ることなく、チーム内での討議を円滑にするために指示や命令を出すやり方」をすることによって、この問題を回避できると主張している。最初に自分の意見を述べるよりは、リーダーは会議のファシリテーター（進行役）に徹したほうがいい。リーダーは公開されていない情報を明るみに出すために積極的に介入し、メンバーを自由闊達な対話に引き込むべきであろう。さらに、共有されていない重大な情報があればそれに焦点を当てて、チームが確実にその情報にしかるべき注意を払うようにする必要がある。「討論のプロセスへの介入」は、チームが建設的な討論の質を落とすことなく「点を結びつける」のに役立つだろう[25]。

情報の取り扱い方をより効果的にさせるために、リーダーはどのような手立てを講じればいいのだろうか。第一に、少数の人が議論を牛耳ることがないように、「放送時間の管理」が必要になる。リーダーはチーム内の寡黙なメンバーを見つけて、討論に参加するよう促すべきである。第二に、リーダーは、おそらくメンバーのほとんどがしかるべき注意を払っていないような、突然出てきた意見を繰り返し、あるいは噛み砕いて説明すべきである。自分が聞いたことを繰り返すことによって、リーダーは新しい意見に対する自分の解釈が正しいかどうかを検証し、他の人が聞き逃したかもしれない意見をきちんと理解させることができるだろう。第三に、新しい意見が出てきたとき、リーダーはその意味を明らかにするための質問をすべきである。また、他のメンバーにも質問して、新たな意見の要点を理解しているかどうかを確認することも必要だろう。こうした質問は理解を深めるだけでなく、未だ浮上していなかった追加情報を引き出すことになるかもしれない。最後に、リーダーはメンバーに異なった視点からの意見を述べるように促し、もっと他の情報や意見が出てくるように議論を誘導すべきである。

おそらく最も重要なことは、リーダーは、意思決定のプロセスの最終段階で、最終決定の前に解決しておくのが望ましい、不明確な点が残っている分野にスポットライトを当てる時間を取る必要がある。その際に次のような質問をすべきである。

- 優れた意思決定をするために他に知っておくべきことがないだろうか。
- さらに追加情報を収集して検証しなければならないような想定をしただろうか。
- その情報はどこで見つけることができるか。
- 追加データがあればチーム内の意見の相違を解消することができるだろうか。
- そのデータに誰がアクセスできるか。

この種の質問をすることによって、リーダーはチーム内の知識基盤にギャップがあることを強調し、そのギャップを埋めるための調査を促すことができる。その際に未だ浮上しない情報を発掘することができる。リーダーはこうした活発な討論を通じて、チームにさまざまな情報の断片の間の関連性を検討するよう、はっきりと要請しなければならない。リーダーは関連性と同時に矛盾点をも検証する必要がある。リーダーは、異なった意見を足して二で割るような問題の多いやり方でなく、さまざまな意見を取り入れて、それをまとめ上げるプロセスを助長しなければならない[26]。

組織の場合

大規模で、複雑な組織では、情報共有の問題に対して構造的解決手法を用いるリーダーが多い。この構造的手法は情報の縦の流れを重視し、情報の集中化を強め、組織に新たな階層を設けることが多い。九・一一事件のあとに実施された情報関係部門の構造改革について見てみよう。政府は情報の共有と統合を促進するために二つの新たな機関を設置した。それが国土安全保障省（DHS）と国家情報局（DNI）である。

この新しい組織は、両方とも中央集権の強化と新たな組織的階層の設置を意味している。これには、ある種の利点があることは確かである。たとえばDNIは、CIAやFBI、その他の機関が収集し分析した情報のさまざまな断片を検証し、合成する権限を持つ。おそらくDNIは、バラバラの情報の断片の中から効果的に「点を結びつける」ことができるだろう。しかし、この種の組織によって重大なリスクが発生するおそれがある。階層が増えて、組織が複雑化することによって「悪いニュース」や反対意見が政府官僚組織の頂点に届くことがより難しくなることである。さらに、DNIは政権幹部に提示する視野の範囲を限定する可能性がある。さまざまな情報機関から聴取したことを合成する際に、大統領やその他の高官にどうしても「一つの声」で話をする誘惑に駆られるおそれがある。しかし、政府の意思決定のトップにある者がさまざまな情報機関からの競合し、異なった情報を聞くほうがはるかに効果的なことがあるかもしれない。要は、どんなに構造改革を行っても、情報共有の問題の完全な解決策とはなり得ない。すべての構造改革にはそれなりの短所と長所がある。

リーダーには、主として情報の縦の流れを重視した、簡単ではあるがときには厄介な構造的解決手法に代わる、別の選択肢がある。リーダーは非公式な社会的ネットワークを拡充し、活用することができるし、またそうすべきである。

ティツィアーノ・キャシアーロとミゲル・スーザ・ロボは、最近の『ハーバード・ビジネス・レビュー』誌で次のように述べている。

ある組織の中の異なった文化を持つ二つの部署間で重要な情報の伝達が確実に行われるようにするにはどうすればいいだろうか……その答えは組織図を調べることではなく、その手がかりはおもに社会的ネットワークそのものと、それがどのように発生するかを理解することにあるようだ。たしかに組織の構造は、そこで働く人たちが意思を疎通しあって、仕事がしやすいように設計されている。しかし、仕事上のあらゆる接触や人間関係に反映されているのは、こうした意図的に設計された構造の一部にすぎない。クロスファンクショナル・チーム〔既存の組織にとらわれずいろいろな部署から組織横断的に編成されるチーム〕のような公式な構造の場でさえも、非公式な関係が大きな役割を果たしているのだ[27]。

リーダーは、配置転換や非公式な集会所や保養所の設置、リーダーシップ開発プログラムの開催などを通じて社会的ネットワークの形成と育成を強化することができる。たとえば、配置転換によって従業員は社内の他の部署の経験をすることができる。配置転換は他の部署の仕事への理解を深め、正しく評価する一助となる。また個々の従業員がそれぞれの社会的ネットワークを作るきっかけにもなる。こんな風にして、従業員は今後重要な情報は誰に尋ねればいいかを正確に理解するようになる。

社会学者のロナルド・バートは、情報の共有をもっと効果的にしたいのであれば、社会的ネットワークの正確な構造がどうなっているかに注意しなければならない、としている。ほとんどの組織にはいくつかのグループがあって、個々の従業員はその場でお互いに会話を交わしたり、情報を交換しあうことが非常に多い。しかし、そのグループが組織内の他のグループと強いきずなを持っているとは限らない。バートは、いかなる集団であれ、二つの集団の間のつながりの希薄さを、組織の中の社会的ネットワークの「構造的空隙」と呼んでいる。しかし、バートはこの空隙の橋渡しができる少数の人がいると言う。要するに、あるグループの何人かが、その人がいなければ何のつながりもない他のグループの誰かと強いきずなを持っている可能性がある。したがって、その人たちを「仲介者」にすれば、構造的空隙を乗り越えて情報が流れるようになる。効果的に点を結びつける一助として、組織内の社会的ネットワークの中で、こうした大事な役割を担う仲介者を探し出し、その力を活用する必要がある[28]。

リーダーは、社会的ネットワーク以外にも、組織全体の多くの人の集団的な知識と考えを結集するために技術やマスコラボレーション〔多数の人が独立して単一のプロジェクトのために働く集団的協力活動の一形態〕を使うことができる。その際に、「群集の英知」の利用が考えられる。ジェイムズ・スロウィッキーは、ベストセラーになった同じく「群集の英知」〔邦訳のタイトルは『「みんなの意見」は案外正しい』〕というタイトルの著書の中で、多くの人たちの結論や洞察をプールすることによって、相互の意思の疎通や対話を求めなくても多くの問題を効果的に解決できると述べている。彼は身近なクイズ番組の「フー・ウォンツ・トゥ・ビー・ア・ミリオネア」〔英国を起源とし世界各国で放送されているクイズ番組。日本版は「クイズ$ミリオネア」〕を例に取っている。ご承知のように、回答者は難しい問題に答えるためにいくつかの「ライフライン」という救済措置を使うことができる。たとえば、「オーディエンス」を選択すると、会場の観覧者（オーディエンス）が四択のどれが正しいかを投票する。スロウィッキーは無差別に選ばれたオーディエンスが正解を選ぶ割合は回数にして九一パーセントだと指摘している。彼はこれと同じような例を多数挙げて、このように情報を寄せ集めることによって、個々の専門家よりも質の高い意思決定を得ることができるケースがほとんどだ、と主張している[29]。

マスコラボレーションと群集の英知を活用している企業の数は多い。ダン・タプスコットとアンソニー・ウィリアムズは、その著書『ウィキノミクス　マスコラボレーションによる開発・生産の世紀へ』の中で、カナダのトロントにある鉱山会社がコンテストを開催したいきさつを述べている。これは、世界中の人に同社が持ついくつかの鉱区の地質調査のデータを調べてもらい、どの鉱区で金鉱脈を探すべきかアドバイスをしてほしい、と呼びかけるものだった。コンテストの結果、同社の専門家が見逃していた手がかりが出てきた[30]。

米国の情報関係部門でも「ウィキ（wiki）」の技術〔ウェブブラウザから簡単にウェブページの発行・編集などができるウェブコンテンツ管理システム〕とマスコラボレーションの手法を取り入れている。『ウォールストリート・ジャーナル』紙のコラムニスト、ゴードン・クロヴィッツは次のように解説している。

連邦政府はいくつかのウィキ技術を使い始めた。これによって政府の職員はウェブに情報を掲載し、コンセンサスが得られるまでウェブを拡大することができる。ＣＩＡが運営する「インテリペディア（Intellipedia）」では三万七〇〇〇人のＣＩＡ、ＦＢＩ、ＮＳＡ、その他の連邦政府の情報機関の職員が情報を共有し、パスワードで保護されたこのウィキのウェブ上で、お互いに「トップシークレット」の情報の確度の格付けまで行っている。「我々は他の機関の知識がほしいのです。秘密主義はもうご免です」とある利用者は語っている。たしかに、このウィキ・システムは十六の異なった情報機関の間での点を結びつけるための最後の、そして最善の希望かもしれない[31]。

「防止する」という心構え

九・一一事件のあと、ロバート・モラー長官をはじめとするＦＢＩの首脳陣は同局の改組を迫られた[32]。何よりもまず、組織における心構えと文化を変える必要があった。その歴史を通じて、ＦＢＩはおもに発生した犯罪事件の捜査を重視してきた。今や、積極的に情報を集めて犯罪の事前防止に専心する必要があった。一般の関心を引いたり、賞賛されることの少ない潜在的問題の発見が、犯罪事件を解決し、犯人を捕らえるという英雄的行為と同じように高く評価され、その功労が報いられるようにする必要があった。テロ対策の責任者であるアーサー・カミングスは、「犯罪防止第一主義」への心構えの転換について次のように語っている。

ＦＢＩの仕事は、今や犯罪者を捕まえるだけではありません。テロリストの頭の中と身の回りのことを一切合財理解し、彼とその周囲の世界観を理解する必要が出てきたのです……九・一一事件以後は、一刻も早く逮捕し、起訴したいという欲求を抑えなければならないのです。じっくりと待って、目を光らせ、情報を収集することがそれよりももっと重要なことが多々あるからです。脅威が差し迫ったものであれば、即刻逮捕してテロの計画を妨げる必要があります。しかし、待ったほうがより収穫の多いケースがたくさんあります。九・一一事件の前まで、我々は国内情報を収集する権限を持った法律執行機関でした。今や我々は法律執行権限を持った国内情報機関にならなければならないのです[33]。

果たしてＦＢＩが心構えの転換をやり遂げられるかについては懐疑的な人が多い。ＦＢＩ活動を監視する上院委員会の捜査官を長く務めた人物は「モラーは基本的に二つの戦争を同時に戦おうとしているのです。一つはテロリストに対するもので、もう一つは自分が率いる官僚組織が相手です。彼らは何事であれ防止をする準備を整えていません。事件発生後、犯人を逮捕する準備ならできているのですが」と語っている[34]。実際に、ＦＢＩの成果を測る伝統的な尺度は、逮捕と起訴の件数であった。捜査官の昇進は事件の解決と「犯罪者を監獄にぶち込む」ことで決められる。逮捕もせずに、何カ月も監視を続けるというのは、大半の捜査官の「やる気」にそぐわないだろう。文化の転換というのは相当大変なことである。ＦＢＩの発想が問題の発見に切り替わり、人々のほうも潜在的な脅威の発見に対して、従来の発生した事件の解決に対してと同じように満足し、称賛するようになるまでには長い年月がかかるだろう。ムラーはそこその成功を収めているが、まだまだやるべきことは多い。

優れた問題の発見者になろうと考えているリーダーは、この心構えの転換をやり遂げなければならない。組織の火事を消した人を英雄に仕立てるよりは、火種の発見を優先しなければならない。問題を発見し、その発生を阻止した人が往々にして報われることもなく、仲間にもてはやされることもない現実を認識しなければならない。問題を解決した人が喝采を浴びるケースは多い。しかし、人は問題が阻止されたことすら気づかない場合が少なくない。

効果的に「点を結びつける」ことができるようになるために、リーダーはもう一つの心構えの転換をしておく必要がある。それは問題や状況をとことんまで考え抜く際にどのような方法を取るかである。トロント大学ロットマン・スクール・オブ・マネジメントのロジャー・マーティン学部長は、最も優れたリーダーになるためには自分の「統合的思考能力（integrative thinking skill）」を育てて、開発しなければならないと説いている[35]。これは相反する、調和しないアイデアを合成する能力を磨くという意味である。マーティンは、きわめて優秀な統合的思考能力の持ち主と普通の人を分けるのは次の四つの点だとしている。第一に、統合的思考能力の持ち主は、ある状況における「それほど明らかではないが、関連性がありそうな要因」を広い範囲で、積極的に探す[36]。彼らは厄介そうな問題でも気にしない。それどころか、複雑な問題を歓迎する。最善の回答が得られるのはそういう場合からだからだ[37]。第二に、彼らは単純に直線的な原因と結果の関係を考えない。ほとんどの結果は複数の原因によって生じることを認識しているからである。第三に、彼らは「問題を全体として考える[38]」。彼らは状況や組織を個々の部分に切り離すのではなく、体系的に調べる。あるシステムの一部同士が予想もしなかったような形で互いに影響しあうこと、またあるシステムの一つの要素が他の分野の変化を増幅するような影響力を持っていることがあることを理解している。最後に、統合的思考をする人は、単純に二者択一的な選択をしない。多くの断片的な情報だけでなく、異なった、また矛盾するアイデアを組み合わせ、つなぎ合わせて革新的なアイデアを生み出す。

マーティンは、人が統合的思考能力を養うことができると考えている。これは単なる遺伝子の産物ではない、という彼の考えは正しい。より効果的に「点を結びつける」ことができるようになるためには、リーダーは統合的思考能力の持ち主を組織に呼び寄せ、傘下に抱え、その能力を開発すると同時に、自分自身の統合的思考能力を養わなければならない。私たちはきわめて複雑な失敗（または成功）でも、その要因は一つではないことを認識しながら、問題を全体として観察することを学ばなければならない。私たちは、リーダーは決定的に重要な情報を明るみに出す以上のことをする必要があると認識しなければならない。すなわち、情報をいろいろな形に組み合わせて全体像を合成することがリーダーの最も重要な責任なのだ。

第6章

価値のある失敗を奨励する

私は失敗したことがない。
ただ、一万通りの役に立たない方法を思いついただけだ。

——トーマス・エジソン

ジェイムズ・ダイソンは、頻繁に目詰まりを起こし、そのたびに吸引力が衰え、床に大量のゴミを残してしまう電気掃除機を見ると本当に腹が立った[01]。「疲れを知らぬ修繕屋」という異名をとる、このイギリスの発明家はこの問題を解決しようとした[02]。ダイソンがあれこれ掃除機をいじくりまわしているかたわら、美術の教師をしている彼の奥さんが家計を支えた。夫婦は野菜を育て、衣服も自分で作ったが、それでも借金はかさむ一方だった。

何年か経ち、ダイソンはようやくゴミのバッグが要らない革命的な電気掃除機を完成させた。彼が特許を取った回転技術は吸気の中からゴミとホコリを選り分けるので、フィルターやバッグが不要になった。掃除機を透明な設計にしたことで、ゴミが吸い込まれるプロセスを見ることができた。これは消費者を大いに喜ばすことになるに違いないと考えた[03]。

ダイソンは、多国籍企業の家電メーカーにかけ合って、この製品を製造させようと試みたが、どの会社にも断られた。ダイソンの製品が彼らの伝統的な「かみそりと替え刃」型のビジネスモデル〔かみそりとその替え刃のように、客が一度ある銘柄のかみそりを買ってしまえば、以後はそれに合う使い捨ての替え刃を買い続けざるを得ないことを狙った商法〕を損なうことになるからである。既存製品のメーカーは、掃除機本体ではなく、取り換え用のバッグの販売で大いに稼いでいたのだ。しかし、それでもダイソンは英国で自前の工場を立ち上げ、この掃除機は国際的なヒット商品になった。『フォーブス』誌は、彼の資産を十六億ドルと推定している[04]。二〇〇六年十二月には、エリザベス女王が彼にナイトの称号を授与した。

この大成功にもかかわらず、ダイソンは工業デザイナーとしての経歴において、失敗が重要な役割を果たしたという話を好んで語った。「最終製品の掃除機に達するまでに私は、五一二七ものプロトタイプを作った。ということは五一二六回の失敗をしたことになるが、それぞれの失敗からいろいろなことを学んだ。そうして私は問題を解決してきたのだ。失敗はまったく気にならない」とダイソンは語っている[05]。

優れた製品は努力を必要としない「瞬間的なひらめき」から生まれると信じている人が多い、とダイソンは嘆いている。彼にとって失敗は、鋭敏な洞察力を授けて、独自の製品の発明を可能にしてくれるものなのである。

私たちは物事を正しい方法でするように教え込まれている。しかし、誰も発見していない物を見つけようと思えば、誤った方法を取る必要がある。ばかげた、思いも寄らない、いたずらっぽい、危なっかしいことをして失敗に持ち込むのだ。失敗した理由をよく観察していれば、まったく違った道筋が見えてくる。本当にわくわくするよ[06]。

アルベルト・アレッシィも失敗の大切さを強調している。「イタリア・デザイン界のゴッドファーザー」として知られているアレッシィは、一九七〇年に家族が経営する家庭用品の会社に入社した[07]。過去四十年の間に、彼は兄弟とともにこの会社を、フィリップ・スタルク、マイケル・グレイブス、エットーレ・ソットサスなど一流の建築家やデザイナー、アーティストと提携する前衛的なデザイン工房に変身させた。アレッシィは、スタルクのデザインによるレモン絞り器、グレイブスのケトル、ソットサスのオイルとビネガーの調味料入れなど、おしゃれな製品を製作し[08]、売上も堅調に伸ばしている。けれどもアレッシィもやはり、それなりの失敗をしたことを認める。たとえば、アルド・ロッシがデザインした円錐型のケトルは、その美的感覚で消費者を喜ばせたが、残念なことに取っ手が熱くなりすぎて家庭では使い物にならなかった。男根型のガスレンジの点火器も失敗作だったが、イタリアのカソリック教会のお偉方から文句が出なかったのがむしろ驚きだった[09]。信じられないかもしれないが、アレッシィはこんなとんでもない失態が好きなのだ。「一年に一度か二度、大失敗をやらかすことがいかに大事かを兄弟に思い出させる必要があります。もし、アレッシィが二、三年の間、大失敗をしなければ、私たちはデザイン界でのリーダーシップを失う危険性があるでしょう」と彼は述べている[10]。

アレッシィ本社で毎週開かれるデザイン会議は、主な失敗作が目立つように陳列された非公開の美術館という風変わりな場所で行われる。同社の経営者は、デザイナーたちに彼らが創造力を駆使し努力をしても、十割の打率を誇れる人間など誰もいないということを思い出させたいのである。デザイナーたちにはリスクを取ったり、失敗して罰せられたりすることを恐れないでほしい、と願っているのだ。アレッシィの製品部長であるカルロ・リッチェッティは、「私たちは、アーカイブ（記録保存）美術館を使って、私たちといっしょに働くデザイナーたちに新しいアイデアを実験し、優れたアイデアの価値を正しく評価することを奨励したいのです」と語っている[11]。アレッシィもこの考え方を次のように説明している。「私は大失敗が好きです。それこそが、失敗と成功の境界がどこにあるかを見せてくれる一筋の輝く光が現れる瞬間だからです[12]」

組織内でリスクを取り、革新を実行することを奨励したい、という熱意を漏らす経営者は多い。けれども「失敗してもＯＫ」と公言しているものの、その言葉を行動で裏付けている人はほとんどいない。多くの従業員にとって、トップの言葉はうつろに響き、自分の過ちや失敗を認めることを恐れている。行動や判断の誤りは職を失うか、少なくとも昇進の道から外れることにつながると彼らは考えている。同僚がリスクを取ったり、失敗したりしたことで罰せられた事例を何度となく目にしているからだ。

なぜ失敗を容認するのか

問題を見つけるためには、失敗に関する発想をまったく変える必要がある。適度なさじ加減のリスクを取る行動や失敗を実際に容認する文化を作り出すことが、どうして企業が直面する問題や脅威を明るみに出すことに役立つのだろうか。第一に、従業員が罰を恐れるならば、彼らが過ちや失敗を認める可能性は無きに等しい。そうした過ちがどこで、どうして発生したのかがわからなければ、リーダーはパターンや傾向を見つけることができない。いくつかの出来事の間の点を結びつけて組織内に潜む問題や、迫りくる危機を見極めることはできない。

ミネアポリスのチルドレンズ・ホスピタルの最高執行責任者であるジュリー・モラスは、医療事故に関する「非難なき報告制度」を始めた[13]。彼女は、誰でも匿名で内密に医療事故を通知することができ、しかもそれによって誰も罰せられることがないようにした。もちろん、怠慢や違法行為から生じたような過ちは「責められるべき行為」である。しかし、大半の事故は個人の不注意によるものではなく、病院側の制度上の問題であることが多い。モラスの目的は、病院側の問題をできるだけ多くあぶり出し、その事故の根底に潜んだ原因を究明することにあった。過ちに照明を当てることによって、病院の制度と手続きの弱点を顕在化したいと考えたのだ。この制度は計画通りにいかなかったが、その影響についてある医師は次のように語っている。

「この制度は医療界の旧弊であるＡＢＣ（Accuse, Blame, Criticize ＝糾弾、非難、あら探し）モデルではありませんでした。ここで始めようとしたのは『非難なき報告制度』というまったく違ったモデルでした。私たちはじっくりと腰を落ち着けて、この制度を活かしていかに安全を確保すべきか、という報告書を作りました。この制度がうまくいかなかったさまざまな要因をあらいざらい見つけ出し、根本的な原因を分析しました[14]」。

この分析結果に基づいて、医師と看護師は重要な制度改革を行った。モラスが非難なき報告制度を始めてから、病院関係者による過失の報告件数は間違いなく増加した。件数の増加は患者に対する被害が増えたということではなく、患者側も過失や事故が明らかになることでむしろ安心感を抱くようになった。透明性が高まったことで、時間の経過とともに病院の安全対策は大幅な改善を遂げた。

失敗に対して寛容になることによって、すでに発生した過ちが明るみに出るだけでなく、実験が促されて問題発見のペースが速まることにもなる。有名な工業デザイン会社アイディオの従業員は「早めに失敗しておけば、成功が早まることが多い」と語っている[15]。あまりお金をかけない短時間の実験では、将来にわたって完全無謬の行動方針をにわかに見つけることは難しい。しかしそうこうするうちに、うまくいきそうもないアイデアや、ある戦略や活動を挫折させかねない問題がだんだんと見えてくる。この点に関してエイミー・エドモンドソンは「仮説を絶対に認めないことこそが科学的手法の大原則である」と述べている[16]。失敗した実験の積み重なりが、何がうまくいきそうかを教えてくれる。けれども企業にあっては、何がうまくいかないかのテストではなくて、経営陣がすでに信じ込んでいる結果を確認する目的のテストばかりが奨励されるケースがなんと多いことだろうか。

ウォートン・スクールのポール・シューメーカーとロバート・ガンサーは、企業は失敗の確率と期待値が比較的高い、低コストの実験をいくつか計画すべきだと主張している。彼らはこの種の実験を「意図的な過ち」のための実験と呼んでいる。この場合、リーダーはより広範な活動を始める前に、重要な前提を裏づける（または反証する）試みを行うべきである。意図的に何がうまくいかない可能性があるかを立証するのだ[17]。

クレジットカード会社のキャピタル・ワンは、カードの申し込みをしてきた客の評価に際して公表されている「クレジットスコア」にはまったく頼っていない。どっちみち、競合他社も同じ情報に頼っているからだ。その代わりに一年に何千件という対照実験〔一つの対象に対するある条件の影響を明らかにしようとする実験〈本実験〉を行う際、目的とする条件以外は本実験と同じ条件で行う実験。両実験の結果を比較検討することによってその条件の影響をあきらかにしようとするもの〕を行う。この実験は、個人のリスクプロファイル〔各リスクに関して知られている情報をすべて取りまとめた基本的なリスク評価〕に影響を及ぼす要因に関する特定の仮説をテストする目的で行われる。たとえば、ある仮定に基づいて勧誘の郵便物を出せば、「危険度が高い」人がクレジットカードを申し込んでくることがあるだろう。こういう客相手ではキャピタル・ワンは損をするし、テストそのものにもお金がかかる。そういう意味ではこの実験は失敗と言っていいだろう。しかし、こうしたテストの一つひとつが、個々の顧客の信用度を判定する同社独自のアルゴリズムをさらに精緻なものにする一助となっている。同社の創設者兼ＣＥＯのリチャード・フェアバンクは、こうしたアルゴリズムの確度が増すにつれて、長期的な事業収益性も増大するだろうと述べている。たしかに、このアルゴリズムによって、キャピタル・ワンは長年にわたって競合他社に比べてより効果的に「危険の多い」利用者を避けて、「危険の少ない」顧客に呼びかけてきた。今日では、多くの競合他社がこの実験戦略を見習うようになっている[18]。

失敗への不寛容が問題発見能力を減退させる理由として、もう一つの重要なものがある。失敗を犯すたびにただちにその本人を配置転換したり、退職させたりしていると、貴重な学習の機会を失うことになる。過ちを犯した本人自身が、何がうまくいかなかったのか、今後それをどう修正すればいいのかを一番よく知っている。その本人を配置転換したり、退職させたりすれば、学習の過程で彼らの意見が聞けなくなる。また、責任のなすり合いは学ぶ機会をなくしてしまう。

組織の中には、できるだけ早く失敗を忘れてしまいたがる人がいることがある。苦痛を感じたり、いたたまれない思いをするので、そのときのことを思い出したくないのだ。学ぶなら、人は過去の失敗よりも成功から学びたいと考えている。しかし、人は往々にして過去の成功の原因を誤った要因のおかげだと考えがちである。複雑な因果関係が絡み合った状況を、特定の判断が有効な結果につながったという話に単純化してしまう。「一連の出来事が積み重なって成功や失敗がもたらされている、という事実がはっきりしないことが多いので、組織のメンバーは自分に都合のいい解釈をしがちなのだ」とフィリップ・ボマールとウィリアム・スターバックの両学者は述べている[19]。たしかに私たちは多くの場合、幸運の果たす役割を軽視している。優れた結果は、自分の知力と周到な計画によるものだと考えたいのだ。「成功から学ぶことによって業績を改善している企業が多いことは調査によって明らかだ。しかし、企業は成功に導いたと考えている行動を過大評価し、今後も同じ行動をすれば成功が続くと確信している」とボマールとスターバックは記している[20]。

しかし、失敗から学ぶことにもそれなりの欠点がある。過ちの責任を負うべき人は、事後検証の際に自分は間違ったことをしていないと弁明し、実際に起きたことを歪曲することがよくある。「根本的な帰属の誤り（fundamental attributing error）」と呼ばれる現象が効果的な学習の妨げとなることがある。心理学者は、これを私たちは他人の失敗はその人の欠点のせいだとし、自分自身の過ちは予期しなかった外部的要因のせいだと言い逃れする現象だ、と説明している[21]。組織の中の真の問題を見つけるためには、自分の過ちを認めても安心していられるように、そして他人に責任をなすりつけないようにする必要がある。そのためには、リーダー自身が自らの過ちを認めて、他の人に模範を示さなければならない。「失敗する自由」を口にするときは、この言葉を行動で積極的に裏付ける必要がある。比喩的に言えば、過去の成功だけでなく、大失敗も堂々と展示した美術館で毎週進んで会議を開くようでなければならない。

容認できる失敗とできない失敗

リーダーはすべての失敗を容認すべきなのだろうか。もちろん、そうではない。失敗はさまざまな形態と大きさで起きる。ある種の失敗は容認してもいいが、そうすべきでないものがある。ほとんどのリーダーは、学習の機会となる有益な失敗と容認できない失敗を区別するための明確な基準を持っていない。透明性が欠けていると、従業員は何か新しいことを試みて、失敗した場合、どのような処遇を受けるか確信が持てない。どういう場合が「責められるべき行為」になるのかがよくわからなければ、いくらリーダーが失敗した人を罰する気はないと声高に叫んでも、リスクを取る行動は抑制される[22]。

それでは、容認できる失敗と容認できない失敗をどのように見分ければいいのだろうか。リーダーは、失敗をした本人が「その前」「その最中」「その後」にどういう行動を取ったかを知る必要がある（図6・1参照）。リーダーはまず、その行動を取った本人の意思決定のプロセスを理解しなければならない。次に、その行動が計画した進路を逸脱したとき、本人がいかなる反応を見せ、対応したかを調べなければならない。最後に、その失敗の影響に対してどのような行動を取ったか、特にどこまで自分の責任を認め、その失敗からどれくらい学ぼうとしたかを評価する必要がある。しかし、おそらくリーダーにとって最も重要なことは、容認すべき失敗とそうでない失敗の識別基準を組織全体に周知させておくことだろう[23]。

失敗の前

失敗の評価をするとき、リーダーはその活動の中心人物の意思決定のプロセスを知る必要がある。私の調査でも、また他の学者の調査でも、質の高い意思決定プロセスにはある特徴があることがわかっている。この特徴は、優れた結果が生じることを保証するものではないが、その可能性を非常に高める。

質の高い意思決定プロセスでは、実行グループが複数の選択肢を考案し、その良否を評価している。彼らは鍵を握るだろう仮説を見つけ出して、それをテストしている。ごく一般的な情報だけではなく、既存の概念の反証となる情報を収集している。広範囲にわたってさまざまな情報を集め、新鮮な物の考え方を提供してくれる、先入観を持たない専門家を探そうとしている。建設的な意見の不一致状態を保ちながら、活気のある討論を闘わしている。グループの責任者は、反

表 6.1　失敗の評価法

失敗の前	活動の最中	失敗の後
計画を立てるに当たってどのようなプロセスをたどったか	進捗状況を計画的に測定していたか	個人的な責任を認めたか
それが可能な場合、効果的な事前テストを行っていたか	中間評価に基づいて当初の計画に修正を加えていたか	失敗から最大限に学ぼうとしたか
過去の同じような活動から学ぼうとしていたか	失敗を取り戻そうとしてますます深みにはまるようなことはなかったか	失敗から何らかの有形・無形の財産を取り戻そうとしたか

対意見の発表を促している。彼らは、経営学者のマイケル・ワトキンズが「見せかけだけの相談（charade of consultation）」と表現した姿勢ではなく、純粋に他の人の意見を聞きたいのだ[24]。優秀なグループは最悪のシナリオを検討し、非常事態の計画を立てている。最終的に、責任者は全員から協力の確約を取り付け、共通の理解を深めたうえで実行にとりかかる。

失敗の調査に際しては、実行責任者がその意思決定プロセスにこれらの特徴を取り入れているかどうかを検討すべきである。複数の選択肢の検討を怠っていなかったか、反対意見を押さえつけていなかったか、情報の集め方が偏っていなかったか。もしこういうことがあれば、失敗を容認することには十分慎重を期したほうがいいだろう[25]。

失敗を調査する際にこの他にも検討すべき点がないだろうか。その行動計画を実行する前にどのようにして目標が立てられたかを理解する必要がある。その活動の責任者は明確な目標を立てて、実行に携わる全員にそれを周知させたか。複数の目標があった場合、活動が進展するにつれて必要があれば全員が得失評価をできるように、優先順位をはっきりとしておかなければならない。さらに、時間の経過とともに目標に対する進捗状況を監視するために設定した、明快な数値目標とマイルストーンを責任者がしっかりと見定めなければならない。

また、実行責任者が、計画を実行に移す前に適切な実験やテストを行ったかどうかを検証する必要がある。その活動の大々的な展開に向こう見ずに飛び込む前に、彼らは適度なリスクとコストでテストを行っただろうか。彼らのテストの方法はよく考えたものだったか、期待通りの結果を出すために不正工作をしていなかったか。

私が手がけた調査で、ある小売業者が傘下の数軒のチェーン店である新しい概念のテストをしたところうまくいかなかった、という話を聞かせてくれた。テスト期間中、本部の幹部クラスたちが「店を手助けする」ために、毎日、店長や従業員といっしょに働いた。本部の幹部たちはできるだけテストを成功させたかったのだ。こうした介入行為があったために、テストとしては非常に不本意な結果になってしまった。したがって、テストを「実施」したかどうかだけではなく、それを「どのように」実施したかを常に問題にしなければならない。

最後に、実行責任者がその計画を実行に移す前に、過去の成功と失敗に学ぼうとしたかどうかを検討しなければならない。過去の失敗を繰り返さなかったか。もし繰り返したのであれば、それは責任者が過去の最善と最悪の慣行の調査を怠ったために起きたのか。彼らは歴史に学ぶことを怠ったのか。

活動の最中

実行責任者が、活動中に組織の価値や原則に違反したとき、もっと悪い場合には法律に違反したときは、失敗は容認されるべきでないと考えるのは当然だろう。そうした悪質な行動を見つけた場合は論外としても、責任者が進捗状況を計画的に測定していたかどうかを常に調べるべきである。さまざまな視点からの反応を収集し、当初の目的と目標に対する進展具合を定期的にチェックしていたか。否定的な反応が出てきたとき、あるいは外部条件が変化したとき、責任者は当初の計画を修正したか。そうであれば、状況をリアルタイムで把握し、ただちに調整を行った証拠を求めるべきである。

ある時点においては、責任者は少なくとも損失を最小に留めることを検討すべきである。失敗を査定するときには、その状況で「損失を取り戻そうとしてますます深みに落ち込む」ようなことをしなかったかどうかを調べる必要がある。人は、これまでの投資金額を取り戻すことができないとわかっている場合でも、その金額をもって活動をさらに前進させるかどうかの判断材料にすることが非常に多い。これまでの投資額はすでに支出しており回収の見込みがない、いわゆる「サンクコスト（sunk cost）」である。これは活動を進めるかどうかに関する目前の判断とは無関係のはずである。しかし調査によると、人はかなりの先行投資を行った活動を継続する傾向が強い。こういう人の中には、常に悪い結果しか出ていないのに、特定の活動に異常に情熱を傾けている人が少なくない。その結果、起死回生の大当たりが出ると期待して追加投資をすることになる。状況が悪化しているにもかかわらず、ますます執念を燃やしてしまうのだ。

いくつかの研究によると、人は投資をするときにサンクコストのことが頭から離れないようである。たとえば、バリー・スタウの一九七六年の研究は、サンクコストの影響をテストした最初の室内実験の一つだ[26]。スタウは、経営学科の学生に企業のさまざまな部署に資源を割り振る経営幹部の役割を与えた。被験者の半分は最初に資源の割り振りを行い、それに対する反応を入手した。その後、被験者は各部署に対して二回目の資源の割り振った。残りの半分の被験者は最初に割り振りをしなかった。その代わりに、以前の割り振りおよびそれに対する反応についての情報を入手した。

スタウは、自分の考えで最初に割り振った被験者は、最初に割り振らなかった被験者に比べて多くの金額を二回目に割り振ったことを発見した。さらにスタウは、最初の割り振りに関して半分の被験者には肯定的な反応を、残りの半分には否定的な反応を与えた。被験者は成績の悪かった部署に対して、成績のよかった部署よりも多くの金額を割り当てた。この結果は、人は過去の行為を正当化するために、失敗した活動に対してより多くの追加資源をつぎ込む、という予想を裏書きするものだった。

実務の世界の経営幹部も実験室の学生と同じような過ちをするのだろうか。スタウとハー・ホアンはそれを明らかにしようとした。彼らは、全米バスケットボール協会（ＮＢＡ）のドラフト制度における選手指名に関する、七年間にわたる情報を集めた[27]。選手の生産性を完全に掌握したあとであれば、チームの経営陣がサンクコストを考えて意思決定したのでない限り、ドラフト順位がＮＢＡでの試合の出場時間に影響することはないはずだ、とスタウとホアンは考えた。言い換えれば、その時点までのＮＢＡでの活躍ぶりがまったく同じであれば、ドラフト一位の選手といえども二十五位の選手よりも出場時間が長いということはないはずである。ところが調査の結果、サンクコストが問題であることを示していた。選手のドラフト順位は、出場時間やリーグでの在籍期間、トレードに出される確率に影響を与えている。この影響は、リーグでの実際の活動ぶりが把握されるようになったあとでも持続している。つまり、経営陣も監督も意思決定の際にはある選手に巨額の支出をしたという事実を重要視する傾向にあるということだ。彼らは過去の支出が正当化されることを念じながら、何年もその選手に投資を続ける。彼らは過去の失敗を取り戻そうとして、その選手の出場機会をますます多くしているのだ[28]。

バスケットボール選手に対する調査結果がこうだからと言って、企業経営者が損失を取り戻そうとしてますます損を重ねていることの立証にはならないのではないかという異論が出るだろう。ところが実際には、ビジネスの世界をはじめとして、あらゆる分野の人がサンクコストを無視できなくて苦労しているのだ。有名な例としては、一九七〇年代に製造された超音速の民間航空ジェット機コンコルドがある。ご承知のように、コンコルドは二十七年間、欧州と米国の間を、従来の民間機のパリからニューヨークまでの所要時間の半分という記録的な速度で就航した。かなり早い段階で、このプロジェクトは金銭的に成功する実質的な見込みがないことが明らかになった。英国とフランスの政財界のリーダーたちは、あと一歩のところでプロジェクトを中止しそうになった。けれども、過去に支出した莫大な金額が「無駄遣い」になることをおそれて継続の道を選んだ。最終的にコンコルドの開発費用は当初予算の五〇〇パーセントを超えた。この投資はいかなるプラスの金銭的リターンももたらさなかった[29]。

人間はサンクコストの影響を受けやすいという抗いがたい証拠を突きつけられると、失敗の検証をするときにこの現象に目を向けざるを得ない。実行責任者が過去の投資を無駄にすることを懸念して、失敗しかけているプロジェクトに追加資金をつぎ込まなかったかどうかを調べなければならない。もちろん、粘り強さは貴重である。ときには部下に、障害をものともせず完遂せよと命じることがある。誰しも腰ぬけにはなりたくない。しかし、すべての忠告や反対の証拠を無視し、失敗した活動にお金をつぎ込み続ける人がいれば心配するのは当然だろう。個人であれ、グループであれ、過去にプロジェクトが失敗した際に損失の削減に積極的でなかったという経歴の持ち主がいないかどうか、注意しなければならない。

失敗の後

失敗の後の実行責任者の行動についてはどうなのか。どのようにその行動を評価して、失敗を容認するかどうかを判断すべきだろうか。まず責任者は自分の失敗について責任を負う必要がある。責任者は他の人に責任をなすりつけたり、説明責任を回避することはできない。

元国務長官のロバート・マクナマラは私に、ピッグズ湾での大失敗のあとのジョン・F・ケネディ大統領にまつわる興味深い話を聞かせてくれた。ケネディはテレビ演説を行い、その中で「責任は私が取る。これは悲惨な失敗だ。成功には多くの父親が名乗り出る。失敗には誰も名乗り出ない。しかしこの場合、父親は私だ。これは私の失敗である」と述べるつもりだと補佐官に言った。これに対してマクナマラは、ケネディの演説のあとを引き継いでテレビに出演すると申し出た。彼は、誰も侵攻計画に反対しなかった内閣全体に責任がある、と説明するつもりだった。閣僚全員が大統領に適切な助言・勧告を与えることができなかったからだ。しかし、ケネディは「いや、そうではないのだよ、ボブ。私は忠告を聞く必要はなかった。私が矢面に立って、責任を負う」と言った[30]。企業などの組織の中でも、責任者はこうあってもらいたいものだ。彼らには責任をグループに転嫁してもらいたくない。自分が最終的な意思決定をしたことを潔く認めてほしい。

失敗の後、実行責任者には組織的な「活動の反省会」を開催することを期待したい[31]。この事後分析には外部の、公正な立場の人を積極的に招いて、ファシリテーターを務めてもらうべきだ。実行責任者は、この活動から自分たちだけが教訓を得るのではなく、その教訓を組織全体にわたって積極的に分かち合うべきである。また、他の人が同じ過ちを二度としないように進んで力を貸す必要がある。

最後に、失敗をきっかけにして、有形であれ無形であれ、責任者が何らかの財産を取り戻そうとしたかどうかを検証すべきだろう。その活動によって組織の他の部署でも活用できそうな収穫があっただろうか。今日、製薬会社は失敗に終わった過去の研究プロジェクトを計画的に精査して、他の用途に使える薬品がないかどうかを調べている。たとえば、イーライリリー社では経営トップチームが「臨床試験で失敗に終わったすべての化合物を、過去に遡って分析する仕事を、主として医師と科学者である社員に割り当てている[32]」。『ウォールストリート・ジャーナル』は、イーライリリーの製品の多くが、過去に失敗した研究の分析から発見されたものだ、と報じている。エビスタという有名な骨粗しょう症の治療薬は、今では年間十億ドル以上の売上をあげている。この薬品は、避妊薬の開発段階で失敗した研究プロジェクトから姿を現したものである[33]。すべての組織は物理的財産だけでなく、知的財産の回収をも期待して過去の失敗をよく調べてみるべきである。それが他の用途に転用できる貴重なものである可能性があるからだ。

役に立つ、低コストの失敗

この章の最後に、『トイ・ストーリー』や『ファインディング・ニモ』などの大ヒット映画を生んだ、ピクサー・アニメーション・スタジオの失敗に対する姿勢を検討してみよう。

ピクサーの起源は、ジョン・ラセターがディズニーを去り、映画プロデューサーであるジョージ・ルーカスのコンピューター・グラフィックのグループに参加した一九八四年に遡る。その二年後、アップル社のCEO、スティーブ・ジョブズによってルーカスから一〇〇〇万ドルで買い取られ、ピクサーとして知られるようになった。その後、コマーシャルだけでなくショートフィルムでも輝かしい功績を残している。一九九五年、ピクサーは初めての長編映画『トイ・ストーリー』を発表した。全米で最高の興行収入をあげる映画となり、アカデミー賞候補にもノミネートされた。その後も一連の長編作品がいずれも高い評価を得て、財政的にも成功を収めた。アニメーション・スタジオの勢いが衰えつつあったディズニーは、二〇〇六年、最大のライバルであるピクサーを七十四億ドルで買収した。買収手続きが完了したあと、ピクサーのチームがディズニー・スタジオの再活性化の主導権を握った[34]。

従業員の教育と能力開発のために設立したピクサー大学の学生部長であるランディ・ネルソン

は従業員に「芸術はチーム・スポーツだ」と指導している。つまり、最も優れた、最も創造力に富んだ映画は個人の生まれ持った才能だけではなく、共同作業の賜物でもある、という考えを従業員に持ってもらいたいのだ[35]。そのためには「芸術をいっしょに作り、いっしょに失敗する」という体験をするクラスに従業員を参加させている[36]。このクラスでは、イラストを一枚ずつ壁に貼り、各自の作品を全員の前で批評する。彼は優れた作品を生み出すためには建設的な批評が欠かせないと信じている。リスクを取ることを学び、批評に耳を傾け、その作品を改善しなければならないのだ。「リスクを取り、過ちを取り戻す力を鍛えるような環境が必要なのです。失敗には敬意を表さねばなりません。失敗というのは、成功にもう一歩という領域だからです」とネルソンは語っている[37]。

ピクサーは、名誉ある失敗を固く信じている。また、最も独創的で成功したアニメ作家でも、ときには失敗することがあると折にふれて全員に伝えている。ピクサーの社内を歩いていると、いろいろな映画でカットされた数多くのスケッチが壁に貼られているのを目にする[38]。こうした創作上の失敗は、真に独創的で、革新的で、リスクを取ることを恐れない人でも一度ならず失敗していることを全員に気づかせている。この壁は、失敗作品を展示したアレッシィの美術館と同じ目的を果たしているのだ。

ピクサーはまた、短時間で低コストの実験の価値を理解している。かかった時間が短く、費用が少なければ、失敗はそれだけ受け入れやすいものになる。こういう理由で、ラセターはウォルト・ディズニー・スタジオで短編アニメの制作を再開させた。これは近年になってやっと慎重に始めた訓練活動である。ピクサーの歴史を通じて、ラセターたちはコンピュータによるさまざまなアニメ制作手法を実験し、精緻化する手段として短編映画を活用してきた。一九三〇年代、ウォルト・ディズニーが人気短編シリーズを基盤にスタジオを建設し、一九三二年から一九四二年にかけて十回のオスカー受賞を果たしたことを考え合わせると興味深い。

『ライオン・キング』のプロデューサーであるドン・ハーンは「短編映画は常に技術やアイデア、若い才能の源泉であった」と指摘している[39]。現在ラセターは、ディズニーアニメの復活を目指し、原点に戻りつつあるようだ。

ラセターは才能ある若者に五分間の短編映画の監督をするよう勧めている。短編映画の予算は長編のアニメ映画に必要な資金の二パーセント以下で済む。五分間のショートフィルムの制作費用は二〇〇万ドル以下だが、長編では優に一億ドル超すことが多い[40]。ベテランの脚本家チャック・ウィリアムズはこのやり方について次のように語っている。

これで新しい才能を開発できるのです。ショートフィルムは、野球で言えば二軍のようなものです。そこから新しい監督や美術監督が出てくるのです。新米の監督や美術監督、脚本家に八〇〇〇万ドルの長編を作らせるような賭けに出る代わりに、そのほんの一部を短編に使って、彼らの腕前を確かめることができるのです[41]。

すでにラセターはこのやり方で、長編映画を監督できる才能を持った人材を発掘している。『グラーゴズ・ゲスト（Glago's Guest）』というタイトルの奇抜な五分間のショートフィルム〔この作品はアニメのアカデミー賞と言われる、国際アニメーション協会が主催した第三十六回アニー賞で最優秀短編アニメ賞を受賞〕を見たあと、ラセターは監督のクリス・ウィリアムズを『ボルト』の監督に起用した。これは二〇〇八年十一月に公開されたディズニーのコンピューター・アニメ映画である。それまでウィリアムズは長編映画の監督をしたことがなかったが、ラセターは五分間の短編映画を訓練の場として使ったのだ[42]。

ラセターはこのように、比較的少額の資本で、才能にあふれた新人に初の長編アニメ映画の監督に挑戦する機会を与えた。失敗してもそのコストはわずかだった。彼は才能ある若者に、失敗しても巨額な損失を気にせずにリスクを取るよう励ました。この実験に要した時間も非常に短かった。短編の制作に何年もかかることはない。いい結果が出ない短編もあるだろう。けれども、その制作の過程で、ラセターのチームはディズニー・スタジオで期待通りの効果が出なかった技術や、やり方が何だったのかを見つけることができる。彼らは過去十年にわたってディズニーの成功を妨げてきた問題を発見するだろう。さらに、彼らは長編映画の監督として十分な手腕を持ち合わせていない人も見極めるだろう。

他の企業もこういうやり方を見習うべきであろう。革新性と独創性を刺激し、同時に若い才能ある従業員の能力を開発し、評価するための低リスク、低コストの自社特有の機会を模索すべきである。なんだかんだと言っても失敗の代償が大きければ、リーダーはそれを容認しないだろう。コストと時間をかけずに、学習の機会を与えてくれるのが最も役に立つ失敗なのである。

第7章
話し方と聴き方を教える

それはあなたが言ったことではない……彼らが聞いたことだ。

——アーノルド・レッド・アワーバック、NBAボストン・セルティックス元監督

一九七七年三月二十七日、航空史上最悪の事故で五八三人が亡くなった。この日、二機のボーイング747型機がカナリー諸島テネリフェのロス・ロデオス空港で衝突した。アムステルダム発のKLM4805便とロサンゼルス発のパンナム1736便だった。二機とも、カナリー諸島の二つの飛行場のうち、大きいほうのラスパラマス空港に着陸する予定だった。しかし、ラスパラマス空港はその日、テロリストの爆弾事件で閉鎖されていた。二機は、はるかに狭く、ジャンボジェット機の離着陸に適しているとはいえないテネリフェへ変更せざるを得なかった[01]。

二三四人の乗客と十四人の乗務員を乗せたKLM機の機長ヤコブ・ヴェルトフイゼン・ファン・ザンテンは、一九四七年からKLMで働いていた。彼は同社の広告に登場し、機内誌にも掲載さ

れていた。また、ＫＬＭの操縦訓練プログラムの責任者であり、同社の多数の操縦士と副操縦士の訓練に携わってきた。ファン・ザンテンは最近、定期便やチャーター便の操縦よりも、シミュレーターでの訓練時間のほうが長くなっていた。搭乗前の十二週間は、もっぱらシミュレーターによる訓練を行っており、その日の副操縦士もこの訓練を受けたうちの一人だった。

ヴィクター・グラブズは、三八〇人の乗客と十六人の乗務員を乗せたパンナム便の機長だった。同機は、一九七〇年一月に乗客を乗せて初めて飛行したボーイング７４７型機として、航空史に名を刻んだ飛行機だった。ＫＬＭ機が着陸してから約三十分後の午後二時十五分、グラブズの操縦するパンナム機もテネリフェ空港に着陸した。飛行場の誘導路スペースが限られていたので、グラブズはＫＬＭ機のうしろに駐機しなければならなかった。他にも数機の大型ジェット機がテネリフェに代替着陸してきており、空港は混雑しだした。

ラスパラマス空港の再開を待つ間、ファン・ザンテン機長は給油することにした。それは、乗務員の飛行時間と勤務時間に制限を設けているオランダの法律を考えてのことだった。乗務員の勤務時間が制限ぎりぎりのところまで迫っているのを知っていたファン・ザンテンは、その夜の七時までにラスパラマスを出発しなければ、制限を超えることになるのを懸念していた。したがって、テネリフェで今のうちに給油しておけば、駐機場に留まっている時間を有効に使うことができ、ラスパラマス空港での駐機時間を短縮できると考えた。結局、ラスパラマス空港は午後二時三十分に再開した。パンナム機は出発しようとしたが、この狭い空港ではＫＬＭ機の脇をすり抜けることができなかった。給油には数時間かかるため、その間パンナム機はＫＬＭ機のうしろで待機せざるを得なかった。二機が誘導路に駐機している間に天候が悪化していった。視界が悪くなり、ある場所では三〇〇メートルにまで落ち込んだ。

午後四時五十六分、管制官はＫＬＭ機に、滑走路の端まで移動したところで方向転換し、離陸許可を待つようにと指示した。狭いスペースなのでかなりてこずったが、ＫＬＭ機はなんとか転回に成功した。管制官は、パンナム機にＫＬＭ機のあとを追って滑走路へ移動し、三番出口を曲がって滑走路上のＫＬＭ機の後方につき、その次の離陸に備えるようにという指示を出した。パンナム機は指示に従おうとしたが、まごついてしまった。視界がますます悪くなり、滑走路から誘導路への出口には明瞭な表示がなかったうえに、比較的簡単に転回できる四番出口と違って、三番出口ではかなり鋭角に転回しなければならなかった。こうした理由でパンナム機は三番出口を通り過ぎて四番出口まで移動を続けた。

一方、ファン・ザンテンはエンジンを始動させ、飛行機を前進させはじめた。副操縦士のクラウス・ミューズは驚いて「待ってください。まだ離陸許可が出ていませんよ」と言った[02]。ファン・ザンテンはミューズに管制官から離陸の許可を取るよう依頼した。機長は乗務員の飛行時間制限を気にして、明らかに離陸を急いでいるように見えた。ミューズは離陸許可を求めたが、これに対して管制官は離陸後の飛行計画に関する指示を与えただけだった。管制官は離陸許可を与えなかったが、飛行計画に関する指示の一部として「離陸」という言葉を使った。ミューズは離陸後の飛行計画の詳細を確認したが、ＫＬＭ機に離陸許可が与えられたかどうかについてははっきりと確認を求めなかった。ミューズが交信している間に、ファン・ザンテンはエンジンをふかして、再び前進を始めた。ミューズは「これから離陸します」というあいまいな言葉で交信を打ち切った。管制官だけでなく、パンナムのクルーもこれはＫＬＭ機が滑走路の端の位置で待機しながら「離陸許可を待っている」という意味だと考えた。管制官は「ＯＫ、離陸待機せよ。追って連絡する」と答えた。一方、パンナム機のクルーは「当機は引き続き滑走路を移動中」と、はっきり交信していた。しかし、不運なことに電波障害のためにＫＬＭ機内では非常に聞き取りにくかった。この間、パンナム機はまだ四番出口には達していなかった。

この時点で管制官は、パンナム機に対して滑走路を空けた時点で連絡するよう求めた。パンナム機のクルーは「ＯＫ、滑走路を空けたら報告する」と答えた。ＫＬＭの機関士ウィリアム・スフリユーダーは、このやりとりを聞いて不安を覚えた。そこで、ためらいがちにファン・ザンテンに「どうやら、彼らはまだ滑走路を空けてないようですね」と聞いてみた。「何だって？」とファン・ザンテンが答えた。スフリユーダーは再び「パンナム機がまだ滑走路上にいるようでは？」と言った。しかし、機長はこの質問に対して強い調子で「大丈夫だよ」と答えた。機長は滑走路が空いていると信じて、そのまま離陸を続けた。スフリユーダーはそれ以上機長に質問をしなかった。副操縦士のミューズも異議を唱えなかった。視界がきわめて悪かったので、彼には滑走路前方のパンナム機が見えなかったからだ。

パンナム機のコックピット内では、KLM機がかなり離陸を急いでいるようだということを話題にしていた。グラブズ機長は「こんなところは、さっさとおさらばしようじゃないか」と言った。機関士のジョージ・ウォーンズはファン・ザンテンが急いでいる様子を気にして言った。「あれだけ我々を待たせた揚句、今度は大急ぎときた」。その直後、パンナム機のクルーはKLM機が自分たちめがけて接近してくるのを見た。グラブズ機長は叫んだ。「おい、あれを見ろ！　バカ野郎が来やがった！」副操縦士のロバート・ブラッグも絶叫した。「よけろ！　よけろ！　よけろ！」グラブズは猛烈な勢いで滑走路から外れようとした。

最後の瞬間になって、ファン・ザンテンは滑走路の前方のパンナム機を見て、衝突を避けようとした。KLM機は空中に飛び出したが、機体がパンナムの機体上部を削り取った。KLM機は地面に叩きつけられ、乗客乗員全員が死亡した。一方のパンナム機は炎に包まれた。生存者は乗客五十六名と乗員五名だけだった。

どうしてこれほどひどい事故になったのだろうか。狭い空港が混雑状態にあったこと、悪天候、管制官に747型機を扱った経験がなかったこと、KLMの機長が出発を急いだこと、これらすべてが大惨事の原因になったことは間違いない。しかし、その他にも「テネリフェの惨事は一連の些細な、半ば標準化した誤解のもとで生じたものだ」という、ミシガン大学のカール・ウェイク教授の指摘がある[03]。たとえば、管制官とKLM機のクルーの間で交わされた「離陸」という言葉の使い方にも大きな混乱が見られる。管制官は離陸の許可を与えたとはまったく考えていなかった。パンナム機のクルーも許可が与えられたとは思っていなかった。交信の間、はっきりしない言葉について当事者は必ずしも確認をしていたわけではなかった。彼らは通常は使わない言葉をときどき使っていた。人は十分な確認をせずに他人の同意が取れたと思い込むことがある。さらに、ファン・ザンテンは長い間、シミュレーターを使った訓練をしていた。通常のフライトでは管制塔からの許可が必要だが、シミュレーターでは教官自身が離陸許可を出すことが多い。したがって、ファン・ザンテンはその当時、決定的に重要な交信について確認を求め、その確認を待つことに慣れていなかった可能性がある。

コックピット内の文化も惨事の一因になったことを暗示する証拠がある。副操縦士と機関士は、当時としてはあたりまえだったのだが、機長に対して絶大な敬意を払っていた。どちらも離陸を開始するという機長の決定に、強硬に異議を唱えることをしなかった。ウェイクは、ストレスが高まるにつれて人の上下関係や権威の意識が非常に高まる、と説いている。言い換えれば、当日の午後の間中、ストレスがだんだんと高まっていたので、KLM機のクルーの平等な人間で作られたチームだという意識が徐々に薄れてきていたのだ。その結果、心を開いた会話や率直な対話が難しくなった。ウェイクは、衝突直前のコックピット内は集団的無知の状態であったと述べ、「集団的無知とは、何かが起きているようだが、他の人が、特に経験も豊富で、歳も位も上の人が、何とも思っていないのなら大丈夫だろう、と考える危機の初期状態をいう」と説明している[04]。最後の瞬間に、他のクルーは「機長は、滑走路が空いていないかもしれないことを間違いなく知っている」と考えていたはずだ、とウェイクは推測している[05]。

クルーリソース・マネジメントによる訓練

一九七〇年代、航空の安全に関する専門家は、テネリフェの悲劇のような一連の大事故に非常に危機感を募らせていた。一九七九年、米国航空宇宙局（NASA）はこの問題を討議するために航空安全に関するワークショップを開催した。ここで発表された研究によって、航空輸送に関する事故の主な原因は機械の故障によるものではないことが明らかになった。さらに、ほとんどの墜落事故は乗員が適切な技術的能力を欠いていたことで起きたものでないこともわかった。専門家が絞り込んだ問題点は、**人と人の間のコミュニケーション**、**チームワーク**、**意思決定およびリーダーシップの不足**であった。ワークショップの参加者は、こうした認識や人間関係に関する能力の開発のための訓練プログラムの必要性を痛感した。その数年後、航空会社はクルーリソース・マネジメント（CRM=乗員資源管理）の訓練を実行しはじめた[06]。最近になって、軍隊、海運業、原子力産業、消防署、医療機関、海底油田・ガス田会社をはじめとする他の分野でもこのような取り組みを採用している。CRMの技法を取り入れた結果、安全性が大幅に改善したと報告している組織が多い[07]。

CRMは、航空機の乗員の文化を変えようと奮闘している。ロバート・ヘルムライヒとクレイトン・ファウシーは数十年昔のパイロットの気風を次のように描いている。

初期のパイロットのイメージは独身で、意思が堅く、白いスカーフをなびかせ、覆いのないコックピットで悪天候と闘っている姿だった。この既成概念には独立心が強く、男らしく、勇敢で、どんなストレスのもとでも冷静でいるような、チームワークよりも一匹狼でいることを好む人物に共通する多くの特性が含まれている……実際、ある大手航空会社の能力基準のガイドラインには、副操縦士は機長の過ちを正してはならないとはっきり書かれていた[08]。

機長は強大な権威と身分を持っていた。クルーは、機長の判断に疑問をさしはさむべきではないと教えられた。センター・フォー・クリエイティブ・リーダーシップのロバート・ギネットは、ある民間航空会社の掲示板の貼り紙に書かれたユーモラスな文句が、クルーと機長の関係に関する基本的な姿勢を示していると述べている。そこには「民間航空の二つの規則。第一の規則：機長は常に正しい。第二の規則：第一の規則を見よ」と書いてあった[09]。

CRMによって、飛行機の乗務員の文化と姿勢が変わり始めた。CRMの訓練では個人主義を排し、チームワークを強調するとともに、人と人とのコミュニケーションの能力を重視する。副操縦士と機関士は、安全でないと判断した場合、敬意を失うことのないようにしながらも、自分の意見を積極的に主張すべきことを教えられる。機長は他のクルーから意見を求めるべきこと、そして飛行前のミーティングでその旨を述べることを学ぶ。ギネットは、非常に優秀な機長がクルーに話した内容を次のように紹介している。「この会社では能力ではなく、年功で機内の序列を決めていることを理解してください。ですから、皆さんが役に立つと思ったことは何でも聞かせてもらえればありがたいです[10]」

第一章「問題の解決から問題の発見へ」で述べたように、アルフレッド・ヘインズ機長は、ユナイテッド航空232便の緊急着陸の成功は、クルーに対するCRM訓練のおかげだと語った。この事故の二年後、ヘインズ機長はNASAでの講演で次のように述べている。

クルーの準備が整っていたのは、ユナイテッド航空が一九八〇年に導入したクルーリソース・マネジメントと呼ばれる訓練のおかげでした……昨今では他の航空会社もすべてこの訓練を採用しています。一九八〇年までは、機内では機長は権威そのものという考え方で働いていました。機長の言う通りに物事が動いたのです。これがもとで、うちの会社は飛行機を数機失いました。機長もときには、世間が思っているほど賢明でない場合があるのです……あの状態でどのように着陸させるか、私のほうが他の三人の乗務員よりもっと深い知識を持っているはずがありません。私がCRMを利用せず、他の人に意見を聞かせてもらっていなければ、確実に失敗していたでしょう[11]。

CRMが取り入れている重要な認識と人間関係に関するスキルのいくつかを紹介しよう。この分野における従業員のスキルを開発することは、どんな組織であってもできないことはないだろう。まず、よく起こりやすいコミュニケーション上の過ちを従業員に教えることから始めよう。

コミュニケーション上の過ち

国際消防署長協会（IAFC）は、どのように消防士がCRMを推し進めるかを解説した詳細な報告書を作成した[12]。この報告書の中で、人がメッセージのやり取りをする際に起きる過ちをいくつか挙げている。

話し手の過ちには重要な情報の脱落や偏った情報の提供などがある。脱落が起きるのは話し手が急いでいるか、聞き手がすでに知っていると思い込むような場合である。また、ボディ・ランゲージや顔の表情、アイコンタクトなどの言葉以外の影響を無視するという過ちを犯すことがある。話し手のしゃべり方が速すぎて、聞き手が内容を消化したり、聞きただす時間がない場合がある。私が教育法を習っているとき、マーティン・フェルドスタイン教授に「君たちが講義をしているとき、ときどき心地よく感じられる沈黙の間を取る必要がある。学生には質問を考えたり、君たちの問いかけに対する答えを考える時間が必要なんだよ[13]」と忠告されたことがある。同じようなことだが、話し手はしゃべり方のテンポを変えることを忘れがちである。ゆっくりと話したり、抑揚をつければ重要な点を強調する一助となる。また、話し手は重要なメッセージを繰り返すことを忘れがちである。初めて口にした考えや提案を、相手が聞き取って理解したものと思い込みがちである。最後に、話し手は沈黙を同意と受け取ってしまうことが多い。相手がその主張や依頼に異議を唱えなければ、自動的に同意したと速断してしまうのだ。

メッセージを受け取る側でも円滑なコミュニケーションを妨げる過ちを犯すことが少なくない。往々にして相手が話し終わらないうちに結論を出してしまうことがある。相手が話している最中に、どう答えようかと考えることがある。特定の言葉や意見の意味について、さまざまな憶測をめぐらし、話し手も自分がよく知っているのと同じ言葉づかいでしゃべっているものと早合点することが多い。人は解釈の過ちを相手の説明のせいにする。相手との意見の相違を自分に納得させるにはそのほうが都合がいいからだろう。聞き手の側も言葉以外の合図を見落とすことがあるのは、話し手がその重要性を軽視しがちなのと同じである。聞き手は説明を求めたり、確認するのを忘れることがある。テネリフェの悲劇で見たように、ときには深刻な誤解を避けるために自分が聞いたことを確認するのが非常に重要なことがある。最後に、聞き手は他のことを考えていて、重要なことを聞き逃がすことがある。会議中に、机の下でずっと携帯電話をチェックしている人を見かけることがある。これを見てもコミュニケーションの断絶が起きやすいのは当然だ、ということがわかるだろう[14]。

対人コミュニケーションの改善

それでは、テネリフェの悲劇のときにコックピットで起きたようなことがリーダーとそのチームメンバーの間で起きないようにするためには、組織内のコミュニケーションをどのように改善すればいいのだろうか。リーダーが自分自身の行動を変え、他の人とのコミュニケーションの仕方を改善しなければならないことは当然である。さらに、組織のリーダーたる者は教師になり、部下の対人コミュニケーションのスキルを開発する責任を負わなければならない。必要があれば、航空会社がCRMのトレーナーを起用しているように、外部の専門家を連れてきてもいい。何にもまして重要なのは、リーダーが組織の全員に対して立派な行動のお手本にならなければならないことだ。

まず、あるプロジェクトを立ち上げるためにチームが集まって開く最初のミーティングの重要性に焦点を絞ろう。このミーティングは、目標や基準、責任を明らかにし、チームづくりを始める機会である。航空会社ではこれを「プレフライト・ブリーフィング（飛行前の状況説明）」と呼んでいる。また、組織内での「引き継ぎ」、つまりある部署から他の部署へ仕事やプロジェクトを移すときにも周到な注意が必要である。問題が起きやすいのはこの時点だからだ。コミュニケーションが十分でないために、重要な情報がある部署から他の部署へ伝達されず、これが大きな問題につながることがある。そしてリーダーは、部下に対して問題を見つけたとき、それを積極的に指摘する方法、さらに悪いニュースを聞かされても、それを真摯に受け止めて聞く方法を教える責任がある。

ブリーフィング

USエアウェイズの元機長だったケリー・アイソンは「四、五日の間いっしょに働くことになる場合、チームのコミュニケーションがうまくいくかどうかは、スケジュールの最初のブリーフィングで決まる」と語っている[15]。ブリーフィングはチームの結束を固め、目的と目標の共有を促し、行動規範の確立に役立つ。過失やニアミスは、初日の初フライトで起きることが多いとアイソンは指摘している。そこで彼は、こうした不運な事故を避けるために、互いの親密度を深め、チーム内の責任分担を明らかにする目的でのブリーフィングの活用を勧めている。

機長はプレフライト・ブリーフィングで、全員が自分の役割と責任を理解しているかどうかを確認する[16]。チームは乗務員間の仕事の割り振りとともに、遂行すべき主要任務のタイミングとその順序を点検する。計画にはないが、発生するおそれのある出来事と、その場合チームとしていかに対処するかをブリーフィングで話し合えばより効果的である。おそらくこれが一番重要なことだろうが、機長はブリーフィングのときにコミュニケーションの道を開放しておかなければならない、とアイソンは説いている。たとえば、クルーに「問題や想定外の出来事が起きたときは私のところに来なさい。私がここにいるのは、あなた方が問題だと考えていることを知っておきたいからだ」と言うことを機長に勧めている。ブリーフィングを通じてチームはお互いを知るようになり、フライトを成功させるために必要なコミュニケーション技術の実習がすでにこのときから始まっている。

軍隊のパイロットもプレフライト・ブリーフィングがきわめて重要なことを認識している。元F15戦闘機のパイロットであったジェイムズ・マーフィーは「任務はブリーフィングに始まって、ブリーフィングで終わります。パイロットの頭の中では、任務とブリーフィングは切っても切り離せないものなのです。ブリーフィングなしで飛行任務に就くことは、裸のままで仕事に出かけるようなものです」と言う[17]。

兵士としては当然だろうが、マーフィーは、ブリーフィングは正確であるべきで、また任務を成功させるために、リーダーはブリーフィングをする前に「机上飛行」をすべきだと主張している。彼のいう机上飛行とは、腰を落ち着けて任務の成り行きを頭の中で描いてみることだ。任務に何か潜在的な欠陥はないか、また乗員に影響を及ぼすような不測の出来事が起きるおそれがないかを探すのである。任務の目標や計画に関する部下からの質問を予想しておくことも必要だ。「ブリーフィングの実施前に机上飛行をすることで、実行段階での欠陥に気づいたことは思い出せないくらいあります」と彼は述べている[18]。興味深いことに、他の職業の人も、挑戦的な目標を達成しようとするとき、チームの結束を固める前に頭の中で視覚化する手法を取り入れている。たとえば、老練な登山家のデビッド・ブリーシャーズは、遠征の前に「その山で起きるかもしれないあらゆるシナリオの可能性を思い描いて」数週間を過ごすと述べている[19]。そして、遠征を始める前に登山隊のメンバーとともにその主なシナリオを再検討するのだ。

「机上の飛行」でどんなことが起きるのだろうか。マーフィーとブリーシャーズは両者とも潜在的な問題を思い描いて、それをチームの仲間と分かち合った。こうした事前のコミュニケーションのおかげで、仲間はその後の活動で実際に起きたときにその問題を容易に見つけることができる。任務について机上飛行と潜在的な落とし穴を思い描く作業は、何の支障もなく万事が終わることなど期待できない、という強力なメッセージをチームに送ることになる。これで全員があらゆる過ちや障害に対する準備を整えるだろう。自分たちのリーダーがさまざまなシナリオを話すのを聞けば、あとになってチームの仲間は自分が見つけた問題を安心して明るみに出すことができるだろう。

企業がプロジェクトに着手するときもこういうやり方をするのだろうか。そうでないことが多いようだ。企業は才能ある人材を集めてチームを作っているので、彼らがチームとして立派な成績を上げてくれると信じているのだろう。しかし、航空会社のクルーのように、お互いに知らないメンバーや、定期的に働いたことがないメンバーを集めることがある。それでも、最初にチームとしての固い基盤づくりに必要な手順を踏んでいるとは限らないようだ[20]。企業のチームも自分たちに適したプレフライト・ブリーフィングのような仕組みを開発しておく必要がある。個々のメンバーの役割や責任とともに、共通の目標と基準を明らかにするために、この種の足固めの会議を活用する必要がある。チームメンバーはお互いの間でのコミュニケーションの方法を話し合うべきである。そして、リーダーは率直な対話ができるような雰囲気を定着させるために格別の注意を払わなければならない。

引き継ぎ

医療組織は、効果的な「引き継ぎ」が医療事故を減少させるために非常に重要であることを体験を通じて認識している。手術をしたときのことを考えてみよう。手術チームは術後回復部門で働くチームに患者を引き継がなければならない。しばらく経ってからは、退院まで病室で療養させるために患者を看護師に引き渡さなければならない。患者に対して行き届いた看護をするためには、この間の引き継ぎには重要な情報の伝達が必要である。けれども、過去にはコミュニケーションがうまくいかなかったために多数の医療事故が起きた。病院側に引き継ぎの不手際があったのだ[21]。

現在では、病院は引き継ぎの際に、簡潔で明快なブリーフィングを確実にするように努力を続けている。たとえば、ボストンのチルドレンズ・ホスピタルでは、術後回復部門の看護師は患者をベッドに移す前に病室の看護師に電話をして、患者の容態を詳細に伝える。その後、回復担当の看護師は病室まで患者に付き添い、病室の看護師に対面でブリーフィングを行うのが通常である。両者は患者のカルテを点検し、今後どのような看護をするかを話し合う。また、彼らは今後起きそうな問題や、この先特に気をつけなければならない点についても話し合う[22]。

企業でも、病院と同じように重要な引き継ぎをどの部署間で行うかを検討しなければならない。どのタイミングと場所で、プロジェクトや仕事の第一義的責任がある部署から他の部署に移るのか。見逃されそうな情報はないだろうか。引き継ぎを円滑にするためにはどのような形でブリーフィングをすればいいのだろうか。

引き継ぎをより円滑にするために役立つ、ちょっとしたコミュニケーション戦略がある。第一に、できる限り対面でコミュニケーションをすることだ。そうすれば、言葉以外の合図を送ったり、お互いに質問しあうことが容易になる。第二に、対面のミーティングに先立って情報を書面で伝えておくべきである。そうすれば相手も引き継ぎの準備ができる。第三に、ブリーフィングをできるだけ簡潔にして、その間に邪魔が入らないようにする。第四に、ブリーフィングに代表者だけを出席させるのではなく、チーム全員が出席して引き継ぎを行うのがいい。これによって出席しなかった人に説明するという余計な手間を省いて、聞き違いや誤解の可能性を少なくすることができる。最後に、どちらの側も自分たちが聞いたことの解釈を確認しあうべきである[23]。

率直で効果的な話し方

率直で効果的な話し方を知らない人がいるために、組織内の問題が明るみに出ないことがある。自分が不安を感じていることを人に伝えようとしているのだが、他人にうまく説明することができないのだ。テネリフェの悲劇の最後の瞬間に機関士がしたように、非常にためらいがちに質問をする人がいる。何とか上司に聞いてもらう機会を得たのはいいが、説得できない人がいる。リーダーは、部下が問題を見つけたり、反対意見を持っているとき、それを積極的にはっきりと、しかし礼儀正しく主張する方法を教え、指導する責任がある。率直に話すためには勇気だけの問題ではなく、それなりの技術が必要なのだ。

クルーリソース・マネジメント（CRM）の専門家である過失防止協会のトッド・ビショップは、問題を見つけたときにそれをはっきりと主張するための五段階のプロセスを開発した[24]。まず、自分の懸念を伝える相手には、名前で話しかけるべきである。次に、自分の懸念を簡潔、明瞭かつ「感じたまま」に言い表さなければならない。感じたままというのは、自分がその問題についてどう思い、どう感じたかだ。自分の感情を他人のイメージに置き換えることなく、一人称を使って説明すべきだということなのだ。たとえば「……というわけで私は悪い予感がした」というように。「私の考えでは、それはあたかも……のように思える」などと、問題を自分の眼に映った通りに述べる必要がある。そして、その問題の解決法を一つないし二つ提案することを忘れてはならない。古いことわざにあるように、「大洪水のことなんか教えてくれなくてもいい。それよりも方舟を造ってくれ」なのである。ビショップが強調しているのは、どのようにして洪水が起きようとしているのを察知したかを伝え、方舟さえあればこの問題を解決できると説明するのが大事だということである。考えられる範囲の解決策を提案することは、その問題への対処に手を貸す責任を担おうと意欲を感じさせるシグナルにもなる。問題を誰か他の人に押し付けようとしているのではない、という姿勢がうかがえるからだ。そうすることによって、自分の身を守ろうとする相手の姿勢を和らげ、人間関係のあつれきが起きる可能性を最小限にすることができるだろう。最後に、自分の意見について相手の合意を取り付けることを忘れてはならない。「私の意見に賛成いただけますか」と締めくくるのだ。この質問は、懸念を伝えたことに対応する心理的負担を相手に課すことにもなる。

言葉を正しく並べるというだけでは、率直な話し方にはならない。大規模で、複雑な組織では、人は社会的、政治的力学にも周到な注意を払わなければならない。意思決定の鍵を握る人物に接触し、自分の見解に対する支持を得る工夫をしなければならない。まず相手となる人をよく知らなければならない。説得しようとしている相手はどういう人物か。相手はどういう考え方をし、どういう意思決定をするのか。相手が証拠として認めるのはどんなものか。データや公式的な分析を重視する人もいれば、直観に頼る人もいる。感情に大きく左右される意思決定者もいれば、そうでもない人もいる。

潜在的な問題を率直に訴えようとすれば、こうした性格の違いを理解しなければならない。意思決定の鍵を握る人が非常に分析的であれば、自分の本能が問題の存在を告げているという言い方だけでは通用しない。データを取りそろえ、整然とした分析力を見せることによって説得力を高めなければならない。また、その人の過去の背景も理解しておかなければならない。このプロジェクトは彼の「お気に入りの案件」なのか。問題があるなどと主張すれば彼を脅かすことになるのか。もしそうなら、非難するような口調は絶対に避けなければならない。解決方法に焦点を絞り、その問題を解決する責任を自らが負う必要がある。

自分だけでは問題の存在を他の人に納得させられないのであれば、助けが必要になる。支持者を見つけ、同盟を組むのが非常に有効な戦略になる場合が多い。特に反対意見を述べようとする場合は、力は数に宿るということを思い出す必要がある。集団の力は、多数派の意見に異議を唱えようとする単独の懸念の声を無視し、退けることができる。しかし、二人またはそれ以上の人が調子を合わせると、多数派もその懸念を簡単に退けるわけにはいかなくなる[25]。

歓迎されないニュースや反対意見を述べようとするときは、説得する相手である有力者に影響力を持つ人が誰かを知っていると役に立つ。ほとんどのリーダーは、相談したり、忠告を求めるとき、信頼できる腹心を頼りにする。腹心は反響板の役割、つまりリーダーが他の人の反応を見るための手段としても利用される[26]。腹心はリーダーの耳でもある。また、リーダーに対する情報の流れを管理するゲートキーパーもいる。特に悪いニュースの場合はそうだが、リーダーの耳に入れたい情報がある場合は、誰が腹心であり、ゲートキーパーなのかを判断しなければならない。こういう人を仲間に引き入れて、そういう問題が本当に存在するのだ、と援護してもらう必要がある。

反対意見を主張するとき、目標がただちに他の人の考えを変えることではないことを忘れてはいけない。単に異なった考え方を表明するだけで、他の人が特定の状況を違った視点から見るようになることがある。心理学者のシャルラン・ネメスとジュリアン・クワンは、「絶えず少数意見に接していると、被験者はその問題を再検討し、かなり異なった、独創的な考えを持つようになる」と述べている[27]。彼らは、被験者に一連の青いスライドを見せ、サクラ役にわざとスライドは緑色だと答えさせる、という風変わりな実験を行った。その後、被験者には調査の結果を教えた（この結果というのは実験の目的のためにねつ造したものである）。一部の被験者にはサクラの判断は前回は多数派だったとし、その他の被験者には前回のサクラの判断は少数意見だと説明した。二人の研究者は、被験者が多数または少数の反対意見に接したときにどのような認識を示すかを実証したいと考えたのだ。スライドを見せたあと、彼らはすべての被験者に「青」と「緑」という言葉から連想する言葉をいくつか答えるよう求めた。驚いたことに、サクラの判断が少数意見だと思い込まされた被験者のほうが連想した言葉の数が多かった。**しかも、連想した言葉ははるかに独創的なものだった！**　サクラの判断が多数派意見だと思っていた被験者の答えはありきたりのものだった。ネメスとクワンは「反対意見が少数派の場合、それは独創性を刺激し、さまざまな戦略を考えることを促す。その結果、見つけ出す解決方法の数も多く、その方法も目新しいものが多い」と述べている[28]。驚くべきことに、この研究者たちはあるテーマに関する少数意見が**その後の、関連性のある仕事について**独創性を刺激することを立証したのである。

この結果は、別の研究によっても裏付けられている。ある人が反対意見を述べても、それが多数派の考え方をただちに変えることはないだろう。しかし、それによって異なった考え方が刺激されることが多い。独創的な考え方に促されて、他の人も最終的に現在の行動に問題があると同意するかもしれない。その人たちが自力でそういう結論に達したのであれば、彼らはその状況について責任を感じ、問題の解決に最善を尽くすだろう[29]。人が率直かつ効果的に話すために取るべき戦略を表7・1にまとめた。

聴き方

偉大な雄弁家ウィンストン・チャーチルは、かつて「勇気とは、起立して声に出すことである。勇気とはまた、着席して耳を傾けることでもある」と語った。問題や悪いニュースが出てきたとき、他の人が関心を示して熱心に聞き耳を立ててくれれば、話すほうも話しやすい。積極的な聴き方が、いい聴き方である。聞き手は質問をしたり、感想を述べたり、言葉以外の合図を出すなど、話し手と交流を図らなければならない。話し手に対してその内容に関心があることや、もっとはっきりと理解したいと思っていることを伝える必要がある。

優れた聴き方は、参加姿勢に始まる。学生が受け身の姿勢で教室に座っているとき、彼らは空の容器のように教授が知識を注いでくれるのを期待している。しかし、教授と学生の交流が深まれば、もっと学習の効果が上がる。優れた聞き手は、わからないことがあれば質問をする。聞き取った内容を自分の言葉で言い換えて、正しく理解したかどうかを確かめる。聞き取った内容を記録し、整理するために言葉や図表を使ってノートに書き記す。優れた聞き手は、自分が戸惑ったとき、もっと詳しい情報がほしいときに、話し手に確実に伝える。

表 7.1　率直で効果的な話し方

戦略	説明
聞き手のことを知る	あなたが説得しようとしている人のことを知る。その人が好む情報処理の方法に沿って議論を展開する。
これまでのいきさつを理解する	あなたがある問題に照明を当てようとしている際に、だれが最も脅威を感じそうかを判断する。その人に対する非難を避け、どうすれば状況を改善できるかに的を絞る。
支持者を探し、同盟を組む	数はすなわち力である。あなたの意見を支持する人を探し、共同戦線を張る。
腹心やゲートキーパーを通じて働きかける	あなたが最終的に説得しなければならない人物に話ができる人を見つけ出し、仲間に引き入れるよう試みる。
まず考え方を変えさせることに焦点を絞る	短期的な目標は、あなたの意見が受け入れられるよう、すべての人を説得することではない。まず、目下の状況を異なった視点で考えるように促すことから始めてみる。
解決の選択肢を提示する	問題の指摘だけに留めてはならない。考えられる範囲の解決方法を提示する。問題の解決に役立ちたい、というあなたの意欲を伝える。

けれども、聞き手には相当の自制心が必要だ。話し手の言葉の端から早々に結論を導き出してはならない。早まった判断をすると、残りの話を聞き逃がしてしまうことになりかねない。ラルフ・ニコルズは、学生にもっと効果的な聴き方をさせるための方法について、次のように述べている。

聞き手が話のある部分に非常に強く反応し、そのあとの部分を聞き逃すと、効果的な聞き方がまったくできなくなる。ミネソタ大学でこうした悪習が蔓延していたので、私が聴き方を教えているクラスでは、黒板の冒頭に「完全に理解するまではいかなる評価も避けること――まず講義の内容をよく聴くこと」と書いておいた。話し手の考え方を受け入れるか、拒否するかを決める前に、まずその内容を完全に理解することが重要なのだ[30]。

注意散漫な聞き手が多いことは大きな問題である。携帯電話の電源を切り、しばらくEメールのことを忘れて、すべての注意を話し手に向けなければならない。集中すれば、おのずと理解も深まるし、それが話し手に対する礼儀でもある。相手があなたに話しかけているときは、目を逸らしてはいけない。話の内容を消化し、それに反応していることを示すために身ぶりやボディ・ランゲージを使うべきである。

ニコルズは、人は話すスピードよりも考えるスピードのほうが速いと指摘する。話すスピードは一分間に一〇〇～一二五語だが、考えるスピードはその四～五倍だという。きわめて優れた聞き手は、この時間差を利用している。彼らは空想にふけるのではなく、聞いたことを消化しはじめる。ときどき自分で要約し、話の要点を見つけようとする。いくつかのアイデアを一つにまとめ上げ、話のさまざまな点の関連性を見つけようとする。話し手が次に何を言おうとしているのかを予想することすらある。こうした積極的な思考プロセスによって、内容の理解が深まり、将来思い出すことがより容易になる。

最後に、優れた聞き手は、相手が話し終えたときに、どのように反応しようかなどと心配して多くの時間を費やすようなことはしない。悩みながら、相手の話のあとで自分がしゃべる内容のリハーサルをしているようでは優れた聞き手とは言えない。ときには、相手の話がもうじき終わりそうだというときに、聞き手のほうもどのような反応を示すかを決めていることがある。ビジネススクールで、ケーススタディのディスカッションをするとき、**授業に出る前**にあらかじめ準備し、リハーサルを済ませた意見を発表する学生が現れたときほどイライラすることはない。よく考えずに対話に加わり、他の人が自分の意見に困惑しているのを見て怪訝な顔をしているが、それは議論の流れについてこれていないからだ。

個人ではなく、チームとして訓練する

最近の『フォーチュン』誌のリーダーシップ開発に関する特集号は、従業員の能力を鍛え上げることで知られた企業のベストプラクティス（最善慣行）に焦点を当てている。編集主任のジェフリー・コルビンは、リーダーを鍛え上げることに優れた企業は「個人だけではなく、チームを育てている」と記している。彼はゼネラルエレクトリック（GE）のCEO、ジェフ・イメルトの言葉を引用している。

「私が育ってきたGEでは、受けた訓練のほとんどが個人的なものだった」とイメルトは

語っている。それがそもそもの問題の始まりだった。彼はクロトンビルで三週間の研修を受けて仕事に戻った。「学んだことの六〇パーセントしか役に立たなかった。というのは、残りについては私の上司やITの担当者の助けが必要だったからだ」彼らとは研修をいっしょに受けなかったのだ。今では、GEはチーム全員にいっしょにクロトンビルの研修を受けさせている。そこで自分たちのビジネスについて生々しい意思決定を行っている。その結果、学んだことを実行しなければ言い訳は通用しない[31]。

従業員に対して、効果的なコミュニケーション研修を行っている組織は多い。その場合、各部署から個々に人員を集めて、その能力を開発しようとするところは少なくない。「将来有望」と認められた人材を対象にしたリーダーシップ開発プログラムでも、こういう方法がまかり通っていることがある。能力開発研修を企画するときに、こうした決定的な過ちを犯す組織が少なくない。あるチーム全員を集めて、メンバー間のコミュニケーションをもっと効果的に行う方法を学ばせることをしていないからである。個人レベルで行ってもいい研修はあるが、対人コミュニケーション能力の開発は、いっしょに働く仲間同士の中でやるのが一番効果的なのだ。そうすればチーム全員が過去の経験を振り返ってみて、いろいろな概念や発想をともに学び、新しいやり方をお互いに試すことができる。この種の研修は邪魔の入らない、くつろいだ雰囲気の場所で、建設的な指摘をすることができるインストラクターのもとで行うのがいいだろう。こういう研修を受ければ、チームは職場に戻ってから重要な問題に対処するとき、新しいやり方を活かすことができるだろう。

リーダーは、自分自身のコミュニケーション能力を磨くとともに、部下の能力を開発する責任も負っている。間違いなく、コミュニケーション研修の効果について懐疑的な意見を聞くことがあるだろう。否定的な意見の持ち主には、テネリフェの悲劇を思い出させるのがいいだろう。航空関係の専門家がクルーリソース・マネジメント（ＣＲＭ）を開発したいきさつを詳しく説明する必要もあるだろう。ＣＲＭに触発されて著しく安全性を改善した産業が、次から次へと名乗りを上げていることを話すといい。運命の日、アイオワ州シューシティでクルーとともにユナイテッド航空２３２便の驚異的な緊急着陸を成し遂げられたのは、ＣＲＭのおかげだと信じているアルフレッド・ヘインズ機長のことを彼らに思い出させるべきだろう。

「ＣＲＭを活かしていなかったら……確実に着陸に失敗していただろう」とヘインズ機長は言っているのだ[32]。

第8章

ゲームの録画を見る

鏡をよく見ることだ。そして、一時的な優性を本質的優越性または優越性永続の兆候と同一視する誘惑に負けてはいけない。

——スティーブン・ジェイ・グールド、アメリカの進化生物学者

一九七三年七月二十八日、レイモンド・ベリーはプロフットボールの殿堂入りを果たした。その瞬間、六三一回のパスキャッチという素晴らしい経歴が公式に讃えられることになったのだ。彼はクォーターバックのジョニー・ユナイタスと組んで、フットボール史上の最も卓越したクォーターバック／レシーバーのペアの一組となった。彼らはボルティモア・コルツを二度にわたってナショナル・フットボール・リーグ（NFL）の優勝に導いた[01]。

ベリーにまつわる話が注目を集めるのは、彼のフットボール人生がごく平凡なところから始まったからだ[02]。高校時代、彼は父がコーチを務めるチームでプレーしていたが、先発メンバーに

なれたのは四年生になってからのことだった。痩せていて、特に足が速いわけでもなかった。片方の足がもう片方より長かったので、ベリーは特殊な靴を履いていた。サザンメソジスト大学での選手生活で、パスキャッチは三十三回だった。一九五四年のNFLのドラフトでは、ボルティモア・コルツが二十順目で彼を選択した。彼に興味を示したチームは他になかった。

プロ選手としての一年目、ベリーのパスキャッチは十三回だけだった。チームの成績も振るわず、ディビジョン（地区）第四位でシーズンを終えた。オフェンスは、リーグの下から二番目だった。けれども、ベリーは自分のプレーを磨くため、たゆまぬ努力を続けた。何時間もかけて試合のビデオを見て、ベスト・レシーバーのひときわ優れたキャッチの技を分析した。相手チームの傾向と弱点を見出そうと、映像を徹底的に調べた。今でこそ、NFLのコーチも選手も全員が延々とビデオを見ているが、当時はベリーが例外だった。チームメートは、彼のやり方がかなり風変りだと思っていた。限られた自分のスピードで、相手のディフェンスを振り切ってフリーになる方法をいくつも考え出した。彼自身の計算によると、その方法は八十八通りにものぼった。さらに、その動きを何度も練習した。シーズンオフには、試合の始まりから終わりまでを一人でシミュレーションし、「図式化した動作パターンを数インチの誤差内で」走れるように努力した[03]。

ピッツバーグ・スティーラーズを前年に解雇されたジョニー・ユナイタスが、ボルティモア・コルツに入団したのは、ベリーの二年目のシーズンだった。ユナイタスは控えクォーターバックの座を狙っていた。ユナイタスとベリーは、すぐに絆を固めた。二人とも若く、努力家で、プレーに磨きをかけ、チームの一員として溶け込み、意味のある貢献をしたいという意欲にあふれていた。夜になると、ベリーはユナイタスを自分のアパートに誘い、試合のビデオをいっしょに見てゲームの研究をした。二人はチームの通常練習が終わったあとも、何時間も居残り、パス・パターンを一つひとつ繰り返し練習した。ベリーはそれぞれのキャッチングに名前を付けた。完璧なパターン通りの走りをしたいと考え、最も難しいキャッチは何度も練習した。ベリーは、かつてのチームメートの一人に、こうした練習の大切さを次のように語っている。「ユナイタスは、〇・二秒か〇・三秒の間に、どこに投げるかを判断する。彼と時間を合わせなければならない。これは音楽のようなものだ。二人の頭の中で、まったく同じビートが鳴っていなければならないんだ[04]」

まもなく、二人はコルツの先発メンバーとなった。一九五八年、ユナイタスはタッチダウン・パスでリーグ一位に、ベリーはパスキャッチでNFLトップに立った[05]。この年、ユナイタスとベリーはコルツを率いて、ニューヨーク・ジャイアンツとNFLのチャンピオンを賭けて闘うことになった。

一九五八年十二月二十八日ヤンキー・スタジアム。試合の残り時間は、二分二十秒。十七対十四でジャイアンツのリード。攻撃側のコルツは、自陣の十四ヤードラインからのオフェンス。フィールドゴールが決まれば同点に追いつくが、まだまだ距離が遠い。ジャイアンツのディフェンス・ラインを崩そうと一分以上の攻撃を続けたものの、コルツはほとんど前進できなかった。残り時間が二十五秒になったとき、コルツはまだ自陣二十五ヤードのところだった。時間が刻々と迫っていた。

この歴史的なチャンピオンシップ・ゲームについて素晴らしい本を書いたマーク・ボウデンによれば、ユナイタスは次のプレーでサイドライン際のベリーに投げようとしていたそうだ[06]。ところが、ジャイアンツのディフェンシブ・コーチのトム・ランドリーは、このプレーを読んでいた。ユナイタスがスナップを受ける直前に、ジャイアンツのラインバッカーがベリーの前に移動してきた。ベリーは二人のディフェンダーを相手にしなければならなくなった。常識から考えればベリーへのパスは、まず通らない布陣だ。過去のジャイアンツの試合のビデオで、こんなディフェンスは見たことがなかった。しかしその瞬間、彼はユナイタスといっしょに見た数年前のあるゲームの場面を思い出した。ジャイアンツとは別のチームが、今と同じようにディフェンスをしていたことを。ベリーとユナイタスは、このディフェンスに潜む問題点を見つけ、つけ込む方法を考え出していた。

二人は今、対抗策を試す機会を得たが、お互いに話し合うことはできなかった。二人の間にはかなりの距離があり、しかもプレーが始まる寸前だった。ベリーは、同じ考えでいてくれと念じながら、ただユナイタスのほうを見つめていた。

ボールがスナップされたとき、ベリーはプレー前のハドル（円陣）でユナイタスが指示したコースを走らなかった。代わりに彼が走ったのは、数年前に彼のアパートで二人が考え出したパターンだった。ベリーが走り出すと、ユナイタスはこの状況でレシーバーがどう動くかをしっかりと読んでいた。ユナイタスはベリーに二十五ヤードのパスを成功させた。それはまさに音楽のようなものだった。二人の頭の中では同じビートが鳴っていた。その数プレーのあと、ゲームは引き分けに終わった。最終的には延長戦でコルツが勝ったのだが、多くの人が未だに、過去最高の試合だと讃えるほどの好ゲームだった。ベリーはこの試合で、それまでの最高記録となる一二八ヤード、十二回のパスキャッチと一つのタッチダウンを奪った。数年前までは辛うじてチームの一員と認められるのがやっとだった痩せこけた若者が、記録破りのチャンピオンになったのだ[07]。

スポーツ選手は対戦相手のビデオを見るだけでなく、自分自身の動きも観察している。自分の動きの録画を見て、問題や欠点を見つけ出す。野球選手のトニー・グウィンは、野球界でビデオを使ったパイオニアとなった。一九八二年に彼がサンディエゴ・パドレスに入団したとき、すべてのフットボールチームは映像による研究をしていたが、野球選手では皆無だった。二年目になってグウィンは、冬場に手首を痛めたせいもあり、ひどいスランプに陥った。彼は五〇〇ドルでビデオ・カセット・レコーダーを買い、打席に立つたびに妻のアリシアがその姿を撮影しはじめた。彼はビデオを見て、自分の打撃法の欠陥を発見した。「私は遠征から帰ってビデオを見ました。それで、どこが悪いのかがすぐにわかりました。それ以後、打率は三割五分ほど、二十五試合連続安打も記録しました」と彼は言う[08]。彼がそのシーズンで残した三割九厘という打率は現在でも遜色のないものだが、そのあとの長い野球人生の中で、これより低い打率に終わったシーズンはなかった[09]。

グウィンは、自分のスイングだけでなく、対戦投手を研究するためにも熱心にビデオを見ていた。遠征に出かけるときには、いつもビデオを抱えていった。チームメートは彼のことを「キャプテン・ビデオ」と呼んだ。ベリーのチームメートがそうであったように、最初のうちは彼らも、ビデオにこだわりすぎるのは異様だと感じていたが、時間が経つにつれ、彼の仲間も信者になった。ビデオを見たあと、グウィンは猛烈に練習した。「彼の次に最も練習に時間をかけている選手を五人連れてきて、その時間を全部足してみてもトニーの練習時間に足りないでしょう」とデイブ・エングル監督は語っている[10]。彼はバッティング練習で、ただボールを打っていただけではない。特定の状況を思い描き、その場合にぴったりと合ったスイングを練習していたのだ。また、ビデオで気づいた機械的な動きの修正に専念することもあった。そして、その細かな調整を何度も繰り返した。練習のとき彼は、結果と同じぐらいスイングのプロセスに注意していた。

一九八四年、初めてシーズンを通してビデオを利用したこの年、彼はナショナル・リーグの首位打者のタイトルを獲得した。引退するまでの間に、彼は八回も首位打者になり、ナショナル・リーグのタイ記録を打ち立てた[11]。二〇〇七年七月二十九日、彼は球界史上最も偉大な主砲の一人として殿堂入りを果たした[12]。仲間たちは、彼をこれまでの最も洞察力のある打撃の研究者の一人と認めたのだ。

この二人のスポーツ選手の話は、効果的に問題を見つけることがいかに業績の向上につながるか、二つの意味で重要な教訓を残している。

最初に、「ゲームの録画を見る」ことの価値について考えてみよう。ベリーやグウィンのように、企業は、自社のライバル会社の活動だけでなく、自身の過去の活動ぶりを研究すべきである。つけ込まれるかもしれない問題や弱点がないかどうかを調べる必要がある。もちろん、多くの企業がベンチマーキング（自社の業務を他社と比較し、他社の最も優れた点や方法を自社に導入する競争優位のための戦略）や競合他社に関する情報収集を行っている。また、重要なプロジェクトや活動の中で経験した問題点を発見するために、事後検討会（アフター・アクション・レビュー＝ＡＡＲ）を開いているところも少なくない。しかし、こうした学習活動で約束しあったことが実施されないままになっていることが多い。こうした学習活動が本来果たすべきはずの生産性について、それを損なうような一連の落とし穴に企業がはまっていることがある。この章では、この種の落とし穴とリーダーがこうした落とし穴を避けるための方策について検討する。

第二に、この二人のスポーツ選手の話から、エリート選手といえども、単に生まれながら人より才能が優れていたというわけではないことがわかる。彼らは人一倍の練習を重ねて能力を磨いているのだ。実際に、多くのさまざまな分野で個々の人たちが達成した偉大な成果は、天賦の才能ではなく、厳しい努力の賜物だ、ということが研究によって明らかである。しかし、研究によって、真に人より優れるためには特有のタイプの準備が必要だ、ということもわかっている。学者はこれを「デリベレイト・プラクティス（計画的に熟慮された練習）」と呼んでいる。ベリーとグウィンは能力を向上させるためにこうした方法を練習に取り入れていた。厳しい練習を通じて、ベリーとグウィンは、自分たちの潜在能力の発揮を妨げている細かな問題や弱点を発見した。非常に激しい練習をしているが、誤った方法を採用している人がいる。優れた成果を残しているエリートは、そのキャリアを通じて非常に効果的な「デリベレイト・プラクティス」におびただしい時間を費やしていることが研究で明らかである。

この章ではデリベレイト・プラクティスと、それがいかに効果的な問題の発見を容易にするかについて説明する。さらに、企業が従業員にデリベレイト・プラクティスの機会を十分に与えていない理由、あるいは間違った種類の練習や訓練を奨励している理由について述べる。また、従業員に効果的な訓練の機会を提供している企業の例にも触れる。

事後検討会：期待と危険

大きなプロジェクトが終了した際、教訓を学ぶための反省会を開く企業は多い。スポーツ界の外では、米国陸軍が事後分析に対する体系的な取り組み方を開発した、最初の大組織の一つである。米国陸軍は一九七〇年代に事後検討会（ＡＡＲ）の制度を開発したが、これが広く採用されるようになったのはその数年後だった。個々の「回想と検討」のプロセスでは、次の四つの基本的な疑問に焦点が絞られる。

- 我々は何をすることを目指したのか。
- 実際には何が起きたのか。
- なぜそれが起きたのか。
- 次回はどのようにすればいいのか。[13]

ハーバード大学のデービッド・ガービン教授は、米国陸軍におけるＡＡＲの実施状況を広範にわたって調査した。教授は、陸軍は現在、この教訓を学ぶための会議を日常的に行っていると報告している。陸軍では、この検討会は「全員が自分自身、自分の部隊、ひいては陸軍の組織を絶えず評価し、どのようにすれば改善できるかを考える心理状態」にするものでなければならないと理解している[14]。ＡＡＲは、すべての参加者が主要な出来事を容易かつ正確に思い出すことができるように任務終了後ただちに開かれる。ガービンは、この会議には有能なファシリテーター（進行役）が必要なこと、また軍隊で指導者の立場にある人の側には、たとえ自分の過ちを認めるような場合であっても、討論の場を支配しようとしない姿勢が要求されると指摘している。そして陸軍は、率直かつ公正な雰囲気を作り出そうと非常に努力しており、またファシリテーターはこの会議の席上で責任追及や非難が出るのを積極的に阻止している[15]。

組織の中にはこの手法を採用しているところがある。たとえば、医療事故が起きたのち、教訓を学ぶ会を開催している病院が多い。現在では、医療組織認定合同委員会（JACHO）が、医療専門家が「センチネルイベント（医療安全上の警鐘事例）」と呼ぶ重大な医療事故が起きたあとに、徹底的な検討を行うよう病院側に要求している。合同委員会の要請の域を超えて、それほど深刻でない事故についても、この検討会を開いている病院が多い。たとえば、ミネアポリスのチルドレンズ・ホスピタルでは、患者の安全に関する運営委員会が、広い範囲でそれほど重大でない事故だけでなく、もう少しで事故になりそうだったが患者には被害が及ばなかった、いわゆるニアミスについても、その直後に「注目すべき出来事の研究会」を開いている[16]。医事部副部長のクリス・ロビンソン医師はこの研究会のファシリテーターを務めている。陸軍と同じように、チルドレンズ・ホスピタルでもこの研究会をどのように進行させるべきか、明確な基本原則づくりを重視している。また、個々の出来事を分析する際にも定められた手続きに従うようにしている。この病院で起きたモルヒネの過剰投与事件の研究会の冒頭におけるロビンソン医師の発言を紹介しよう。

今日のこのミーティングにはいくつかの目的があります。何が起きたかを理解すること、改善の機会を見つけること、関係した看護師、患者、その家族をサポートすることです。今日は、おもに昨日の出来事の手続きの流れを書いたものにまとめることを中心にしたいと思います。このミーティングには三つの基本原則があります。第一は、責任追及の場にしないことです。集まった目的はスケープゴートを探すことではなく、病院の運営システムに欠陥がないかを見つけることです。すべての問題を明らかにして、それを自由に討議したいと思います。第二に、このミーティングの内容は秘密です。患者の名前も看護師の名前も明かさないでください。第三に、病院のシステムや手続きをどのように改善すればいいかについて独創的なアイデアを出してください。この患者があなたの子供であると想像してみてください。そして、あなたの子どもの安全を確保するために、どんなシステムにすればいいかを考えてください[17]。

このミーティングの間中、ロビンソンは、モルヒネの過剰投与に至った出来事の流れを特定し、理解し、図表化するために次々と質問をした。参加者が発言をするたびに、ロビンソンはその詳細を慎重にホワイトボードの上に書き留めた。ロビンソンは、一連の出来事を手続きの流れとして図表化するなど、視覚的な助けを借りることが、建設的で、事実に即した討論を促すために非常に役立つことに気づいた。ロビンソンは、医師が討論の場を牛耳ることがないように気をつけている。彼は頻繁に「これですべてのプロセスが正確に記録できましたか。何か忘れていることがありませんか」と尋ねていた。最終的に一同は、実際に起きた一連の出来事の詳細な内容について同意した。そして、その中から数多くの改善すべき機会を見つけ出した[18]。

ＡＡＲを採用して非常に効果をあげている企業がある一方、ほとんどの企業はこうした教訓を学ぶという目的の真の価値を捕らえようと苦闘している。プロジェクトを反省するという試みが責任のなすり合いになっている組織がある。また、この会議自体が退屈で、面倒で、官僚的なものになってしまっている企業もある。検討会の開催がずっと延期され、プロジェクトが終了してから相当経っても始まらないというケースもある。時間が間延びしてしまえば、重要な出来事の記憶にも霧がかかり、後知恵バイアス（偏見）が人々の判断力を曇らせる。そのプロジェクトから学んだ教訓に関する長文のレポートが書かれても、誰かの書棚でほこりをかぶったまま放置されることがある。改善案を確実に実行しているかどうかについて、フォローが行われないこともある。組織学習の専門家であるピーター・センゲは「陸軍のアフター・アクション・レビューは、異論もあろうが、これまでに考案された中で最も成功した組織学習法の一つである。けれども、この真に革新的な方法を、自社の文化の中に移植しようとした企業のほとんどは失敗に終わっている。それは人々が再三にわたって、ＡＡＲという生き生きとした手法を、不毛のテクニックに変えてしまったからだ」と述べている[19]。

ＡＡＲのプロセスの多くが失敗する理由は何だろうか。多くの企業が挫折する理由として、虚心坦懐な雰囲気を作り出すことができないこと、熟練したファシリテーターがいないこと、改善案の効果的な実施を確保するフォローアップ体制が弱体であることが挙げられる。けれども、問題は、通常挙げられるこうした理由を超えたところに存在する。第一に、過去のプロジェクトを各部分に細かく分けて検討する組織が多い。若干の人数を集めるが、彼らは必ずしも全体像を理解しているわけではない。たとえば、私が調査した会社では、新商品の発売に失敗した事例の研究にマーケティング担当のマネジャーたちが集まった。しかし、彼らは営業や流通、購買などの他の部門の中心人物とは交流がなかった。集まった人たちは新製品の発売に関する活動の全体的なシステムを理解していなかった。事後の分析に立ち会った個々の人たちは、多数の機能に携わる人々の活動の相互関係に対する理解を欠いていた。彼らは、問題が一つの部署から他の部署へ引き継ぐ際に起きる可能性がある、という事実を見逃していた。彼らはすべての事実を理解することなしに、ただ表面的に目についた過ちだけを捉えて性急な結論を出していた。

ロビンソン医師は、事後検討会を成功させるためには、病院のさまざまな部署から適切な人間を参加者として選ぶことが不可欠だということを学んだ。人は過ちについて考えるときに、全体的な視野に立って物事を見る能力を身につける必要がある。さらに、原因と結果の関係を究明するに先立って、事実関係を明確に理解する必要がある。彼は次のように説明している。

私が人の話を個別に聞いていたのでは、何が起きたのかは完全には理解できなかったでしょう。ミーティングの席上では、ある主張があれば、それに対する反論もあります。私たちはある出来事を、看護師の観点から、次に呼吸療法士の観点から、さらには医師の観点から考えます。人は自分の観点に沿って物事を理解しようとするのですが、実際にはゾウのからだの一部を触っているにすぎないのです。ほとんどの人はどこに過ちがあり、どこで間違いが起きたかを知っていると思っています。しかし、こういうミーティングに出席すると、考えられるシステムの欠陥が十通りもあったことに気づきます。物事の複雑さを理解するようになります。その状況には、今まではその存在すら知らなかった局面があったことに気づきます。このように物事を集中的に分析することによって、この手法の信奉者が生まれ、彼らは医療事故の複雑さを理解しながら組織に戻っていくのです[20]。

関係者が、何が起きたのかを正確に思い出せないとか、特定のプロジェクトや活動の際に重要な出来事について完全な記録を残していなかったなどの理由で、事後検討会が失敗することがある。事後検討の過程で検討するための客観的な活動記録として、陸軍では可能な限り、実戦任務中だけではなく、訓練の場合にも広範にわたって音声や映像の記録を残している。陸軍では機械技術を利用してデータを収集するほか、重要な出来事を記録するオブザーバー（観察者）を起用することがある[21]。実質的に、スポーツの世界でコーチや選手が実行しているように「ゲームの録画」を残しているのだ。事後検討に際して、陸軍は不完全さや偏見がつきまとう人の記憶だけに頼っているわけではない。多くのコーチが言っているように、ビデオテープは嘘をつかないのでである。

病院にはさまざまなテストや処置の結果を記録した患者のカルテがあって、関係者がいつでも見ることができる。こうした記録文書は客観的な証拠であり、何が起きたのかを正確に知るうえで役に立つ。スペースシャトルのコロンビア号〔同機二十八回目の飛行任務から帰還中の二〇〇三年二月一日、大気圏再突入の際に機体が分解し、乗組員七人全員が死亡した〕の最後の任務の際に、NASAは、この任務の管理チームの主要な会議をビデオに撮り、Eメールや他の重要書類を保管しておいた。こうした記録のおかげで、コロンビア号の事故調査委員会は、この惨事の原因を究明する際に、任務遂行中に何が起きたのかを正確につなぎ合わせることができた[22]。もちろん、航空会社も各飛行機にフライトデータレコーダーとボイスレコーダーを備えている。ほとんどの会社は、その活動や行事をビデオに収めておくことはできないが、**重要なプロジェクトに着手する際には**、効果的な事後検討会を行うために必要な証拠が何かを考えておくことはできるはずだ。その際に、データを収集する戦略を立てておく必要がある。幹部は従業員に重要な文書を保管させ、節目となる会議の議事録を作成させることで、プロジェクトの計画から実施、完了に至るまでの重要な指標や工程を追跡することができるだろう。プロジェクトの全関係者は、将来開かれる事後検討会を有益なものにするために、どのような記録を取りそろえておくべきかを常に考えておかなければならない[23]。

失敗事例の事後検討はしても、成功事例の事後検討をしない企業が多い。しかし、非常に成功したプロジェクトでも、その遂行中に多数の小さな問題やミスが起きている。こうした小さな問題やミスに対応しておかなければ、将来それがエスカレートして、大きな失敗の原因になるおそれがある。さらに、ほとんどの企業ではプロジェクトを単独で検討している。ある特定の活動を社内外の他のプロジェクトと比較、対照することを怠っている。誤った結論を出さないようにするためにも比較は役に立つ。あるプロジェクトをそれ単独で検討すると、どんな要因がその結果に貢献したかを即断しがちである。また、正しい因果関係が見つけ出せずに、その結果を間違った要因のせいにすることがある。いろいろな状況において同一の行動がどのような展開を見せるかを検証すれば、おそらくある場合には同じ行動でありながら、より優れた結果に結びついているることがあることもわかるだろう。そうした違いを見極めることによって、私たちの要因分析や判断能力がいっそう精緻なものになり、より内容豊かな因果関係のモデルが開発できるようになる。

事後検討は複数のプロジェクトとの比較において実行すべきであり、企業は失敗事例の検討だけをすべきでないという主張は、研究によっても裏付けられている。テル・アビブ大学のシュムエル・エリスとインバー・ダビディは、イスラエル軍が行った事後検討会について調査をした。彼らは、飛行訓練に成功したときと、失敗したときの両ケースで事後検討会を経験した兵士と、失敗したときの事後検討会にだけ出席した兵士を比較した。エリスとダビディは「成功事例をじっくりと考えてみることによって、学習者は自らの行動結果についてより多くの仮説を立てる刺激を受けた」ことを発見した[24]。成功事例と失敗事例を体系的に分析した兵士は、因果関係についてより内容豊かなメンタル・モデル（物事の見方や行動に大きく影響を与える固定観念や暗黙の前提）を身につけていた。これが最も重要なことだろう。これらの兵士たちは**その後の任務で好成績を残した**[25]。

事後検討会から期待通りの結果が得られない理由の最後として、多くの組織がニアミス事例を探し出して、これを計画的に検討しないことが挙げられる。どんな組織でもニアミスは必ず起きるし、これがまたとない学習と反省の機会になる。しかし、ほとんどの人はニアミスが起きたあとは、安堵のため息を漏らすだけで終わってしまう。その問題を取り上げて、議論や評価の対象にするようなことはない。しかし、その結果が危機につながる可能性がある。

一九九四年四月、二機の米軍ジェット戦闘機がイラク北部の飛行禁止空域で、人道的任務により出動していた二機の米軍ブラックホーク・ヘリコプターを誤って撃墜した。あとになって、この悲劇的な事件が起きる少し前に、ニアミスが起きていたことがわかった。ニアミスのことは軍の上層部に伝えられることはなかった。したがって、将校たちにはこの問題を綿密に分析する機会がなかったのだ。もしその機会があれば、悲劇は避けられていたかもしれない[26]。

ジェイムズ・マーチ、リー・スプロール、およびマイケル・タムズの三人の学者は、ニアミスを非常に綿密に調べることの価値は高いと主張している。しかし、彼らは「組織は経験から学ぶ。しかし、組織の歴史が短く、経験した事例が少ない場合の学習には問題がある」と指摘している[27]。たとえば、航空会社が死亡事故を経験することはめったにない。事例の数が少なければ、経験から学ぶことは難しくなる。さらに人は、組織の歴史において記憶に残るエピソードであれば、それがたった一つであっても「過剰に一般化する」傾向がある。この種の、欠陥のある学習を防いでくれるのがニアミスの事例である。教訓を導き出す事例の数を増やす機会を与えてくれるからだ。航空分野に関連して、この三人の学者は「事故寸前の出来事に関する情報が、その歴史から比較的、数少ない実際の事故例を増補してくれ、飛行機の設計変更や航空管制システム、空港、操縦室内での日常活動、操縦士の訓練制度などに利用することができる」と指摘している[28]。

チルドレンズ・ホスピタルでは、看護師がニアミスを書き留めて、その後の分析の糸口を作ろうと「グッド・キャッチ（よく見つけたね）日誌」運動を始めた。グッド・キャッチ日誌は、病院各階の鍵のかかった薬剤室に置いてある。看護師が事故になったかもしれない問題を「キャッチ」したら、その状況を日誌に記録する。匿名で出来事を記録できるので、看護師にとっては安心だ。「こうして、看護師は今にも事故になりそうなことを報告できるのです」と、病院関係者は語っている[29]。グッド・キャッチ日誌は、積極的な問題発見の絶好の例である。各部署で作ったチームが定期的にこの日誌を点検して、ニアミス事例の分析に基づいて改善運動を始める。看護師が自分の書いたことが具体的な変化につながることが多いことに気づくにつれて、日誌への書き込みに満足感を覚えるようになる。「今では、誰かが私たちの言うことを聞いて、その心配ごとに対して手を打ってくれているのを感じます」とある看護師は語っている[30]。積極的に問題を発見し、学習プロセスを改善したいのであれば、あらゆる組織はこの病院のグッド・キャッチ日誌の自社バージョンを作り出す努力をすべきである。

競合他社に関する情報活動：期待と危険

レイモンド・ベリーやトニー・グウィンのような花形選手のように、企業もライバル会社のことを研究する必要がある。企業も分析、調査すべきゲームの録画に類したものを集める必要がある。こうした評価をすることによって、ライバルの弱点だけでなく、自社の問題点を見つけることもできる。多くの企業が競合他社を対象に情報収集活動やベンチマーキングを実行している。しかし、この種の活動もリーダーが期待するほど有益でない場合があることがわかっている。コンペティティブ・インテリジェンス（競合情報収集）の専門家レオナルド・フルドの説明は次の通りだ。

ときには、人は正当な情報収集まで躊躇することがあるが、これは彼らの精神が現実を受け入れようとしないためである。他人の考え方を分析して、情報収集の重要性を納得させることは非常に心理的な要素が大きい仕事である。競争相手に関する新事実が表面に浮上してこない理由の一つとして、非常に多くの幹部社員の否定的態度、正当化のためらい、集団思考、取り上げるに値するものではないという姿勢が挙げられる[31]。

競合他社を分析しようという試みが果実をもたらさない理由はどこにあるのだろうか。この問題もう少し掘り下げて検討してみよう。

　第一に、非常に一般的な分析を行っている企業が多いことが挙げられる。SWOT（Strength＝強み、Weakness＝弱み、Opportunity＝機会、Threat＝脅威）分析をしている場合でも、このやり方では、どの点が最も重要なのかはっきりと理解できず、いろいろなことを書きならべたリストが残るだけである[32]。また、企業が行う可能性や脆弱性の定義は、ともすればその説明の間口が広すぎることが多い。たとえば、ライバル企業をサプライチェーン・マネジメント〔受発注、原材料調達、在庫管理、配送などの一連の供給業務の流れを情報技術を駆使して統合管理する手法〕の能力に強みを持っている企業として分類したとする。しかし、そのライバルの優位性が、調達なのか、購買物流なのか、販売物流なのか、はたまた在庫管理なのかが理解できるまで掘り下げていない。具体的に言えば、企業は、ライバルがある特定のプロジェクトまたは活動をいかに実施しているか、正確な記録の収集方法をもっと検討すべきである。たとえば、競合他社の新製品の発売の仕方を微細な点に至るまで追跡し、自社の新製品の販売活動と比較対照すれば効果的な競争分析となるだろう。ここまですれば分析に正確さと深みが加わり、直接的な比較の貴重な機会となるだろう。

　競合の情報収集に関与する人員を、ごく少数に限っている企業が多い。ライバル企業に関するデータの収集は、個人か、それともその多くは企業戦略を立案する部門に属する少人数の部署に任されている。第一線の従業員の多くが日替わりで競合他社の動きを掴んでいるという事実を活用していない。情報戦略に長《た》けた企業は、局部的知識や断片的な情報を得て、それを合成している。こうした企業は、第一線の従業員をデータ収集に関与させるだけでなく、経営幹部がデータから結論を導き出すのに手を貸すアナリストとしても利用している。第一線の従業員は、経営幹部の判断や結論を歪めるおそれのある色眼鏡をかけていない。しかし経営幹部は、戦略を決定したのは自分たちなので、ライバルが自社に優る戦略を持っていることを認めたがらないことがあるからだ。

ベンチマーキング活動は、ともすれば山のように大量のデータの作成を必要としがちである。組織同士の比較対照を行うためには、大量の指標や数字が必要になる。しかし、企業は大量の数字に迷うあまり、競合他社の決定的な質的情報を見逃すことがある。また、数字に騙されることがある。企業の財務成績について言えば、リンゴとリンゴを比べるような完全に同一条件での比較は難しいからだ。レオナルド・フルドは、競合の情報収集において数字の重要性を過度に強調すると「皮相的な盲目」状態になるとして、「知的、質的な情報」に周到な注意を払うべきだと説いている[33]。たとえば、サウスウエスト航空の成功の秘密を探ろうと多くの航空会社が努力したことがあった。たしかに、サウスウエスト航空は、多くの戦略的得失評価を行って、容易に真似ができない独自のビジネス・モデルを確立していた。しかし、同社の成功はその有形資産や投資と同じ程度に企業文化に依存するところが多い。創業者であるハーブ・ケレハーは次のように述べている。「無形資産のことを考えると夜も眠れません。競合他社が最も真似しにくいものは無形資産です。私の最大の恐れは、チームスピリットや文化、士気を失うことです。もしこれを失うようなことになれば、当社の最も重要で、競争力のある資産が失われるのです[34]」

　これが最も重要なことだろうが、ライバル企業を巨大なブラックボックスとして取り扱うよりは、そのリーダーを評価することを忘れてはならない。トップの座で意思決定をしているのはどんな人物で、その思考方法はどうなっているのか。彼が過去、手ごわいライバルを相手にしたときの行動パターンを把握しているだろうか。この会社は公開企業か、非公開か、同族会社か。競合他社を評価する際にこのような質的要因を検討しなければならない。野球チームの代表的な監督のことを考えてみよう。彼は単に対戦相手の統計を分析しているだけではない。相手チームの監督が過去に見せた非常に目立った傾向や、そのチームがさまざまな局面でどのようなプレーを選択したかについても知りたいと思うだろう。数字が示すことよりも、もっと先を読むためにゲームの録画を利用しているのである。

　最後に、組織の視野が狭いと競合の情報収集は行き詰まる。企業は直接のライバルに集中しすぎることがある。潜在的な新規参入企業や代替品を販売している会社、後方統合〔原材料のサプライヤが生産や流通に乗り出すこと〕または前方統合〔流通企業が生産や原材料供給業務に乗り出すこと〕を考えているサプライヤやバイヤーに対する注意がおろそかになっていることが多い。たとえば、一九九〇年代の初頭にポラロイド社が競合他社の分析を行っていたらどうだっただろうか。インスタントカメラ分野では、ポラロイドは支配的地位を占めていた。長年、米国市場で実質的に独占状態を続けていたポラロイドは、一九七〇年代の半ばにコダック社がインスタントカメラ市場に参入してきたが、その後、一九八六年に撤退するのを見守っていた。しかし、代替品の分野では、他にも多数の企業がポラロイドのレーダー画面に映っていたはずだった。一時間でできる写真現像が広まってきていた。コダックは一九八七年に使い捨てカメラを発売し、他の企業もこれに追随した。その販売は、一九九〇年代のはじめまでに相当な額になっていた。次に、デジタルカメラの技術が出現してきた。これまでカメラ・ビジネスには関係がなかったエレクトロニクスやコンピューター企業が、デジタル技術の登場によって市場に参入する構えを見せていた。要するに、効果的な競争分析ができていれば、潜在的なライバルをもっと広い範囲で見ることができたはずだった[35]。

しかし、本当に優れた会社はそこで留まるようなことはしない。彼らは自分たちの業界から遠く離れた企業からも学ぼうとしている。決して競争相手になることはないが、その活動のプロセスや取り組み方を研究する価値があると考える企業との比較を行っている。いったい製品デザイン企業が何社活動しているか考えてみるがいい。新製品の開発に際して、彼らは単に他の企業がその品をどのようにデザインしたかを調査するだけではない。たとえば、カリフォルニアに本拠を置くデザイン会社ペンタグラムは、フエゴ社製の最高級バーベキューグリルのデザインを開発するために、興味深い取り組みを行った。彼らはランボルギーニやベントレーなどの高級車のディーラーを訪問した。彼らはグリルに豪華な外観や雰囲気を加えるアイデアだけではなく、どうすればグリルの温度計をセンスよく見せるかの着想を得た。こうした従来の常識を破る比較によって、デザイナーは外観と機能性を損ねている従来型のバーベキューグリルの問題点を発見することができた[36]。

デリベレイト・プラクティス

トニー・グウィンとレイモンド・ベリーは、相手チームのビデオを数多く見ていただけではない。彼らは自分たちの技を磨くため、練習に膨大な時間を費やした。ときには、彼らはすでに見つけた問題を解決するための練習に励んだ。また、焦点を絞った反復練習によって、実力の発揮を阻んでいる問題を発見した。彼らは練習を通じて、因果関係のメンタルモデルをさらに精緻なものへと発展させ、実力の発揮を促した。失敗の原因となる問題を、より容易に見つけることができるようになったのである。

K・アンダーズ・エリクソンと彼の同僚は、運動やチェス、音楽など多くの分野のスター選手や一流演奏家の研究をした[37]。彼がこうした分野を選んだのは、長期にわたる活躍ぶりを非常に正確に計測できるからである。彼の研究は「その道の専門家の素晴らしい活躍の重要な特徴は経験によって得られたものであり、活躍に対する練習の影響は、はじめに考えていたよりもはるかに大きい」ことを明らかにした[38]。言い換えれば「専門家は生まれるのではなく、作られるものである[39]」

エリクソンは、エリートと言われる選手や演奏家が、その生涯に信じられないほどの時間を練習に費やすことを実証している。たとえば、あるとき西ベルリンの音楽アカデミーで三グループの実力の異なるバイオリニストを対象に調査をした。アカデミーの教師が最優秀と評価した若いバイオリニストのグループは、十八歳までに平均七一四〇時間の練習をしていた。これは二番目に優秀なグループの練習時間を二〇〇〇時間以上、三番手のグループのそれを四〇〇〇時間以上上回っていた[40]。

けれども、時間だけが成功の決め手ではない。エリート選手や演奏家は単に並はずれて勤勉で決意が固いだけではない。彼らはエリクソンが「デリベレイト・プラクティス（計画的に熟慮された練習）」と呼ぶ練習を行っていたのだ。『フォーチュン』誌の寄稿者ジェフリー・コルビンは、タイガー・ウッズのようなゴルファーのアプローチの練習が、夏の週末に数回ゴルフをする一般人と大きく違っていることについて次のように述べている。

単に一箱のボールを打つというのは、デリベレイト・プラクティスではない。だからほとんどのゴルファーがうまくならないのだ。八〇パーセントの球をピンの二十フィート以内に寄せることを目標にしてエイト・アイアンを使って三〇〇球打ち、絶えず結果を観察し、適切な修正を行い、それを毎日数時間行うこと――それがデリベレイト・プラクティスなのだ[41]。

エリート選手や演奏家がデリベレイト・プラクティスをするときに、彼らは特定の上達目標を設定し、すぐにフィードバックが得られるような仕組みを整える。さらに、デリベレイト・プラクティスとはエリート選手や演奏家が、うまく実行できないことに焦点を絞ることを意味する。余暇にやるスポーツでは、ほとんどの人がすでに得手としていることを練習する傾向にある。エリクソンと彼の同僚は「すべての分野で苦手とすることを練習することによってのみ、人は望み通りのエキスパートになることが研究で明らかだ」と指摘している[42]。バスケットボールの伝説的人物であるラリー・バードの例を見てみよう。全米プロバスケットボール協会（NBA）傘下のチームに入団したとき、彼の左手のシュートはそれほど強力ではなかった。彼は何年もの間、執拗にその練習を続けた。あとになって、一九八一年のプレーオフの数試合で、彼はそのキャリアで最多のクラッチショット〔勝敗を決定する大切な場面で放つシュート〕を何本か左手で決めた。一九八一年、ボストン・セルティックスは東地区のチャンピオン・シリーズの最終戦で、フィラデルフィア・セブンティシクサーズと対戦した。同スコアのまま残り一分を迎えたとき、バードは最後の力を振り絞って難しい左手のバンクショット〔バックボードを利用したシュート〕を決め、そのまま守り切った。練習が見事に花を咲かせたのだ[43]。

デリベレイト・プラクティスは、特定の技能を磨くために、まったく同じ行動を際限なく繰り返すことをその内容としている。一時に一つのことに集中するが、全体としてはさまざまな技能を鍛え上げることを重視する。有名なテニス・コーチのビック・ブレイデンは「敗者はさまざまな打ち方をごまんと知っている。チャンピオンはお決まりのうんざりするようなウィニングショットの打ち方を練習することに誇りを持っている」と語っている。最後に、デリベレイト・プラクティスは結果だけではなく、自分の技術そのものに対しても綿密な注意を払うことを意味している。「プロセス志向でなければならない」とブレイデンも言っている[44]。

ビジネス・リーダーは、自分の仕事ぶりを改善するためにデリベレイト・プラクティスをすることができるのだろうか。コルビンは「実際問題として、ビジネスの要素の多くは、そのまま練習できるものである。プレゼンテーションや交渉、物事に対する評価、財務諸表の解析など、どれもこれも練習することができる」と断定している[45]。エリクソンも、優れたリーダーであっても説得力あるコミュニケーションのような技術は練習できるとしている。「二十世紀の最もカリスマ的人物の一人と呼ばれたウィンストン・チャーチルでさえも鏡の前で演説のスタイルを研究していたことを記憶に留めるべきだ」とはエリクソンの言葉である[46]。

多くの企業が、従業員の能力開発プログラムにデリベレイト・プラクティスを取り入れていないことで、これを活用する機会を逃している。相変わらず、カリキュラムの中に受け身の学習時間を多く設けている企業内大学の数がやたらと多すぎる。受け身の学習というのは、教師が知識を分けてくれるのを学生がただ座って待っているという形式の教え方である。もちろん、誰かが特定のテーマについて講義するのを聞いて、それだけで重要な専門的管理能力が開発できるわけはない。自ら手を汚して、能力を向上させるような取り組みをしなければならない。

シミュレーションや体験的訓練などの積極的学習法を採用している企業がある。こうした従業員の能力開発法は真のデリベレイト・プラクティスの機会である。参加者は現実的なシナリオの場に身を置き、何らかの方法やテクニックを試み、即座に建設的なフィードバックを受け取る。航空会社のパイロットは長年、複雑だが真に迫ったシミュレーションを通じて操縦技能を磨いている。現在では、このシミュレーションの手法がさまざまな業界や企業に拡大しはじめている。

ビデオゲームの技術が現実的なシミュレーションの開発と利用の普及に火を点けて、それがデリベレイト・プラクティスの機会を広げている。ヒルトン・ガーデン・イン社のケースを見てみよう。二〇〇八年一月、この会社はホテル従業員に向けた双方向性の訓練用シミュレーション「アルティメート・チームプレイ（究極のチームプレイ）」を導入した。このゲームは従業員をバーチャル（仮想）のホテルに誘い入れる。従業員は、フロントデスクや客室清掃係、飲食物係、補修係の役割を引き受け、電話の応対や客のチェックインとチェックアウトなどの仕事を行う。さまざまなシナリオに遭遇し、客の要求に対応しなければならない。結果は、シミュレーション・ゲームの中で、その従業員がどれだけ優れた対応をしたかによって、バーチャル・ホテルでのＳＡＬＴ（Satisfaction and Loyalty Tracking ＝満足度と誠実度の追跡）得点で示される。ＳＡＬＴの指標は、ヒルトン・ガーデン・インの現場で従業員を評価する際に実際に使われているものである。同社の上級副社長エイドリアン・クッレはSALTの指標の重要性を次のように説明している。「SALTを取り入れたことが重要なのです。どんな役割を与えられているか、どのように仕事をこなしているかにかかわらず、最終的には個々の従業員が全体として顧客のホテルに対する体験に影響を与えているということを実際に全員に強く訴えているのがSALTだからです[47]」。このシミュレーションを利用することによって、従業員は即座にフィードバックが得られるので、重要な技能の訓練に励むことができる。同じシナリオを何回も繰り返すことができる。最も重要なことは、実際のお客を相手に練習する必要がないことである。バーチュアル・ホテルのおかげで、ヒルトン・ガーデン・インのお客の実際の体験を損なうことなく、経験の乏しい従業員が接客術の向上を果たせるのだ。

米国最大の宅配便会社であるUPSは、デリベレイト・プラクティスの機会を生み出す取り組みにかけては一歩先行している[48]。UPSは数年前、若い従業員が熟練したスキルを身につけるまでにかかる時間が従来よりも長くなるという問題を抱えていた。入社してから数カ月のうちに辞めていく者も多かった。Y世代〔米国において一九七〇年代後半から一九八〇年代に生まれた世代〕の従業員は、UPSの標準的な訓練が気に入らないようだった。UPSでは長年、新人のドライバーに一連の長ったらしい講義で何百という規則や方針を教え込んでいた。それ以来、同社は訓練方法を変更して、Y世代の従業員が情報を交換し、会話を交わし、学ぶために集まりやすい独自な方法を考案した。UPSは実践的学習を重視する方針に切り替えたのだ。

　二〇〇七年、UPSはメリーランド州ランドーバーに三四〇〇万ドルをかけて、一万一五〇〇平方フィート（約一〇七〇平方メートル）の総合研修センターを新たに開設した。この施設には一連の実践的な学習器具が備えられている。たとえば、ある場所には小包を満載した透明なUPSのトラックが置いてある。インストラクターは安全で能率的に荷物を積み下ろしする方法を説明し、自らやってみせる。インストラクターは従業員に、信じられないほど厳格な規則や方針を単なる講義ではなく、動作でやってみせる。その後、従業員にはその作業を練習する機会が何回も与えられる。個々の従業員は自分の作業の妨げとなっている問題点を確認し、それを直すよう努めている。また別の場所では、UPSは転倒シミュレーターを設置している。この多少滑稽な訓練を通じて、従業員は転倒しそうになったとき、重傷を防ぐためにどのように身をこなせばいいかを学んでいる。UPSは事故率を減らすことによって莫大な金額を節減することができた。そして、この施設の外の駐車場には模擬の町並みがあって、従業員にはトラックを運転して、顧客にサービスを行う機会が与えられている。この町には住宅や店舗、道路標識やUPSの投函ポストが設けられている。従業員はこの町をドライブし、いろいろな仕事を練習する。顧客の役割を務める従業員もいる。従業員が模擬練習をしている際に、インストラクターがその出来栄えについて素早いフィードバックを与える。時間とともに、インストラクターは仕事の難しさを徐々に増していく。UPSはY世代の従業員を念頭にこの方法を採用したのだが、この原理はすべての年齢の人に通用する。すべての年齢層がこの実践的な学習機会の恩恵を受けることができる。積極的な学習は、受動的な学習に勝る。周到に用意された訓練によって、すべての世代の人たちがその能力を改善し、精緻化することができる。

鏡を見る

ビル・パーセルズはプロフットボールのコーチとして目覚ましい成功を収めた。彼はニューヨーク・ジャイアンツを率いて二度もスーパーボウルで優勝している。また、弱小チームをいくつも立て直した。ニューイングランド・ペイトリオッツでは、前シーズンの成績が二勝十四敗というチームを引き受けた。その数年後、パーセルズはこのチームをスーパーボウルに進出させた。ニューヨーク・ジェッツでは、前のシーズンに一勝しかしていないチームを引き受けた。二シーズンのうちに、パーセルズはジェッツをカンフェレンス・ファイナルで戦うまでに育てあげた。あまり成功したとは言えないダラス・カウボーイズ時代でも、四年間のうちにチームを二度もプレーオフに導いた。このチームは、彼がやってくる前の三シーズンには、毎年、五勝しかしていなかった[49]。

チームの勝敗にかかわらず、パーセルズが彼のチームの試合ぶりにめったに満足そうな表情を見せたことがないことに気づいている人は多かった。実際、勝った試合のあとでも非常に不機嫌な表情をしているように見えることが多かった。彼が弟分として可愛がっていたビル・ベリチックも、現在ニューイングランド・ペイトリオッツのヘッドコーチとして、同じような態度を取っている。彼はこのチームを三度、スーパーボウルの優勝に導いてきた。ベリチックは勝った試合でも、多くの場合、自分のチームには批判的である。試合の映像を分析するときにも、自分のチームの過ちに注目している。彼は練習中も選手たちを激しく駆り立て、勝った試合のあとでも現状に満足することを許さない。この二人の男が勝利を喜んでいるのを見るのは難しそうだ。

パーセルズとベリチックは、すべてのリーダーにとっていいお手本になる。リーダーは成功したあとでも不愉快そうにしているべきだと言っているわけではない。成功または失敗のどちらの場合も、振り返って厳しく反省すべきだということなのだ。リーダーは、結果が非常に成功した場合でも、ビデオを観察して問題や失敗を探す必要がある。リーダーは、組織における批判的な学習態度と反省プロセスの態勢を全般的に精緻化すべきである。多くの人は鏡を見るとき、特に冒険的な試みに成功した場合、自分の映像のプラス面に目がいく。ベリチックとパーセルズは鏡を覗きこんで、常に欠点を探す。彼らは絶えず、容赦なく問題を探す。すべてのリーダーは、自分の組織が成功に目をくらませられることなく、鏡を見つめるよう指導する必要がある。

著名な進化生物学者スティーブン・ジェイ・グールドは「鏡をよく見ることだ。そして、一時的な優性を本質的優越性または優越性永続の兆候と同一視する誘惑に負けてはいけない」と説いている。

第9章

優れた問題発見者の心構え

初心者の頭の中には可能性がいっぱい詰まっているが、
専門家の頭の中の可能性はほとんどなきに等しい。

——鈴木俊隆、曹洞宗住職

一九八一年七月十七日、カンザスシティのハイアット・リージェンシー・ホテルで開かれたダンスパーティには二〇〇〇人ほどが集まっていた。夜七時を少し過ぎたころ、二つの歩道橋が人のぎっしり詰まったアトリウムに落下し、一一四人の死者と大勢の負傷者を出した。最初に高層階の歩道橋が崩壊し、それが低層階の歩道橋に落下した。さらに、その二つの歩道橋は、下のロビーの群衆の中に崩落した。ホテル中にパニックが広がった。楽しいダンスパーティが一瞬のうちに恐ろしい悲劇の場と化した[01]。

調査の結果、ホテル建設中の一九七九年の冬に歩道橋の設計変更が行われたことが判明した。

それは建設工事を速めるためだった。しかし、その変更によって歩道橋を支えるボルトの連結部に二倍の荷重がかかるようになっていたのだ。この設計変更は、カンザスシティの建築基準には適合していなかったが、工事はそのまま進められた。この崩壊事件のあと、多くの技術者がミズーリ州の建築家・専門技術者・土地測量士協会から提訴され、過失および違法行為の申し立てに基づいてライセンスを剥奪された。犠牲者とその家族には、和解や訴訟を通じて一億ドル以上が支払われた。

あとになってわかったことだが、ホテルの建設中から問題がいくつか表面化していたのだが、それが十分に調査されることはなかった。工事関係者は潜在的な警戒信号に気づいていなかった。たとえば、一九七九年十月、アトリウムの天井のかなりの部分が崩れ落ちたが、これは天井の取り付け方に問題があったためだった。工事関係者は当時、天井の設計と構造を点検したが、歩道橋の設計にまでは立ち入らなかった。

工事の最終段階で、作業員が通路を通って資材を運搬しているときに、潜在的問題のもう一つの兆候が現れていた。作業員から、ときとして、特に重量物を満載した手押し車で通行する際に、歩道橋が振動音を発し、揺れ動くという訴えが出ていた。現場監督は、作業員の懸念を一笑に付してしまい、支持構造に問題があるかどうかを調べなかった。その代わりに、監督は作業員に対して、手押し車で資材を運搬するときは別のルートを利用し、アトリウムを横切る歩道橋を通らないように命じた。

さて、構造工学の分野でのもう一つのまったく違ったケースを見てみよう。ウィリアム・ルメジャーは、彼が亡くなる直前の二〇〇七年七月に行ったインタビューでこの有名な話を私にしてくれた[02]。

ルメジャーは非常に人望の厚い構造工学者で、マンハッタンの五十三番街とレキシントン通りの角に建てられたシティコープ・ビルの設計を行った。一九七七年に完成したとき、このビルは世界で七番目に高い建物になった。

その後、一九七八年六月、ニュージャージー州のエンジニアリング専攻の学生からルメジャーのところへ電話がかかってきた。教授からシティコープ・ビルについて論文を書くという課題を与えられたこの学生は、この摩天楼を支える四本の柱についてルメジャーに質問をしてきた。この学生の教授は、建物の構造設計者が過ちを犯したのではないかと考えたのだ。そこでルメジャーが、建物の四隅ではなく、四側面の中央に柱を置いたのはどういう理由なのだろうかというのが質問だった。ルメジャーは、間違っているのは教授のほうであり、各側面の中央に柱を配置しなければならない事情について語った。さらに彼は、この建物のために発明したウィンド・ブレースという独自なシステムについても学生に説明した。ルメジャーは、このブレースがいかに直角方向と斜め方向から吹く風の力に対抗して建物を守るかについて話をした[03]。

その通話のあとで、ルメジャーは自分が受け持つ、ハーバードの設計専攻の大学院生にウィンド・ブレースの独自なシステムをテーマに講義しようと考えた。彼がこの支柱の設計にとりかかったとき、ニューヨーク市の建築基準の定めに基づいて直角方向からの風に耐えられるかどうかを計算した。しかし、この基準は建物の斜め方向から吹く風に関する計算まで要求していなかったし、構造設計の文献も一般に長方形の建物に対する斜め方向からの風の影響に関心を示していなかった。しかし、このエンジニアリング専攻の学生がルメジャーの好奇心に火を点けた。彼は斜め方向から吹く風について一連の計算を行った。その結果、自分が思っていたよりもっとブレースに負担がかかることがわかった。この発見で落ち着かない気分になった。

そのとき、ルメジャーは数週間前に知らされた事実のことを思い出した。ピッツバーグに建てる二つのビルの設計図を分析するミーティングの最中に、ある請負業者からシティコープ・ビルに使ったのと同じウィンド・ブレースの設計に必要な溶接継ぎ手のことについて質問を受けた。そこでルメジャーは、彼のニューヨークの事務所に電話をして、溶接継ぎ手の製法について質問した。彼の事務所では、シティコープ・センターで実際に業者が使ったのは、ボルト継ぎ手だったと説明した。ベスレヘム・スティール社が溶接継ぎ手に異議を唱えたからである。同社の意見では、あの建物には溶接継ぎ手が要求されるほど大きな強度は必要がなく、ボルト継ぎ手を使えば相当な金額の節約になるというのだ。ルメジャーのニューヨーク事務所ではこの変更に同意し、その旨を彼に伝えた。事務所の判断は当時としては道理に適っていた。エンジニアたちはニューヨーク市の建築基準を満たす、直角の風のことしか考えていなかったからだ。

自分で新しく計算してみて、ルメジャーはボルト継ぎ手が斜め方向からの強風の荷重に耐えられるかどうかに疑問を感じた。このインタビューのときに、ルメジャーは私に彼の本能が深刻な問題の存在の可能性を告げていたと語った。彼はさらなる調査をせざるを得ないと感じた。大きな嵐にでもなれば建物の壊滅的な崩壊のきっかけになりかねないことを恐れ始めた。彼はカナダへ飛んで、ウェスターン・オンタリオ大学の専門家と話をした。彼は残酷なまでに正直な評定を求めた。彼が手にした評定の結果は斜め方向からの風の荷重はルメジャーの最新の計算をも超える可能性があるというものだった。彼は深刻な問題を抱え込んだことを知った。

ルメジャーが立派なのは、過ちに対して個人的に責任を負ったことだった。彼はビルの建築家にこの旨を伝えたあと、ニューヨークに飛んでシティコープの当時の上級副社長（のちに会長兼CEO）ジョン・リードと面談した。ルメジャーは問題の概要を説明し、一般人に脅威を抱かせないようにしながら建物の補修をする戦略を説明した。その後、彼はシティコープの会長ウォルター・リストンにも会った。この面談の後、ただちに補修工事が始まった。ルメジャーは、二人の紳士が面談の間、彼に非常に好意的な応対してくれたこと、過ちをしたからと言って厳しく叱責しようとしなかったことを覚えている。やがて、ルメジャーは構造工学の分野では評価の高い権威になった。人々は、自分の設計に潜在的な欠陥を発見したとき、それを包み隠そうとはしなかった彼の前向きな姿勢を称賛した[04]。

この二つの話は、潜在的な問題が存在することを示唆する情報の取り扱いに関するまったく対照的な例である。カンザスシティのホテルの現場監督は作業員の懸念に取り合わず、専門家による従前の判断を信頼する態度を明らかにした。エンジニアリングの専門家が間違いを犯したとほのめかす、この工事作業員はいったい何様のつもりだ、という気持ちだったのだろう。一方、ウィリアム・ルメジャーのほうは、はるかに旺盛な知的好奇心を持って難局に立ち向かった。自分よりずっと知識に劣る若いエンジニア志望の学生から投げかけられた疑問に興味をそそられて、さらなる解析を行うことにした。やがて以前の仮説や判断に疑問を抱くようになった。彼はどこまでも自分の懸念を突き止める決断をし、偏見のない専門家の判断を求めた。ルメジャーはまさしく典型的な問題の発見者である。自分の専門的な判断が正しいと推定するだけで済ませなかった。トラブルを発見したとき、さらにそれを深く掘り下げた。潜在的な問題の本質を理解したいと考えた。責任を他人に転嫁しようとせず、厄介な答えが出てくることを恐れてそれ以上の調査を思いとどまるようなことはしなかった。ルメジャーは、カンザスシティのホテルの惨事の関係者とはまったく違った心構えでもって自分が置かれた状況に取り組んだ。

新しい心構えの三つの要素

この本では、あらゆるレベルのリーダーは自らの問題発見の能力を開発しなければならないと説いてきた。組織の中に問題が隠れたままにならないようにするために必要な七つの重要なスキルと能力について詳しく説明してきた。こうしたスキルや能力は、通常は手遅れになるまで表面化しない悪いニュースを発見するのに役立つだろう。けれども、優れた問題の発見者になろうとすれば、単に新しい能力を身につけ、行動を改めるだけではなく、これまでと異なった心構えを持つことが必要である。その心構えは相当レベルの知的好奇心を持つことから始まる。リーダーは常に積極的に質問し、知っていることでも、知らないことでもさらに詳しく学ぼうとしなければならない。

知的好奇心

問題を発見するためには、かなりの知的好奇心が要求される。静止することのない心の動き、つまりあるテーマについていかに専門知識を蓄積していようとも、またいかに経験を積んでいようとも、それをさらに理解しようとする飽くことを知らない精神が必要である。

たとえ世間一般の通念に異議を申し立てることになっても、難解な問題を解明したいとする本能を持たなければならない。その問題はすでに解明済みだとし、その知識基盤は完結し、疑う余地がないとする専門家の意見に抵抗しなければならない。最も重要なことは、これまでの自分の判断や結論を疑ってかかることをいとわない姿勢だろう。この最後の点は、ほとんどの人にとって特に難しいことのようだ。ロベルタ・ウォールステッターは、米国政府が真珠湾攻撃に先立つ警戒信号をいかに軽視していたかに関する研究で大きな反響を呼んだ学者だが、人間は「既存の信念に頑強に執着する」と述べている[05]。長年にわたって、認知心理学者は彼女の主張を裏付ける証拠を豊富に提供している。優れた問題の発見者になろうとすれば、従来からの信念に執着し続けたいという衝動を抑えなければならない。他の人が「万古不易」と考えることについて、疑問を投げかけるような好奇心が必要なのである。

知的好奇心の強い人は常に新しいことを学ぼうとする。目新しいことを生きがいにしている。常に新しい状況や新しい発想を求める。彼らは、往々にして日々活動している非常に慣れ親しんだ場においても、新しい経験を積めば新しい物の見方ができるようになることに気づいている。目新しいものに触れることによって脳が刺激され、学習意欲が増進することが、実際に研究によって示唆されている。

たとえば、二〇〇六年、ロンドン大学ユニバーシティ・カレッジの研究者が、被験者にさまざまな場面や顔の映像を見せて、そのときの脳の活動を精巧なスキャン（走査）・テクノロジーを使って解析する研究を行った。その結果、目新しい映像は見慣れた映像よりも脳を刺激することがわかった。見慣れた映像が情緒的に否定的なもの（自動車事故や怒ったように見える顔のような）であってもこの結果は変わらなかった。機会を改めての実験で、研究者は一組の目新しいものの映像と同じく見慣れたものの映像に関する被験者の記憶をテストした。その結果、見慣れた事実と組み合わせて新しい事実を見せた場合の記憶のほうが、ありふれた、見覚えのある事実を見せた場合に比べて優っていることがわかった[06]。

エモリー大学のロデリック・ギルキーとクリント・キルツの両教授は新奇な経験を求めることは、脳を鋭敏に保つためにいいと説いている。彼らは「物事を学べば学ぶほど、学び方が上手になる。目新しい、難しい仕事に積極的に携われば、神経可塑性の能力、すなわち脳そのものがその仕事に順応するように自らの動きを調整し、その機能を高めようとする能力をフルに活かせる」と語っている[07]。

問題を発見するためには、ときにはあいまいさに立ち向かい、一見矛盾するような信号を読み解く能力が必要である。また、乱雑な状況の中でその意味を理解する能力と、見慣れた状況を異なった視点から観察しようとする積極的な姿勢が要求される。目新しいものを学ぶという経験によって、新たな理論構成の枠組みだけでなく、見慣れた状況に対する考え方に関する新しい概念モデルが得られる。

新奇な経験は固定観念をぐらつかせる。新しいことを学ぶことが楽しいと思うような好奇心にあふれた精神が問題を発見しようとする人にとって最も貴重な財産なのだ[08]。

問題の発見に優れている人は好奇心をあらわにするだけでなく、システム思考を身につけている。彼らは、小さな問題が起きるのは個人の過失や間違った行動のせいだけでないことを知っている。それどころか、小さな問題は組織のより広範なシステムの問題の指標として役立つことが多い。

問題の発見に優れている人は不都合なことを発見したときでも、急いで過失を探し、責任を追及するようなことはしない。問題を一歩離れたところから見て、なぜミスが起きたのかに疑問を持つ。もっと基本的な組織上の問題が、些細なミスが起きやすいような条件を生み出したのではないかと考える。問題の発見に優れている人は、第一線でミスを犯した従業員を解雇しても、その裏に潜んだシステム上の問題に対応しなければ、同じミスがその後も繰り返して起きることを認識している。システム上の問題を発見しないで、ミスを犯した従業員を解雇するだけでは優れた問題解決法とは言えない。都合のいいスケープゴートを見つけたというだけのことだ。

退役准将のデュエイン・ディールは、リーダーにシステム思考がもっと必要だということについて、興味深い意見を持っている。ディール将軍は多数の破局的失敗事例を研究してきた。彼は十件以上の航空機および宇宙船の事故調査に関するチームのメンバーを経験し、二〇〇三年のスペースシャトル・コロンビア号の事故調査委員会の委員も務めた[09]。ディール将軍はきわめて複雑な事故の場合の原因は一つではないことを理解している。多くの学術研究が、多数の些細なミスが集まって壊滅的な事故を引き起こすことが多いという彼の主張を裏付けている。ディール将軍は、組織にとって不都合な出来事の原因と思われる、最も目につきやすい問題を見つけた時点で幕引きをしたいという誘惑に抵抗しなければならない、と説いている。優れた問題の発見者となるためには、もっと深く掘り下げなければならない。明らかに問題だとわかるものの背後に何が潜んでいるのだろうか。それが技術的な問題であれば、その技術的な過失はなぜ起きたのだろうか。こうした技術的問題が発生し、それが持続したことに対して、何らかの組織的な条件やリーダーシップにかかわる弱点が一因となっているのではなかろうか。ディール将軍は、組織の中で生じた大きな失敗の原因を調査するに際して「個々の機械装置のチェックなどをはるかに超えた」ところまで目を配らなければならないと主張している。

単一の出来事や一つの装置の故障で起きた不運な事故などめったにない。したがって、航空機や船舶の事故のような大惨事のあとには、経営首脳は組織「全体」を見直すために、その機会を利用しなければならない。飛行機事故の原因が明らかに機体の故障や操縦士のミスであっても、他にも事故の原因となった要因がいくつかあるというのが通常なのだ[10]。

健全な偏執狂

インテルの元会長兼CEOのアンディ・グローブは、かつて『Only the Paranoid Survive（偏執狂だけが生き残る）』〔邦題は『インテル戦略転換』〕というタイトルの本を書いた。その序文の中で、彼は自分を非常に心配性だと評している。自分は製造上の問題や競合他社の脅威からきわめて優秀な才能の持ち主を採用しそこなったり、引き留めに失敗したりすることまで、ありとあらゆることを心配していると語っている。心配事が多すぎて夜もろくに眠れないそうだ。グローブは「偏執狂の価値」を熱烈に信じていると言っている[11]。

彼は、リーダーたる者は、どんなに成功したとしても、片時も安逸な気持ちを自分に許してはならない、と考えている。リーダーは、社会通念に対して積極的に異論を唱え、悪いニュースを持ってきてリーダーの注意を喚起するような組織内の人材との接触を絶やさない方法を講じるべきだとしている。

この本を書くための調査で、米国で最も成功している広告代理店ヒル・ホリデー社の最高財務責任者ケビン・ウォルシュにインタビューした[12]。同社に入社するまで、ウォルシュはいろいろな業界で働いた。直近までは、歴史のあるシンバル・メーカーのジルジャン社の再活性化と収益性の立て直しに携わっていた。彼はその職歴を通じて多くの会社が深い谷に落ち込むのを目撃し、多くの経営者が相当な損害を被るまでトラブルに気づかないことを見聞きしてきた。気づいた時点では、問題はすでに手に負えなくなって、解決策は相当の痛みを伴うものになってしまっていた。問題を発見するまでに、その企業はらせん状の下降局面に突入し、その動きを逆転させることはできなかった。ウォルシュがヒル・ホリデーの役員に迎えられたとき、同社の創業者ジャック・コナーズから次のような忠告の言葉をもらった。「我々の商売では、我々を含めてすべてが借り物だ。君が常に注目する必要があるのは表玄関だけだ。なぜなら、裏口はいつも何かがそっと出ていくところだからだ」。ウォルシュは、常にこの言葉を思い出している。すべてのリーダーはこの単純な言葉が意味している心構えを身につけるべきだ。

優れた問題の発見者は、いかに成功していようとも、すべての組織は数々の問題を抱えていることを承知している。そうした問題は表面下に潜んでいて、目に見えないことが多い。優れた問題の発見者は、自分が過ちを犯しやすい存在であることを承知しており、無敵だというオーラ（雰囲気）を身につけようなどと試みることはない。彼らはアンディ・グローブやジャック・コナーズのように健全なさじ加減の偏執狂の気配を見せている。精神分析医のセオドア・ルービンは「問題はそこに問題があることではない。問題は、問題がないと思っていることであり、問題を抱えていることが問題だと考えていることである」と述べている。

優秀なリーダーは、知的好奇心をあらわにし、システム思考を取り入れ、健全なさじ加減の偏執狂の空気を漂わせている。彼らは、問題が自分の懐に飛び込んでくるのを待ってはいない。彼らはもっと積極的である。彼らは問題を探し求める。彼らは包容力をもって問題を受け入れる。オフィスに座って、悪いニュースがドアの前までやってくるのを待っているようでは、問題の発見はできない。ひときわ優れたリーダーにとって、スピードは死命を制する問題である。問題を発見するのが早ければ早いほど、被害を最小に食い止めることでき、容易に解決できる可能性が高まる。中でも最も重要なことは、優れたリーダーは問題を脅威とは見なしていないことである。すべての問題は、改善と学習の機会だと考えているのである。

謝辞

大学教授が本を執筆するとき、勤務している大学に非常にお世話になる。大学は調査研究に必要な資源や時間を提供してくれる。私のように、しょっちゅう現場に飛び込んでいってインタビューをしたり、執務中の経営者の仕事ぶりを観察したりという、定性的な研究をしていると時間は特に貴重である。

ブライアント大学の皆さんの、特に二年前に私をこの大学に招いてくださったロン・マクトレー学長のご支援に厚くお礼を申し上げる。学長をはじめブライアント大学の多くの方々が私を非常に歓迎してくださった。ビジネススクールのジャック・トリフト学部長とは過去二年間いっしょに愉快に働かせてもらっている。ビジネススクールの同僚たちとは思考力が大いに刺激される議論を交わさせてもらっている。ブライアント大学での最初の日に声をかけ、昼食に招いてくれたピーター・ニグロ教授には非常にお世話になっている。そのうちに私の昼食仲間は増えていった。こうした友人たちとの楽しい集いと弾んだ会話は、私の研究と執筆の合間の歓迎すべき息抜きになった。ハーバード・ビジネススクールのご支援にも感謝したい。本書に関する研究の一部は、私がここで勤務しているときに行ったものだからである。

本書で取り上げた研究については、多くの人のご協力をいただいた。エイミー・エドモンドソン、ジャン・リブキン、ジェイソン・パーク、デビッド・エイガー、デービッド・ガービン、マイケル・ワトキンズ、アニタ・タッカー、リチャード・ボーマー、リン・レベスク、エリカ・ファーリンズ、タリン・ボードインの諸氏に感謝する。特にエイミー、ジャン、ジェイソンには格別の謝意を捧げたい。ジェイソンは、立派な論文を書きたいと望んでいた優秀な学生で、私といっしょに何十回にもおよぶ緊急対応チーム（RRT）に関するインタビューをしてくれた。彼はこのプロジェクトについて信じられないほど一生懸命に活躍した。ジャンはロバート・マクナマラを招いて学生に話をしてもらうというアイデアを思いついた。また、彼は私といっしょに九・一一事件とその後のFBI（連邦捜査局）の自己改革活動に関する三件のケーススタディを作成した。エイミーは、私たちの共同作業を通じて常に私に鋭い洞察を分け与えてくれた。エイミーは、経営者にとって有益で緻密な研究を目指すすべての学究の徒が模範とすべき学者である。

本書のためのインタビューに時間を割いてくださった多くの経営者、中でもインタビューに応じてくださったすべてのブライアント大学の卒業生にも感謝したい。本書では、そのうちのいくつかしか取り上げられなかったが、多くの方々が長い時間をかけてお話をしてくださった。ＦＢ

Ｉのロバート・モラー長官には、あのような試練の時期にもかかわらず、特別に組織への広範な立ち入りを許可していただいたことに深甚な謝意を捧げたい。ＦＢＩに対する調査の許可の取得を手伝っていただいたデビッド・シュレンドーフ、サビナ・メンシェル、フィル・マッドの各氏にもお礼を申し上げる。セントルイスのミズーリ・バプチスト医療センター、ペオリアのセントジョーゼフ病院、メンフィスのバプティスト・メモリアル病院、ボストンのベス・イスラエル・ディーコネス医療センターの皆さんにも謝意を呈したい。これらの方々から非常に多くのことを教えもらい、また患者に対する献身的な配慮ぶりには感動させられた。

本書の執筆中に、ブライアント大学とハーバード・ビジネススクール、ニューヨーク大学スターン・ビジネススクールで私が教えている学生諸君と多くのアイデアを共有し、そのおかげで私の考えをより精緻なものにすることができた。また、私のコンサルタント業の顧客企業の経営者からも多くのことを教えてもらった。私の研究とコンサルタントとしての仕事の間には一線を画したいという気持ちから、これらの企業のことは本書には述べていない。けれども、いろいろな業界の多数の企業の経営者との幅広い交わりから得たアイデアは少なくない。

私は生涯で多くの素晴らしい、よき師に恵まれた。その名前をすべてここに掲げることはできない。けれどもその中でも際立った恩師として、フェイ・ゲリット、スティーブン・オリアリー、キャシー・マロワ、バージニア・サザーランド、ジョン・マクスウィーニー、ジャック・ローズの諸先生の名前を挙げておきたい。この方々のおかげで私は教師になる気になった。教師は単なる職業ではなく、天職であることを身をもって教えてくださった。

本を出版するという仕事は優れた出版チームなくしては実現できない。ウォートン・スクール出版のティム・ムーア、マーサ・クーリー、ラス・ホール、アン・ゲーベル、ゲイル・ジョンソンにお礼申し上げる。彼らは、私が何回も締め切りを守らなかったことにも我慢してくれた。私の前回作の編集者であるポーラ・シノットは今回の執筆についても私を説得してくれたことに感謝する。

私にとって最も重要なことは、家族に対する感謝である。家族たち、特に私の兄弟であるトニーとその家族（マーガレット、ニック、ケイティ）はいつも私によくしてくれた。私の子どもたち、セリア、グレース、ルークは、本書の執筆中いつも、特に筆が進まないとき私を微笑ませ、大笑いさせ、心を和ませてくれた。彼らの父親が執筆に「没頭」しているときも、じっと我慢してくれた。子どもたちよ、私は君たちが成長し、いろいろなことに興味を持ち、学んでいるのを見るのが楽しいのだ。絶えず当を得た質問をして飽くことがない。誰にも、何事にも君たちの知識への渇望を遮らせてはならない。妻のクリスティンは家族の面倒を見、家事を捌《さば》いてくれている。これは本を書くより、よっぽど難しい仕事だろう。「赴くすべての場所に愛を広げよう。まず、あなたの家庭から。あなたの子どもに、妻に、夫に、隣人に愛を与えよう……あなたのもとへ来た人を幸せな気持ちにしないで去らせてはいけない」とマザー・テレサ〔インドで、死を迎える人や孤児の施設を造り、身を捧げたカトリック教会の修道女。ノーベル平和賞を受賞〕は言われた。クリスティン、君はこの言葉を見事に体現している。最後に、本書を私の両親に捧げる。両親は子どものためにより良い生活を求めて、イタリアのアベリーノ州からアメリカにやって来た。そして、その目的を成し遂げた。両親は教育の尊さを私たちに植え付け、勤労を善とする考え方がいかなる意味を持つかを自ら実践して見せてくれた。私はこの両親の息子であることを誇りに思っている。

ついて書かれた次の文献に基づいている。Morgenstern, J. "The fifty-nine story crisis." *The New Yorker*, May 29, 1995. pp. 45-53. また、ゲイリー・クラインがこの件について次の本で詳細な説明をしている。Klein, G. (2004). *The Power of Intuition: How to Use Your Gut Feelings to Make Better Decisions at Work*. New York: Doubleday.

4. ルメジャー氏が2007年6月に亡くなったとき、『ニューヨーク・タイムズ』と『ボストン・グローブ』の死亡記事はこの出来事を詳細に伝え、設計の欠陥に対する彼の包み隠しのない積極姿勢に賛辞を送っていた。

5. Wohlstetter, R. (1962). *Pearl Harbor: Warning and Decision*. Stanford. CA: Stanford University Press. p. 393（『パールハーバー　トップは情報洪水の中でいかに決断すべきか』岩島久夫・斐子訳、読売新聞社、1987年）。

6. Fenker, D., J. Frey, H. Schuetze, D. Heipertz, H-J Heinze, and E. Duzel. (2008). "Novel scenes improve recollection and recall of words." *Journal of Cognitive Neuroscience*. 20(7): 1250-1265.

7. Gilkey, R. and C. Kilts. (2007). "Cognitive fitness." *Harvard Business Review*. November: 53-66.

8. ゲイリー・ハーメルもしばしば、経営者はその組織における創造性と革新性を刺激する手段として新奇なものを探すべきだと主張している。Hamel, G. and L. Välikangas. (2003). "The quest for resilience." *Harvard Business Review*. September: 52-63.

9. デュエイン・ディール退役将軍と知り合ったのは、私がスペースシャトル・コロンビア号の事故を研究している時のことだった。私がMBAのクラスで初めてこの惨事のマルチメディアによるケーススタディの授業をすることになったとき、将軍は学生に話をすることを快く承諾し、学生たちに素晴らしい話をしてくださった。その際、私は破局的な失敗の原因に関する彼の考え方を詳細にわたって聞くことができた。その後、ジョーンズ・ホプキンス大学応用物理研究所で私が研究発表をしたとき、将軍に再開する機会があった。空軍退役後、将軍はそこで働いていたのだ。

10. Deal, D. W. (2004). "Beyond the widget: Columbia accident lessons affirmed." *Air and Space Power Journal*. Summer : 31-50.

11. Grove,A. (1996). *Only the Paranoid Survive*. New York:Currency/Doubleday. p. 3（『インテル戦略転換』佐々木かをり訳、七賢出版、1997年）。

12. マサチューセッツ州ボストンのヒル・ホリデー社の事務所でのケビン・ウォルシュとのインタビュー。ウォルシュ氏は当初1時間の約束でインタビューに応じてくれたのだが、結局午前中いっぱいを私のために割いてくれた。貴重な時間を費やしてくださったことに対して同氏に感謝する。

39. Ericsson, K. A., M. Prietula, and E. Cokely. (2007). "The making of an expert." *Harvard Business Review*. July-August: p. 114-121. 引用は 115 ページから。

40. Ericsson, K. A., R. Krampe, and C. Tesch-Romer. (1993).

41. Colvin, G. "What it takes to be great." *Fortune*. October 30, 2006.

42. Ericsson, K. A., M. Prietula, and E. Cokely. (2007). p. 116.

43. Bird, L. and B. Ryan. (1990). *Drive: The Story of My Life*. New York : Bantam. スポーツファン、特にボストン市民のファンであれば、バードがプレーオフの運命の一戦で放ったもう一つの素晴らしい左手シュートのことは忘れられないだろう。1988 年のイースタン・コンファレンスのセミファイナルの第 7 戦でセルティックスはアトランタ・ホークスとしのぎを削っていた。その試合の第 4 クォーターでバートとドミニク・ウィルキンスが注目の一対一での得点の取り合いをしていた。この競り合いで、バードは相手選手のなかに突っ込み、ファウルを取られながら左手で信じられないようなスクープショット（訳注: 低い位置から片手ですくい上げるようにして放つシュート）を放った。もちろん、それが勝敗をわける 3 点シュートになったのだ！　この第 4 クォーターでバードは合計 20 点を稼ぎ、セルティックスが最終的な勝者となった。

44. Williams, P. "Vic Braden's mental mojo experience." *New York times*. October 29, 2006.

45. Colvin, G. (2006).

46. Ericsson, K. A., M. Prietula, and E. Cokely. (2007). p. 117.

47. http://www.reuters.com/article/pressRelease/idUS77640+28-Jan-2008+BW20080128.

48. Hira, N. "The making of a UPS driver" *Fortune*. November 12, 2007.

49. http://www.pro-football-reference.com/.

第 9 章

1. カンザスシティのハイアット・リージェンシーの歩道橋崩落事故の話は次の出典に基づいている。http://ethics.tamu.edu./ethics/hyatt/hyatt1.htm; Petroski, H. (1982). *To Engineer Is Human: The Role of Failure in Successful Design*. New York: Vintage Books.（『人はだれでもエンジニア－失敗はいかにして成功のもとになるか』北村美都穂訳、鹿島出版会、1998 年）; Bruner, R. (2005) *Deals from Hell: M&A Lessons That Rise Above the Ashes*. Hoboken, NJ: John Wiley & Sons; http://antoine.frostburg.edu/phys/invention/case_studies/disasters/kansas_city_walkway.html.

2. ルメジャー・コンサルタントのビル・ロバロ社長に感謝したい。同社長には私とウィリアム・ルメジャー氏の接触の橋渡しをしていただくとともに、同氏にインタビューの申し込んだときにも口添えをしていただいた。ルメジャー氏もメイン州の自宅で 1 時間以上も私の電話に付き合っていただいた。

3. この記述は私のルメジャー氏とのインタビューと併せて、1990 年代半ばのこの出来事に

郎他訳、エコノミスト社、2002年）; Trigeorgis, L. (1996). *Real Options: Managerial Flexibility and Strategy in Resource Allocation*. Cambridge, MA: MIT Press.（『リアルオプション』川口有一郎他訳、エコノミスト社、2001年）。

24. Ellis, S. and I. Davidi. (2005). "After-event reviews: Drawing lessons from successful and failed experience." *Journal of Applied Psychology*. 90(5): 859-871. 引用は866ページから。

25. 同上。

26. Snook, S. (2000). *Friendly Fire : The Accidental Shootdown of U.S. Black Hawks Over Northern Iraq*. Princeton, NJ: Princeton University Press.

27. March, J., L. Sproull, and M. Tamuz. (1991). "Learning from samples of one or fewer." *Organization Science*. 2(1): 1-13, p. 1.

28. 同上。p. 5.

29. Edmondson, A., M. Roberto, and A. Tucker. (2002). p. 12.

30. 同上。

31. Fuld, L. (2006). *The Secret Language of Competitive Intelligence*. New York: Crown Business.

32. ケネス・アンドリューズは戦略的経営の分野での先駆者の一人であり、戦略策定のためのSWOTの枠組みを普及させた。Andrews, K. (1987). *The Concept of Corporate Strategy*. 3rd Edition. Homewood, IL: Irwin（『経営幹部の全社戦略』中村元一、黒田哲彦共訳、産能大学出版部、1991年）参照。

33. Fuld, L. (2006). p. 57.

34. Low, J. and P. C. Kalafut. (2002). *The Invisible Advantage: How Intangibles Are Driving Business Performance*. New York: Perseus Books. p. 79.

35. デジタル映像技術の勃興に対するポラロイドの反応に関する興味深い調査については、Tripsas, M. and G. Gavetti. "Capabilities, Cognition and Inertia: Evidence from Digital Imaging." *Strategic Management Journal*. 21: 1147-1161 参照。

36. ペンタグラムがフエゴの最高級バーベキューグリルを開発したときの様子は「The Launch: A Product Is Born」というタイトルのもとにディスカバリー・チャンネルで記録に留められている。この番組は2004年4月に放送されたが、現在はこのビデオを買うことができる。これは創造性や革新、新製品開発について教える大学の教員にとっては有益な教材だろう。IDEOによるスーパーの新しいショッピングカートのデザインに関するABCニュース社のビデオと対比して使用することも考えられる。学生は二つの会社の取り組みの類似点や相違点を検討することができるだろう。

37. Ericsson, K. A., R. Krampe, and C. Tesch-Romer. (1993). "The role of deliberate practice in acquisition of expert performance." *Psychological Review*. 100(3): 363-406.

38. Ericsson, K. A., R. Krampe, and C. Tesch-Romer. (1993). p. 363.

13. Garvin, D. (2000). *Learning in Action: A Guide to Putting the Learning Organization to Work.* Boston: Harvard Business School Press. p. 107.（『アクション・ラーニング』沢崎冬日訳、ダイヤモンド社、2002 年）。

14. Garvin, D. (2000). p. 106.

15. Garvin, D. (2000).

16. Edmondson, A., M. Roberto, and A. Tucker. (2002). "Children's Hospital and Clinics (A)." Harvard Business School Case Study No. 9-302-050.

17. Edmondson, A., M. Roberto, and A. Tucker. (2002). p. 2.

18. 同上。

19. http://www.gojlc.com/articles/After-Action-Reviews-Ray-Jorgensen.pdf.

20. Edmondson, A., M. Roberto, and A. Tucker. (2002). p. 10.

21. Garvin, D. (2000).

22. スペースシャトル・コロンビア号の事故に関する詳細については、私がリチャード・ボーマーおよびエイミー・エドモンドソンの両教授、エリカ・ファーリンズとローラ・フェルドマンの両助手およびメリッサ・デイリーが率いる素晴らしい技術チームとともに開発したマルチメディアによるケーススタディを参照願いたい。Roberto, M., R. Bohmer, A. Edmondson, L. Feldman, and E. Ferlins. (2005). "Columbia's Final Mission, The." Harvard Business School Multi-Media Case Study No. 9-305-032.　この惨事を学術的見地で取り扱っているのは、Edmondson, A., M. Roberto, R. Bohmer, L. Feldman, and E. Ferlins. (2005). "The Recovery Window: Organizational Learning Following Ambiguous Threats in High-Risk Organizations." In M. Farjoun and W. Starbuck (eds.) *Organization at the Limit: Lessons from Columbia Disaster*. London: Blackwell Publishers である。経営に携わる読者のために書かれたこの惨事に関する記事については、Roberto, M., R. Bohmer, and A. Edmondson. (2006). "Facing Ambiguous Threats." *Harvard Business Review*. November: 106-113 参照。

23. 企業は時として、リスクを縮小し、柔軟性を高め、学習機会を最大にするために大規模なプロジェクトの細分化を望むことがある。戦略的経営の文献のなかで、学者は「リアルオプション」と呼ぶ概念について説明している。この概念は、企業は一気に大きなプロジェクトに乗り出さないことを選択する場合があるという概念である。企業はその代わりに、将来そのプロジェクトの残りの部分を推進するという選択肢を残しておきながら、最初に少額の投資をするのである。「選択肢を行使する」前に、企業は事態の推移について多くのことを学ぶことができる。この学習を通じて、経営者はさらに次の段階へ進むかどうか、進む場合にはその時期はいつかを判断する指針にする。さらに第一段階について効果的な事後検討を行えば、プロジェクトの残り部分の推進方法を改善する一助となるだろう。従って、企業は大規模なプロジェクトには「リアルオプション」の機会を組み込んでおき、そのプロジェクトのある段階で事後検討を行えば、オプションの価値を最大限に活用できるだろう。この概念の詳細については、次の２冊の本を参照ねがいたい。Dixit, A. and R. Pyndick. (1994). *Investment under Uncertainty*. Princeton, NJ: Princeton University Press（『投資決定理論とリアルオプション―不確実性のもとでの投資』川口有一

27. Nemeth, C. and J. Kwan. (1985). Originality of Word Association as a Function of Majority vs. Minority Influence." *Social Psychology Quarterly*. 48(3):277-282. この引用は 277 ページから行った。

28. 同上。p. 282

29. シャルラン・ネメスはこのテーマに関する一連の非常に多くの研究を行った。この研究の詳細については、Nemeth, C. J. (2002). "Minority dissent and its 'hidden' benefits." *New Review of Social Psychology*. 2: 21-2 参照。

30. Nichols, R. (1960). "What can be done about listening." *The Supervisor's Notebook*. 22(1). この記事の全文を下記の URL で見ることができる。http://www.dartmouth.edu/~acskills/docs/10_bad_listening_habits.doc.

31. Colvin, G. "How top companies breed stars." Fortune. September 20, 2007.

32. http://yarchive.net/air/airliners/dc10_sioux_city.html.

第8章

1. http://www.profootballhof.com/hof/years.html.

2. マーク・ボウデンは、1958 年のボルティモア・コルツとニューヨーク・ジャイアンツの NFL の優勝決定戦について素晴らしい本を書いている。彼はこの本にレイモンド・ベリーの人物像を詳細に描いている。この部分の記述は彼の細部まで正確な調査に基づいている。Bowden, M. (2008). *The Best Game Ever: Giants vs. Colts, 1958, and the Birth of the Modern NFL*. New York: Atlantic Monthly Press 参照。

3. http://www.profootballhof.com/hof/member.jsp?player_id=25.

4. Bowden. (2008). p. 68.

5. http://www.pro-football-reference.com/.

6. Bowden. (2008).

7. 同上。

8. http://www.sportingnews.com/archive/gwynn/hit_masters_prep.html.

9. http://www.baseball-reference.com/.

10. Kepner, T. "Mets salute hitter who can't be beaten." *New York Times*. August 15, 2001.

11. http://www.baseballlibrary.com/ballplayers/player.php?name=tony_gwynn_1960.

12. Sandomir, R. "At Hall of Fame, Day Dedicated to Two Icons." *New York Times*, July 30, 2007.

18. 同上。p. 95.

19. デイビッド・ブリーシャーズが最初にこの話をしてくれたのは、2002 年に私が 1996 年のエベレスト山の悲劇（訳注：1996 年 5 月エベレストで 12 人死亡という大量遭難者を出した事故）のケーススタディを作成中のことであった。ブリーシャーズと私は過去六年間にわたって何回も語りあったし、彼は数回私のクラスを訪ねてきてくれた。老練な登山家兼映画制作者としての経験に基づいて、彼はリーダーシップに関する卓見を私に語ってくれた。

20. Hackman, R. (2002). *Leading Teams: Setting the Stage for Great Performances*. Boston: Harvard Business School Press（『ハーバードで教える「デキるチーム」5 つの条件　チームリーダーの常識』田中滋訳、生産性出版、2005 年）。

21. Powell, S. and R. Hill. (2006). "My copilot is a nurse: Using crew resource management in OR." *AORN Journal*. 83(1): 178-206.

22. 私の娘のセリアは足首の大きな母斑の治療をするため、2006 年から 2007 年にかけて一連の皮膚移植手術を受けた。担当のリチャード・バートレット医師の手術は素晴らしかった。この部分の記述は私の病院での観察に基づいている。

23. http://www.airbus.com/store/mm_repository/safety_library_items/att00011205/media_object_file_FLT_OPS-CAB_OPS-SEQ01.pdf.

24. *Crew Resource Management: A positive change for the fire service*. (2003). International Association of Fire Chiefs. Fairfax, Virginia.

25. 組織における政治的行動は弊害が多いと考える人が多い。しかし、ジョーゼフ・バウアーはかつて「政治は病的なものではない。大組織における現実である」と述べた。Bower, J. (1970). *Managing the Resource Allocation Process*. Boston: Harvard Business School Division of Research. p. 305 参照。キャスリーン・アイゼンハートと L・ジェイ・ブルジョアは、政治的行動を情報を抑えたり、舞台裏で同盟を結んだりするような行動と定義したうえで、かかる行動は効果的な意思決定を阻害し、組織の活動を妨げると主張している。Eisenhardt, K. and L. J. Bourgeois. (1988). "The politics of strategic decision making in high-velocity environments: Toward a midrange theory." *Academy of Management Journal*. 31(4): 737-770 参照。しかし、ある形態の政治的行動は組織の活動を活発化させるという研究もある。　たとえば、カンター、サポルスキー、ペティグルー、フェファーはそれぞれの研究で、同盟の形成などの政治的行動は責任体制を確立し、組織の意思決定に対する支持を確保するという結論を出している。Kanter, R. (1983). *Change Masters*. New York: Simon and Schuster（『ザ・チェンジ・マスターズ - 21 世紀への企業変革者たち』長谷川慶太郎訳、二見書房、1984 年）; Sapolsky, H. (1972). *The Polaris System Development: Bureaucratic and Programmatic Success in Government*. Cambridge: Harvard University Press; Pettigrew, A. (1973). *The Politics of Organizational Decision Making*. London: Tavistock; Pfeffer, J. (1992). *Managing with Power*. Boston: Harvard Business School Press（『影響力のマネジメント－リーダーのための「実行の科学」』奥村哲史訳、東洋経済新報社、2008 年）参照。なぜこのような研究結果の違いが生じるのだろうか。学者によって政治の正確な定義が異なることや管理職がいかに組織内で政治的駆け引きを行うかの違いによるものと考えられる。

26. Eisenhardt, K. M. (1989). "Making fast strategic decisions in high-velocity environments." *Academy of Management Journal*. 12:543-576.

3. Weick, K. (1990). p. 582.

4. 同上。

5. 同上。

6. Weiner, E. L., B. G. Kanki, and Roberto L. Helmreich. (1995). *Cockpit Resource Management*. London: Academic Press.

7. Flin, R., P. O'Connor, and K. Mearns. (2002). "Crew Resource Management: Improving team work in high reliability industries." *Team Performance Management*. 8: (3/4): 68-78.

8. Helmreich, R. and H. C. Foushee. (1995). "Why crew resource management? Empirical and theoretical bases of human factors training in aviation." In R. Flin, P. O'Connor, and K. Mearns. (eds.). *Cockpit Resource Management*. (3-45). London: Academic Press. 引用は同書の 4 ページから行った。

9. Ginnett, R. (1995). "Crew as groups: Their formation and their leadership." In R. Flin, P. O'Connor, and K. Mearns. (eds.). *Cockpit Resource Management*. (71-98). London: Academic Press. 引用は同書の 82 ページから行った。

10. Ginnett, R. (1995). 引用は同書の 90 ページから行った。

11. http://yarchive.net/airliners/dc10_sioux_city.html.

12. *Crew Resource Management: A positive change for the fire service*. (2003). International Association of Fire Chiefs. Fairfax, Virginia.

13. 私がハーバード大学の大学院で、経済学（10）「ミクロ経済学およびマクロ経済学入門」のコースを教えていたとき、そのコースの主任はマーティン・フェルドスタイン教授だった。教授は著名な経済学者であり、ロナルド・レーガン政権の経済諮問会議の元議長であった。毎年、教授は週末に新しい大学院助手を集めて研修を行っていた。私は第一年目には研修生として、その後は講師としてその研修に参加した。フェルドスタイン教授は常に新米の教育者にこの言葉を伝えていた。

14. *Crew Resource Management: A positive change for the fire service*. (2003). International Association of Fire Chiefs. Fairfax, Virginia.

15. ケリー・アイソンとのインタビュー。彼は US エアウェイズの元機長で、このインタビューを行った 2006 年末にはトムキャット・グローバルという会社のヨーロッパ子会社の社長であった。

16. この後の記述はアイソンとのインタビューだけでなく、運航業務のブリーフィングに関するエアバス社のパンフレットにも基づいている。このパンフレットは、下記の URL で見ることができる。http://www.airbus.com/store/mm_repository/safety_library_items/att00011205/media_object_file_FLT_OPS-CAB_OPS-SEQ01.pdf.

17. Murphy, J. (2005). *Flawless Execution*. New York: Harper Collins. p. 93.

theoretical progress." *Academy of Management Review*. 17(1): 39-61 参照。

29. http://www.concordesst.com/history/eh5.html#n.

30. 2005年春、ロバート・マクナマラ元国務長官は私のクラスを訪ねて、私と学生の前でこの話をしてくれた。

31. デイビッド・ガービンは、米国陸軍が作戦後に行う検討会をテーマにして広範にわたる論文を書いている。Garvin, D. (2000). *Learning in Action: A Guide to Putting the Learning Organization to Work*. Boston Harvard Business Press（『アクション・ラーニング』沢崎冬日訳、ダイヤモンド社、2002年）参照。

32. Burton, T. "Flop factor: by learning from failures." *Wall Street Journal*. April 21, 2004. p. A1.

33. 同上。

34. ピクサー・アニメーション・スタジオの詳細な歴史を知りたければ、Price, D. (2008). *The Pixar Touch: The Making of a Company*. New York: Knopf（『メイキング・オブ・ピクサー - 創造力をつくった人々』櫻井裕子訳、早川書房、2009年）参照。

35. Bunn, A. "Welcome to Planet Pixar." Wired. December 2006.

36. Sanders, A. "Brainstorm Zone." *San Francisco Business Times*. May 6, 2005.

37. Bunn, A. (2006).

38. Sanders, A. (2005).

39. Solomon, C. "For Disney, something old (and short) is new again." *New York Times*. December 3, 2006.

40. Grover, R. "Disney bets long on film shorts." *Business Week*. May 4, 2007.

41. Solomon, C. (2006).

42. Grover, R. (2007).

第7章

1. テネリフェの悲劇の記述はいくつかの出所に基づいている。Weick, K. (1990). "The vulnerable system: An analysis of the Tenerife air disaster." *Journal of Management*. 16(3): 571-593; Job, M. (1994). *Air Disaster: Volume 1*. Fyshwick, Australia: Aerospace Publications 参照。さらに、下記のウェブサイトも併せて参照のこと。http://www.super70s.com/Super70s/Tech/Aviation/Disasters/77-03-27(Tenerife).asp.

2. この部分の会話はすべて操縦室内のボイスレコーダーの筆記録原本から引用したものである。筆記録は下記のウェブサイト参照。http://www.pan-american.de/Disasters/Teneriff2.html.

19. Baumard, P. and W. Starbuck. (2005). "Learning from failures: Why it may not happen." *Long Range Planning*. 38:251-295. この引用は 283 ～ 284 ページから行った。

20. Baumard, P. and W. Starbuck. (2005). p. 282.

21. Ross, L. (1977). "The intuitive psychologist and his shortcomings: Distortions in the attribution process." In L. Berkowitz (ed.) *Advances in Experimental Social Psychology* (vol. 10, pp.173-220). New York: Academic Press.

22. 失敗の容認および失敗の査定の際にリーダーが尋ねるべき質問に関する詳細については、Farson, R. and R. Keyes. (2002). "The failure-tolerant leader." *Harvard Business Review*. August: 64-71 参照。

23. シム・シトキンは、知的な失敗を学習と改善に関する豊富な機会をもたらすもの、と定義している。そういう意味ではこういう失敗は容認されるだけではなく、組織にとっては程度の差こそあれ望ましいものかもしれない。シトキンは、知的失敗の特徴を次のように列記している。慎重に計画された行動、不確実な結果、範囲と規模が適度なものであること、効果的な実行、学習機会が容易に得られるような良く知られている分野のものであること、である。Sitkin, S. B. (1996). "Learning through failure: The strategy of small losses." In M. D. Cohen and L. S. Sproull (eds.) *Organizational Learning* (pp.541-578). Thousand Oaks, CA: Sage 参照。

24. スイス、ローザンヌの経営開発研究所（IMD）のマイケル・ワトキンズ教授との個人的会話に基づく。

25. 意思決定に関する私の調査研究については、Roberto, M. (2005). *Why Great Leaders Don't Take Yes for an Answer: Managing for Conflict and Consensus*. Upper Saddle River, NJ: Wharton School Publishing（『決断の本質』スカイライト・コンサルティング訳、英治出版、2006年）参照。この本には質の高い意思決定プロセスの特徴について私が書いた学術論文からの多くの例証が含まれている。さらに、キャスリーン・アイゼンハートやアービング・ジャニスのような学者の論文も読んでみるべきだろう。たとえば、Janis, I. (1989). *Crucial Decisions*. New York: Free Press（『リーダーが決断する時：危機管理と意思決定について』首藤信彦訳、日本実業出版社、1989 年）; Bourgeois, L.J. and K. Eisenhardt. (1988). "Strategic decision process in high velocity environments: Four cases in the microcomputer industry." *Management Science*. 34: 816-835; Dean, J. and M. Sharfman. (1996). "Does decision process matter?" *Academy of Management Journal*. 39: 368-396 参照。この分野の研究の論評については、Rajagopalan, N., A. Rasheed, and D. Datta. (1993). "Strategic decision processes: Critical review and future directions." *Journal of Management*. 19: 349-364 参照。

26. Staw, B. M. (1976). "Knee deep in the big muddy: A study of escalating commitment to a chosen course of action." Organizational Behavior and Human Performance. 16: 27-44.

27. Staw, B. M. and H. Hoang. (1955). "Sunk cost in the NBA: Why draft order affects playing time and survival in professional basketball." *Administrative Science Quarterly*. 40:474-494.

28. サンクコストの影響をさらに研究したければ、Arkes, H. R. and C. Blumer. (1985). "The psychology of sunk cost." *Organizational Behavior and Human Decision Process*. 35:124-140; Brockner, J. (1992). "The escalation of commitment to a failing course of action: Toward

3. Clark, H. "James Dyson cleans up." *Forbes*. August 1, 2006.

4. 同上。

5. Salter, C. "Failure doesn't suck." *Fast Company*. May 2007.

6. 同上。

7. Wylie, I. "Failure is glorious." *Fast Company*. September 2001.（134 ページ最終行まで）

8. Kamenev, M. "Alessi: Fun design for everyone." *Business Week*. July 25, 2006.

9. http://executiveeducation.wharton.upenn.edu/ebuzz0508/fellows.html.

10. Wylie, I. (2001).

11. http://executiveeducation.wharton.upenn.edu/ebuzz0508/fellows.html.

12. Wylie, I. (2001).

13. 私はエイミー・エドモンドソンとアニタ・タッカーとともに、チルドレンズ・ホスピタル・アンド・クリニック・オブ・ミネアポリスのリーダーたちとの一連のインタビューに基づいて同病院についてのケーススタディを作成した。Edmondson, A., M. Roberto, and A. Tucker. (2002). "Children's Hospital and Clinics (A)." Harvard Business School Case Study No. 9-302-050 参照。またこの部分の記述の一部は、ジュリー・モラスとクリス・ロビンソン医師がこのケーススタディを教えている私のクラスを初めて訪問してくれたときに交わした会話に基づいている。さらに、2002 年から 2007 年にかけて患者への安全対策がどのように進化したかを学生たちに知らせるために、追加のケーススタディが作成されている。Edmondson, A., K. Rolff, and I. Nembhard. (2007). "Children's Hospital and Clinics (B)." Harvard Business School Case Study No. 9-608-073. 同病院の患者への安全対策の詳しい情報については、Shapiro, J. "Taking the mistakes out of medicine." *U.S. News and World Report*. July 17, 2000 参照。

14. Edmondson, A., M. Roberto, and A. Tucker. (2002).

15. Kelly, T. (2001). *The Art of Innovation: Lessons in Creativity from IDEO, America's Leading Design Firm*. New York: Doubleday. p. 232（『発想する会社！ －世界最高のデザイン・ファーム IDEO に学ぶイノベーションの技法』鈴木主税、秀岡尚子訳、早川書房、2002 年）。

16. McGregor, J. "How failure breeds success." *Business Week*. July 10, 2006.

17. Schoemaker, P. and R. Gunther. (2006). "The wisdom of deliberate mistakes." *Harvard Business Review*. June: 108-115.

18. この部分の記述は多くの戦略コースで使われているキャピタル・ワンのケーススタディに基づいている。Anand, B., M. Rukstad. and C. Paige. (2000). "Capital One Financial Corp." Harvard Business School Case Study No. 9-700-124 参照。さらに、キャピタル・ワンの CEO、リチャード・フェアバンクが 2001 年に私のクラスを訪問してくれたとき、彼から聞いた話も参考にしている。

28. Burt, R. (1992). *Structural Holes: The Social Structure of Competition*. Cambridge, MA: Harvard University Press（『競争の社会的構造 - 構造的空隙の理論』、安田雪訳、新曜社、2006年）。

29. Surowiecki, J. (2004). *The Wisdom of Crowds: Why the Many Are Smarter Than the Few and How Collective Wisdom Shapes Business, Economics, Societies and Nations*. New York: Anchor Books（『「みんなの意見」は案外正しい』小高尚子訳、角川書店、2006年）。

30. Tapscott, D. and A. Williams. (2006). *Wikinomics: How Mass Collaboration Changes Everything*. New York: Penguin（『ウィキノミクス　マスコラボレーションによる開発・生産の世紀へ』井口耕二訳、日経ＢＰ社、2007年）。

31. Crovitz, G. "From Wikinomics to Government 2.0." *Wall Street Journal*, May 12, 2008. p. A13.

32. この部分の記述は、2006年から2007年にかけてジャン・リブキンと私が行ったＦＢＩに対する調査に基づいている。私たちは、ロバート・モラー局長から支局で働く特別捜査官にいたるまで多くの職員にインタビューした。私たちは、この調査に基づいてＦＢＩに関する２件のケーススタディを発表した。最初のケースは2001年11月までのＦＢＩを取り上げ、9・11事件後モラーが組織のリストラを考えているところで終わっている。第二番目のケースは2006年末までを対象にして、9･11事件後の５年間でムラーが実施した多くの改革を取り上げている。この二つのケースでＦＢＩが体験した成功と挫折をありのままに精査した。モラー局長とその部下の方々、とりわけ国家保安部のフィル・マッド部長に、この改革のプロセスでＦＢＩが直面した数々の難題について進んで率直に話していただいたことに深甚の謝意を表したい。Rivkin, J. and M. Roberto. (2007). "Federal Bureau of Investigation (A)." Harvard Business School Case Study No. 9-707-500; Rivkin, J. and M. Roberto. (2007). "Federal Bureau of Investigation (B)." Harvard Business School Case Study No. 9-707-553.

33. Rivkin, J. and M. Roberto. (2007). "Federal Bureau of Investigation (B)." Harvard Business School Case Study No. 9-707-553.

34. Eggen, D. and J. McGee. "FBI rushes to make its mission." *Washington Post*, November 12, 2001. p. A1.

35. Martin, R. (2007). "How successful leaders think." *Harvard Business Review*. June: 60-90.

36. 同上。

37. 同上。

38. 同上。

第６章

1. ジェイムズ･ダイソンと彼の名を付した会社の歴史の詳細は同社のウェブサイトで見ることができる。http://dyson.cim/about/story/

2. Vorasarun, C. "Clean machine." *Forbes*. March 24, 2008.

decision making: Biased information sampling during discussion." *Journal of Personality and Social Psychology*. 48:1467-1478.

17. Stasser, G. and W. Titus. (2003). p. 305.

18. 組織におけるチームワークや協調をほめそやす人は多い。個々の人が知恵や専門知識をプールすれば相乗効果が生じて、全体は部分の合計に優るはずである。残念なことに、期待した相乗効果を発揮していないチームの多いことが調査で明らかになっている。チーム活動の研究者は、チームの実際の成果がその潜在的成果に達しない現象を「プロセス損失」という言葉で表現している。Steiner, I. D. (1972). *Group Process and Productivity*. New York: Academy Press. その人しか知らない情報を共有したり、統合することができないことが、チーム活動における「プロセス損失」の重要な原因の一つである。

19. Stasser, G. and W. Titus. (2003). p. 308. 1989年に会話が記録された研究が出版された。Stasser, G. L. Taylor, and C. Hanna. (1989). "Information sampling in structured and unstructured discussions of three and six-person groups." *Journal of Personality and Social Psychology*. 57:67-78.

20. たとえば、Larson, J., C. Christensen, A. Abbott, and T. Franz. (1996). "Diagnosing groups: Charting the flow of information in medical decision making teams." *Journal of Personality and Social Psychology*. (71): 315-330 参照。

21. Edmondson, A., M. Roberto, and M. Watkins. (2002). "A Dynamic Model of Top Management Team Effectiveness: Managing Unstructured Task Streams." *Leadership Quarterly*. 14(3): 297-325.

22. Stasser, G. and W. Titus. (2003). p. 308.

23. Larson, J., C. Christensen, A. Abbott, and T. Franz. (1996).

24. Larson, J., P. Foster-Fishman, and T. Franz. (1998). "Leadership style and the discussion of shared and unshared information in decision-making groups." *Personality and Social Psychology Bulletin*. 24(5):482-495.

25. Edmondson, A., M. Roberto, and M. Watkins. (2002). また、Nadler, D. A. (1996). "Managing the team at the top." *Strategy and Business*. 2:42-51 参照。

26. 共有および非共有情報の共有と討論を助長する方法に関するアイデアの指導を希望する人のために、エイミー・エドモンドソンと私はウェブサイトで使えるリーダーシップとチーム力学のシミュレーションを作成した。Roberto. M. and A. Edmondson (2008). *Everest Leadership and Team Simulation*. Boston: Harvard Business School Publishing. 私たちは、インストラクターがこのシミュレーションを使用し、その後学生の感想を聞くための総合的な指導要領を出版した。このシミュレーションの間、学生はチームを作って「エベレスト登山」を開始し、山頂に至るまでに一連の問題を解決しなければならない。この問題を正しく解決するために、チームのメンバーはお互いが他人の知らない情報を共有し合ってその情報を効果的にまとめ上げなければならない。

27. Casciaro, T. and M. Lobo. (2005). "Competent jerks, lovable fools and formation of social networks." *Harvard Business Review*. June: 92-99.

2. この部分の記述の多くは第一章でも触れた9・11事件に関するケーススタディに基づいている。Rivkin, J. ,M. Roberto, and E. Ferlins. (2006). "Managing National Intelligence (A): Before 9/11." Harvard Business School Case Study No. 9-706-463. このケーススタディも、9・11調査員会の報告書「*The 9/11 Commission Report: Final Report of the National Commission on Terrorist Attacks Upon the United States*. (2004). New York: W.W. Norton & Company」に負うところが多い。

3. *The 9/11 Commission Report: Final Report of the National Commission on Terrorist Attacks Upon the United States*. (2004). New York: W.W. Norton & Company. p. 254.

4. http://www.thememoryhole.org/911/phoenix-memo/.

5. 同上。

6. *The 9/11 Commission Report: Final Report of the National Commission on Terrorist Attacks Upon the United States*. (2004). New York: W.W. Norton & Company. p. 272.

7. 同上。p.273.

8. 同上。

9. 同上。p.275.

10. 同上。

11. Poniewozik, J. "The man behind the memo." Time. November 26, 2001.

12. 2002年6月6日米国上院司法委員会のテロ対策に関する公聴会でのコリーン・ローリーの証言。

13. Lawrence, P. and J. Lorsch, (1967). *Organization and Environment: Managing Differentiation and Integration*. Boston: Harvard Business School Division of Research（『組織の条件適応理論』吉田博訳、産業能率短大出版部、1977年）。

14. 私たちが9.11事件のケーススタディの教授法について相談していたとき、ジャン・リブキンがこの傾向を指摘した。私たちは、長年にわたって指導を受けたジェイ・ローシュにも深甚の謝意を表したい。ローレンスとローシュの偶発性理論は組織論の進化の歴史のうえで大きな影響力を持つ出来事として今なお際立っている。私見だが、彼らの1967年の書籍（上記13参照）は、経営学の博士課程の学生が大学院の最初の学期にぜひ読むべき書である。私は大学院時代ジェイ・ローシュのクラスを受講する機会に恵まれたが、彼はフレデリック・テイラーやメアリー・パーカー・フォレット、チェスター・バーナードなどのすべての研究にまで遡って多くの組織理論の古典的書籍を紹介してくれた。

15. Shelby, R. (2002). p. 22.

16. Stasser, G. and W. Titus. (2003). "Hidden profiles: A brief history." *Psychological Inquiry*. 14(3/4): 304-313. 引用はこの記事の304ページから行った。当初の研究は1985年に出版された。Stasser, G. and W. Titus. (1985). "Pooling of unshared information in group

25. Neustadt, R. and E. May. (1986). p. 44.

26. 朝鮮戦争に関するトルーマンの意思決定の詳細については、McCullough, D. (1992). *Truman*. New York: Simon and Schuster 参照。また、2008 年 4 月 8 日、デイビッド・マカルーがブライアント大学に来て行ったアメリカの大統領職に関する講演で、私はトルーマン大統領のリーダーシップと意思決定のスタイルについて多くのことを学んだ。

27. 特に保健医療分野への応用に重点を置いた積極的な聴き方に関する詳細については、Robertson, K. (2005). "Active listening: More than just paying attention." *Australian Family Physician*. 34(12)1054-1055 参照。さらに次の論文参照：Phelan, T. (1994). *1-2-3 Magic: Effective Discipline for Children 2-12*. Glen Ellyn, Illinois: Child Management Inc.(『「させる」「やめさせる」しつけの切り札―2 歳から 12 歳までの 1-2-3 方式』嶋垣ナオミ訳、東京書籍、2003 年）; Korsgaard, M., D. Schweiger, and H. Aspienza. (1995), "Building commitment, attachment, and trust in strategic decision-making teams: The role of procedural justice." *Academy of Management Journal*. 38(1): p. 60-84.

28. 非難をうまく扱う方法に関する論文は、Baldwin, D. (2001). "How to win the blame game." *Harvard Business Review*. July/August: 55-60 参照。

29. ペイパル株式会社財務担当役員マリオ・シリアシュキとのインタビュー。ペイパルはイーベイの子会社だが、そのイーベイについてもパターンの識別について興味ある話を聞いた。10 年ほど前、私は同じ学部の同僚数人といっしょに、イーベイの CEO メグ・ホイットマンと朝食をする機会があった。その時、ホイットマンはパターン識別について興味深い話をしてくれた。それは、同社がインターネットのサイトでの売買でいかにパターンを見つけようとしているかの説明だった。ある若手のマネジャーが 1999 年にオークション・サイトに中古車の小さな市場が出現したようだということに気づいた。このマネジャーはこの市場の可能性を限定している制約があることにも気づいた。たとえば、買い手のほとんどは車の品質と安全性について第三者の何らかの保証を欲しがっていた。そこで、このマネジャーは有望な買い手に保証を与えるための検査サービスを始めた。検査サービスやその他類似のサービスのおかげで中古車市場は有望な市場になり、イーベイの自動車販売は急増した。あとでわかったことだが、このマネジャーはサイモン・ロスマンという私のハーバード・ビジネススクールの同級生で、MBA クラスの最初の年の後期には私の隣に座っていた学生だった！

30. このケーススタディに関する考え方の多くは、ブライアント大学やニューヨーク大学のスターン・スクール・オブ・ビジネス、ハーバード・ビジネススクールで長年にわたって多くの学生と交わした会話から得たものである。

31. 元国防長官のロバート・マクナマラは、2005 年の春ハーバード・ビジネススクールの私のクラスを訪ねてきたときに、この考えを漏らしてくれた。

第 5 章

1. Shelby, R. (2002). "September 11 and the imperative reform in U.S. intelligence community: Additional views of Senator Richard Shelby, Vice chairman. Senate Select Committee on Intelligence." pp.4-5. マルコム・グラッドウェルはシェルビーの結論に対して興味深い論評を書いている。Gladwell, M. "Connecting the dots: The paradoxes of intelligence reform." *The New Yorker*, March 10, 2003 参照。

12. Gavetti. G., and Jan Rivkin. (2005). "How Strategists Really Think: Tapping the Power of Analogy." *Harvard Business Review*. April: 54-63. ギャヴェッティとリブキンは、企業が競争戦略を練るのにいかに類推法を活用しているかについて次々と論文を発表している。たとえば、下記論文参照。Gavetti. G., D. Levinthal, and Jan Rivkin. (2005). "Strategy-Making in Novel and Complex Worlds : The Power of Analogy." *Strategic Management Journal*. 26(8): 691-712; Gavetti. G., and J. Rivkin. (2004). "Teaching Students How to Reason Well by Analogy." *Journal of Strategic Management Education*. 1 (2).

13. Abelson, J. "High-concept cleaners in tatters." *Boston Globe*. May 15, 2008.

14. 創業時のステイプルズ社にまつわる興味深い歴史については、Stemberg, T. (1996). *Staples for Success: From Business Plan to Billion-Dollar Business in Just a Decade*. Santa Monica, CA: Knowledge Exchange 参照。

15. ズーツ社の創設者で前最高経営責任者、T・クラスノウとのインタビュー。クラスノウと私は同時期にステイプルズでいっしょに働いていた。当時私は一介のプロジェクト・マネジャーで企業買収の仕事をしていたが、クラスノウはすでにマーケティング担当上級副社長であった。私がハーバード・ビジネススクールで教えていたとき、親切にもクラスノウがやって来て、私の学生にステイプルズとズーツにおけるビジネス経験を語ってくれた。彼は、CEO の座を降りた直後、ズーツについての私のインタビューに応じてくれた。

16. Abelson. J. (2008).

17. Caroll, G. and G. Powell. (2003). "Cocoa Pete's Chocolate Adventures." Stanford Business School Case Study No. E153.

18. 同上。

19. エンロンの崩壊に関する優れた学術的検証については、Salter, M. (2008). *Innovation Corrupted: The Origins and Legacy of Enron's Collapse*. Cambridge, MA. Harvard University Press 参照。マル・ソルターは、エンロンの崩壊を教えるときに教師が使いたくなるようなケーススタディも作成している。Salter, M. (2003). Innovation Corrupted: The rise and fall of Enron (A) and (B). Harvard Business School Case Study No. 904-036 参照。

20. この部分の記述は、2001 年エンロンが倒産にいたる前、私がハーバード・ビジネススクールのデイビッド・ガービン、ジョーゼフ・バウアー、リン・レベスクとともに、同社で行ったインタビューに基づいている。

21. Neustadt, R. and E. May. (1986). p. 39.

22. 同上。

23. Neustadt, R. and E. May. (1986). p. 36. また、Truman, H. (1955-1956). *Memoirs*. Volume II. New York: Doubleday. pp. 332-333（『トルーマン回顧録（２）－試練と希望の年月』堀江芳孝訳、加藤俊一監修、恒文社、1956 年）参照。

24. Neustadt, R. and E. May. (1986). p. 43.

35. 同上

第 4 章

1. ゲイリー・クラインの研究は次の彼の 2 冊の優れた著作に収められている。Klein, G. (1999). Sources of Power: How People Make Decisions. Cambridge, MA: MIT Press（『決断の法則－人はどのようにして意思決定をするのか？』 佐藤洋一訳、トッパン、1999 年）; Klein, G. (2004). *The Power of Intuition: How to Use Your Gut Feelings to Make Better Decisions at Work*. New York: Doubleday.

2. Klein, (1999). p.32.

3. 同上。

4. ダニエル・アイゼンバーグは直観について、特に経営者による直観と合理的な分析の組み合わせ方について優れた研究を残している。Isenberg, D. (1984). How senior managers think." *Harvard Business Review*. 62(6): 80-91 参照。

5. 私は、一部ではあるが直観的意思決定プロセスに焦点を絞ったケーススタディを数件作成した。Roberto, M. and G. Carioggia. (2004). "Electronic Arts: The Blockbuster Strategy." Harvard Business School Case Study No. 9-304-013; Roberto, M. and E. Ferlins. (2004). "Fire at Mann Gulch." Harvard Business School Case Study No. 9-304-037; Roberto, M. and E. Ferlins. (2005). "Storm King Mountain." Harvard Business School Case Study No. 9-304-046 参照。さらに、ブライアント大学の学生、タリン・ボードインは最近私の指導のもとに優秀賞を授与された卒業論文を完成した。私は彼女とマサチューセッツ州ニュートンにあるゲームライトという受賞歴のあるゲーム会社の広範な実地調査を行った。彼女の卒業論文は同社のケーススタディである。この論文は、同社のマネジャーがどのように直観を用いてどんなゲームを開発し、商品化するかという重要な決定をしているかをテーマにしたものである。Beaudoin, T. (2008). "Creativity, intuition, and product development: A case study of GameWright, Inc." Smithfield, RI: Bryant University 参照（ただし、未公表）。

6. Newstadt, R. and E. May. (1986). *Thinking in Time: The Uses of History for Decision-Makers*. New York: Free Press（『ハーバード流歴史活用法―政策決定の成功と失敗』臼井久和、斎藤元秀、滝田賢治、阿部松盛訳、三嶺書房、1996 年）。

7. 同上　p.49。

8. 豚インフルエンザ事件の詳細については、Warner, J. "The Sky is Falling: An Analysis of the Swine Flu Affair of 1976." 参照。（http://www.harverford.edu/biology/edwards/disease/viral_essays/warnervirus.htm）

9. Neustadt, R. and E. May. (1986). p. 56.

10. Neustadt, R. and E. May. (1986). p. 54.

11. 豚インフルエンザ事件を教えることに興味のある教員の方は、R. Neustadt. (1993). "Swine Flu Scare in America (A)." Harvard University John F. Kennedy School of Government Case Study No. KSG1053.0 参照。他にもニュースタット教授やその他の人が豚インフルエンザ事件について多くのケーススタディを作成している。

"Home Depot: Exit the builder, enter the repairman." *Fortune*. March 29, 2001 参照。

27. Tischler, L. (2007).

28. Garvin, D. (2000). *Learning in Action: A Guide to Putting the Learning Organization to Work*. Boston: Harvard Business School Press. pp. 79-80（『ラーニング・アクション』 沢崎冬日訳、ダイヤモンド社、2002 年）。

29. 製品デザインを手掛ける有力企業アイディオは、革新的な新製品を開発するために必要な調査を行うときに、効果的に観察を行うための原則の多くを実践している。アイディオの製品開発の過程を素晴らしい映像で紹介しているのが、1999 年 7 月 13 日に放映されたＡＢＣニュース Nightline の「The Deep Dive」というタイトルのビデオである。ＡＢＣニュースは、テッド･コッペルが案内役を務めるこのビデオで、5 日という短期間でスーパーマーケット用の新しいショッピングカートのデザインに取り組むアイディオの姿を記録に留めている。このビデオを見ればこの非常に創造力に富んだ会社の注目すべき内情がわかる。調査とブレーンストーミングから始まって､デザイナーが完全な機能を持つプロトタイプを作成して店頭に持ち込んで消費者の意見を求めるまでの製品開発の全過程の実態をこのビデオで見ることができる。創設者の一人がアイディオにおける技術革新について非常に優れた本を書いている。Kelly, T. (2001). *The Art of Innovation: Lessons in Creativity from IDEO, America's Leading Design Firm*. New York: Doubleday（『発想する会社！－世界最高のデザイン・ファーム IDEO に学ぶイノベーションの技法』鈴木主税、秀岡尚子訳、早川書房、2002 年）参照。いくつかのハーバード大学のケーススタディも同社を取り上げている。Thomke, S. and A. Nimgade. (2000). " IDEO Product Development." Harvard Business School Case Study No. 9-600-143: Edmondson, A. and L. Feldman. (2005). "Phase Zero: Introducing New Services at IDEO (A)." Harvard Business School Case Study No. 9-605-069 参照。

30. この部分の記述は『Inc.』誌の記事に基づいている。Cruner, S. (1998). "Spies like us" Inc. magazine. August issue 参照。また、トム・ステンバーグが CEO であった 1994 ～ 1996 年の間ステイプルズで働いていた私の個人的な経験に基づくものでもある。この間私は幾度となくステンバーグと触れ合う機会があり、彼とそのスタッフが競争相手の会社をいかに研究し、分析しているかについて多くのことを学んだ。当時ステイプルズは、店頭販売員であるか経営幹部であるかに関係なく、すべての新規採用者は小売店舗の店頭の仕事から始めなければならないと考えていた。従って、ハーバード大学のＭＢＡ課程を卒業した私も、入社後 1 週間はコネチカット州ニュー・ロンドンのステイプルズの店舗で棚に商品を陳列したり、お客の質問に答えたり、レジを担当したりした。この実務にどっぷりと浸かった体験から、私はステイプルズの顧客や店舗の運営について非常に多くのことを学んだ。

31. Gruner, S. (1998).

32. 同上

33. Sawyer, K. (2007). *Group Genius: The Creative Power of Collaboration*. New York: Perseus Books Group（『凡才の集団は孤高の天才に勝る－「グループ・ジーニアス」が生み出すものすごいアイデア』金子宣子訳、ダイヤモンド社、2009 年）。

34. Gruner, S. (1998).

13. Loftus, E. (1975). "Leading questions and the eyewitness report." *Cognitive Psychology*. 7:550-572. スタンフォード大学の心理学者エリザベス・ロフタスの非凡かつ影響力の大きい研究の詳細については Gary, M. and H. Hayne. (2006). *Do Justice and Let the Sky Fall: Elizabeth F. Loftus and Her Contributions to Science, Law, and Academic Freedom*. Philadelphia: Lawrence Erlbaum 参照。

14. Loftus, E. (1975).

15. Gross, D. (2003). さらに Rubin, H. and I. Rubin. (2004). *Qualitative Interviewing: The Art of Hearing Data*. Thousand Oaks, CA: Sage Publication 参照。

16. Gross, D. (2003).

17. 同上

18. Argyris, C. and D. Schon. (1981). *Theory in Practice: Increasing Professional Effectiveness*. San Francisco: Jossey-Bass. p.7.

19. 同上

20. Bowen, B. and D. Hadley. (2007). Airline Quality Rankings. http://aqr.aero/aqrreports/AQR2007full.pdf. ボーエンとハードリーは毎年航空会社品質ランキングを公表している。彼らが採用している格付け方法は非常に徹底的で、この多難な業界の置かれた状況を知るうえで興味深い。

21. Peterson, B. (2004). *Blue Streak: Inside JetBlue, the Upstart That Rocked an Industry*. New York: Penguin Books.

22. Newman, R. (2004). "Preaching JetBlue: How David Neeleman is spreading the gospel of service at the fast-growing airline." *The Chief Executive*. October issue.

23. 民族誌学的研究方法を説明した有益な文献としては Genzuk, M. (2003). "A Synthesis of Ethnographic Research." *Occasional Papers Series, Center for Multilingual Research*. University of Southern California, Rosier School of Education がある。

24. Hoare, S. "Big brands turning to Big Brother." *The Daily Telegraph*, March 29, 2007.

25. Yin, R. (1994). *Case Study Research: Design and Methods*. 2nd edition. Thousand Oaks, CA: Sage Publication（『ケーススタディの方法　第２版』近藤公彦訳、千倉書房、1996 年）。

26. 特に外部から来た新しい CEO にとっては、その組織で使われている用語を理解することが非常に重要である。長年ゼネラルエレクトリックで働いた後ホーム・デポに移ったロバート・ナルデリはこのことを思い知らされた。小売業については詳しくなかったので、彼はこのアトランタに本拠を置くホームセンター・チェーンでの最初の３カ月間に言葉の問題でいくつかの大失敗をした。たとえば商品化計画部門を指すのに「購買グループ」という言葉を使ったが、これは小売業に従事する者にとっては快い響きの言葉とは見なされていなかった。また商品保管部門（Stock Keeping Units）を小売業全般で広く使われている「スカス（skus）」ではなくて、「エスケーユーエス」と呼んでしまった。Sellers, P.

いては、これまでに優れた伝記が何冊も出版されているので、そのうちの1冊を読めばよいだろう。私が読んで面白かったのは、英国の政治家にして作家のロイ・ジェンキンズが数年前に書いた次の伝記である。Jenkins, R. (2001). *Churchill: A Biography*. New York: Farrar, Straus and Giroux。

第3章

1. Horovitz, B. "Marketers take a close look at your daily routine." *USA Today*, April 29, 2007.

2. 同上

3. Kroll, L. "A fresh face." *Forbes*, July 8, 2002.

4. Lafley, A. G. and R. Charan. (2008). *The Game-Changer: How You Can Drive Revenue and Profit Growth with Innovation*. New York: Crown Business. p.49. この著者たちは、ラフリーの任期中に、プロクター・アンド・ギャンブルがいかに技術革新を推進し、それが有機的に利益の伸びにつながったかを非常に的確に描いている。ラフリーも、Workin' It と Livin' It を始めとする多くの重要な活動について説明している。

5. Horovitz, B. (2007).

6. Mead, M. (1928). *Coming of Age in Samoa*, New York: Morrow Quill (『サモアの思春期』畑中幸子、山本真鳥訳、蒼樹書房、1976年)。

7. 組織に関する最も優れた民族誌学的研究者の一人がマサチューセッツ工科大学（ＭＩＴ）スローン経営学大学院のジョン・ヴァン・マーネン教授である。1980年代、教授は民族誌学的な研究方法について素晴らしい著作を発表した。Van Maanen, J. (1988). *Tales of the Field on Writing Ethnography*. Chicago: University of Chicago Press（『フィールドワークの物語―エスノグラフィーの文章作法』森川渉訳、現代書館、1999年）参照。

8. Gross, D. "Lies, damn lies, and focus groups." Slate. October 10, 2003. ザルトマンの研究の詳細については Zaltman, G. (2003). *How Customers Think: Essential Insights into the Mind of the Market*. Boston: Harvard Business School Press（『心脳マーケティング：顧客の無意識を解き明かす』藤川佳則、阿久津聡訳、ダイヤモンド社、2005年）参照。

9. Tischler, L. (2007). "Every move you make." *Fast Company*.

10. プロクター・アンド・ギャンブル株式会社グローバルマーケット戦略および計画担当副社長トーマス・キンドラーとのインタビュー。キンドラー氏とは、2008年5月私がアイルランドの Bord Bia（アイルランド食糧庁）の会議に出席したときに会った。同氏と私は、ダブリン山の頂上に位置するグレンカレンの町のジョニーフォックスというパブでギネスの生ビールを飲みながらプロクター・アンド・ギャンブルの民族誌学的調査について語り合う喜びを味わった。ここは、私の知る限りの最高のインタビュー場所の一つであることに間違いない。

11. Kroll, L. (2002).

12. 民族誌学的マーケティングの詳細については Mariampolski, H. (2005). *Ethnography for Marketers: A Guide to Consumer Immersion*. Thousand Oaks, CA: Sage Publication 参照。

27. McGregor, J. (2008). "Mining the office chatter." *Business Week*, May 19, 2008.

28. Diaz, J. "Facebook's squirmy chapter." *Boston Globe*. April 16, 2008. ベス・イスラエル・ディーコネス医療センターにおけるリーダーとしてのポール・レヴィの活動の詳細については、私がデイビッド・ガービン教授と共同で書いたマルチメディア対応のケーススタディを参照ねがいたい。このケーススタディは、2002年1月レヴィがCEOに就任した当時、破産の瀬戸際にあった同医療センターを彼が再建したいきさつを詳しく紹介している。私たちは、再建に着手した最初の6カ月の間ほぼ3週間ごとにレヴィにビデオによるインタビューを行ったが、それによって再建のデータをリアルタイムで収集した、という点でこのケーススタディはユニークである。このインタビューは彼の就任の1週間後から始めた。また私たちは、数百件のEメールの交信を収集し、再建に関する新聞報道を追跡記録した。このケーススタディにはこうした多くの文書も含まれている。Garvin, D. and M. Roberto. (2003). "Paul Revy: Taking Charge of the Beth Israel Deaconess Medical Center (A)." Harvard Business School Case No. 9-303-008 参照。 さらに、私たちはこの再建から得たリーダーシップに関する教訓について論文を執筆した。Garvin, D. and M. Roberto. (2005). "Change through persuasion." *Harvard Business Review*. February: 104-112 参照。

29. Reed, S. "Media giant or media muddle." *Business Week*, May 1, 2008. グローサーのブログへのアクセスは次のURLへ：http://tomglocer.com/。

30. Grove, A. (1999). *Only the Paranoid Survive*. New York: Currency/Doubleday. p. 110 (『インテル戦略転換』佐々木かをり訳、七賢出版、1997年)。

31. Bower, J. (2007). *The CEO Within: Why Inside Outsiders Are the Key to Succession Planning*. Boston: Harvard Business School Press.

32. CEOとして外部と内部のどちらの人間を起用するのが有利かを論じている文献の数は多数に及ぶ。また実証的研究の数も多い。たとえば次のような研究がある。Behn, B., D. Dawley, R. Riley, and Y. Yang. (2006). "Deaths of CEOs: Are Delays in Naming Successors and Insider/Outsider Succession Associated with Subsequent Firm Performance?" *Journal of Managerial Issues*. 18(1): 32-47; Chen, W. and A. Cannella. (2002). "Power dynamics within top management teams and their impact on CEO dismissal following insider succession." *Academy of Management Journal*. 45: 1195-2007; Chung, K., R. Rogers, M. Lubatkin, and J. Owens. (1897). "Do Insiders Make Better CEOs Than Outsiders?" *Academy of Management Executive*. 1(4): 325-331.

33. Christensen, C. (2000). *The Innovator's Dilemma*. New York: Harper Collins（『イノベーションのジレンマ - 技術革新が巨大企業を滅ぼすとき』玉田俊平太監修、伊豆原弓訳、翔泳社、2001年）。

34. 大学への入学に関するこの部分の記述は、ブライアント大学入学者選考部長ミシェル・ボレガードとハーバード・ビジネススクール前学生部長キム・クラークとの長年にわたる会話に基づいた。

35. McCain, J. "Extraordinary foresight made Winston Churchill great." *The Daily Telegraph*. March 20, 2008. このロンドンの新聞記事は、ジョン・マケインとマーク・ソルターの著書からの抜粋である。McCain, J. and M. Salter. (2007). *Hard Call: The Art of Great Decisions*. New York: Twelve Publishing 参照。チャーチルのリーダーシップ・スタイルの詳細につ

て、それがまったく同じ資料であるのに、資料を見る前よりももっと両極端に分かれた意見を持って去っていくのも、確証バイアスによって説明できる可能性があると主張している。彼らは、死刑に関する人々の意見を調査した。人々はこの混在した証拠資料を見た後、自分の意見により確信を深めた。人々は自分の現在の姿勢や信念を裏づける情報を重要視する傾向があり、従前からの信念に異議を唱える情報は退ける。従って、その態度がより両極に分かれるのだと説明している。この研究の詳細については、Lord, C., L. Ross and M. Lepper. (1979). "Biased assimilation and attitude polarization: The effects of prior theories on subsequently considered evidence." *Journal of Personality and Social Psychology*. 37(11): 2098-2109 参照。確証バイアスに関する研究の綿密な論評については、Nickerson, R. (1998). "Confirmation bias: An ubiquitous phenomenon in many guises." *Review of General Psychology*. 2(2): 175-220 参照。

13. Kissinger, H. (2003). *Ending the Vietnam War*. New York: Simon and Schuster. P.185

14. デイビッド・ガービンと私は、集団による意思決定を行う際に、その正常な機能を妨げるような意見に関する論文を執筆した。Garvin, D. and M. Roberto. (2001). "What you don't know about making decisions." *Harvard Business Review*. September: 108-119 参照。

15. マルケイヒーのゼロックス再建の詳細については、Kharif, O. "Anne Mulcahy Has Xerox by Horns." *Business Week Online*. May 29, 2003 参照。記事の全文は下記の URL でも読める。http://www.businessweek.com/technology/content/may2003/tc20030529_1642_tc111.htm.

16. Anne Mulcahy. "The Customer Connection: Strategies for Winning and Keeping Customers." (2004 年 6 月 10 日カナダ・エンパイアクラブでの講演)。下記の URL で講演の全文を読むことができる。http://www.empireclubfoundation.com/details.asp?SpeechID=3000&FT=yes.

17. 同上。

18. 同上。

19. CVS ケアマーク株式会社、マーケティングおよびオペレーティング・サービス担当上級副社長ヘレナ・フォークスとのインタビュー。

20. LTX 株式会社、社長兼最高経営責任者デイビッド・タチェッリとのインタビュー。

21. 同上。

22. 同上。

23. アメテック・ケミカルプロダクツ、副社長兼ジェネラルマネジャー、ラリー・ヘイワードとのインタビュー。

24. ABRY パートナーズ有限会社、共同経営者ペニ・ガーバーとのインタビュー。

25. Hamel, G. (2003). "The quest for resilience." *Harvard Business Review*. September: 52-58.

26. Bartlett, C. (2000). "GE Compilation: Jack Welch — 1981-99." Harvard Business School Video No.300-512.

3. Kissinger, H. (1979). *White House Years*. Boston: Little Brown. p. 982（『キッシンジャー秘録（１－５）』斎藤彌三郎ほか訳、小学館、1979-1980 年）。

4. Amidon, M. (2005) 前掲書。

5. Amidon, M. (2005) 前掲書。

6. 連邦政府の各機関の間で自由な情報交換が行われていないという事実は、米国の歴史で頻繁に繰り返されている問題である。第 1 章で述べたように、2001 年 9 月 11 日のテロリストによる攻撃の防止に政府が失敗したのも、情報の共有が行われなかったことが一因である。第 5 章で、この攻撃を取り巻いていた状況を詳細に検討する。もちろん、公共部門か民間部門かを問わず、お互いに効果的に協力し合わない「サイロ的行動（訳注：窓のないサイロに入ったように周囲のことが見えず、これに構わない自己中心的な行動）」をしている組織が多いことに留意すべきだ。米国の諜報社会においてこの問題は特に深刻だが、もちろんこれは諜報組織に限ったことではない。

7. Amidon, M. (2005) 前掲書。

8. リチャード・ニクソン大統領の指導者としてのスタイルの詳細については、Ambrose, S.E. (1987). *Nixon*, New York: Simon and Schuster および Reeves, R. (2002). *President Nixon: Alone in the White House*. New York. Simon and Schuster 参照。

9. ハイケ・ブルックとスマントラル・ゴーシャルは、管理職がどのように時間を使っているかにに関する 10 年間の調査に基づいて、多くの管理職の過密スケジュールについて興味深い論文を書いている。彼らは、10 人の管理職のうち 9 人までが非常に非効率的な時間の使い方をしていると指摘している。「仕事に打ち込んで、意図的に、思慮深く時間を使っている」管理職は 10%にすぎない。この二人の学者は、管理職がスケジュール管理をして、より効率的、効果的に時間を使うのに役立つ戦略を提案している。Bruch, H. and S. Ghoshal. (2002). "Beware the Busy Manager." *Harvard Business Review*. February:62-68 参照。

10. 集団や組織で生じる大勢順応という社会的圧力について触れている論文は多い。最も初期の研究の一つに、後の学者に多大な影響を与えた心理学者ソロモン・アッシュの研究がある。Asch, S.E. (1951). "Effects of group pressure upon the modification and distortion of judgment." in H. Guetzkow (ed.). *Groups, Leadership and Men*. (pp.177-190). Pittsburgh: Carnegie Press 参照。社会心理学者のアービング・ジャニスは、大統領の意思決定の分析に基づいて、集団における大勢順応の圧力に関する古典的な研究を行った。Janis, I. (1982). *Victims of Groupthink*. 2nd edition. Boston: Houghton Mifflin 参照。大勢順応への圧力に関する最新の研究については、Epley, N. and T. Gilovich. (1999). "Just going along: Nonconscious priming and conformity to social pressure." *Journal of Experimental Social Psychology*. 35: 578-589 参照。

11. Amidon, M. (2005). 前掲書。

12. ピーター・ワトソンは確証バイアスの研究の先駆者の一人である。たとえば、Watson, P. (1960). "On the failure to eliminate hypotheses in a conceptual task." *Quarterly Journal of Experimental Psychology*. 12: 129-140 参照。1970 年代後半、スタンフォード大学のある研究グループは、人々がある事柄に関する雑多な証拠が入り混じった 1 組の資料を精査し

Deviance at NASA. Chicago: University of Chicago Press 参照。コロンビア号の事故についての詳細は、Edmondson, A., M. Roberto, R. Bohmer, E. Ferlins, and Laura Feldman. (2005). "The Recovery Window: Organizational Learning Following Ambiguous Threats." In M. Farjoun and W. Starbuck (eds.), *Organization at the Limit: Lessons from Columbia Disaster* (220-245). London: Blackwell 参照。

27. 企業内託児所の運営会社ブライト・ホライゾンの前上級経営者とのインタビューに基づく。

28. http://www.ihi.org/IHI/Topics/PatientSafety/SafetyGenral/Tools/SBARTechniqueforCommunicationASituationalBriefingModel.htm.

29. Weiner, E. L., B. G. Kanki, and Robert L. Helmreich.(1995). *Cockpit Resource Management*. London: Academic Press.

30. 1991 年 5 月 24 日 NASA のエームズ・リサーチセンターで行った講演のなかで、アルフレッド・ヘインズ機長は、ユナイテッド航空 232 便の不時着事故の際にクルーリソース・マネジメント（CRM）の手法のおかげでずいぶん助かったと述べた。この講演内容は、http://yarchive.net/air/airliners/dc10_sioux_city.html の URL で見ることができる。この事故の学術的解説については、McKinney, E. H., J. R. Barker, K. J. Davis, and Daryl Smith.(2005). "How Swift Starting Action Teams Get off the Ground: What United Flight 232 and Airline Flight Crews Can Tell Us About Team Communication." *Management Communication Quarterly*. 19: 196-237 参照。

31. 問題を見つけようとする人が直面するコスト対便益の得失評価に関する議論の詳細については、Edmondson, A., M. Roberto, R. Bohmer, E. Ferlins and Laura Feldman の前掲書参照。

32. 退役艦長マイケル・アブラショフは、米国海軍のアーレイ・バーク級ミサイル駆逐艦の指揮官として学んだリーダーシップに関する彼の著書のなかで、「積極的に聴く（aggressive listening)」という言葉を使っている。

33. 2007 年秋、ハーバード・ビジネススクールにおけるノバルティス社経営幹部向け教育プログラムの際のラリー・アルガイヤとの会話に基づく。

34. カルレーン・ロバーツは、高信頼性組織（日常ベースで高レベルのリスクに対応しているが、非常に事故率が低い状態を維持している企業）に関する専門家である。彼女は、この種の組織は積極的に自分たちが知らないことを知ろうと努めていると述べている。Roberts, K., R. Bea, and D. Bartles. (2001). "Must accidents happen? Lessons from high reliability organizations." *Academy of Management Executive*. 15(3): 70-79.

第 2 章

1. Amidon, M. (2005). "Groupthink, Politics, and the Decision to Attempt the Son Tay Rescue." *Parameter: U.S. Army War College Quarterly*. 35(3). 119-131. ソンタイ収容所奇襲の情報の詳細は、Schemmer, B.F. (2002). *The Raid: The Son Tay Prison Rescue Mission*. New York: Ballantine Books 参照。

2. Amidon, M. (2005) 前掲書。

Operating Room: How Team Leaders Promote Learning in Interdisciplinary Action Teams." *Journal of Management Studies* 40(6): 1419-1452; Detert, J. R. and A. C. Edmondson. (2007). "Why Employees Are Afraid to Speak Up." *Harvard Business Review*. May: 23-25.

19. アニタ・タッカーとエイミー・エドモンドソンは、2003年に第一次と第二次の問題解決を見分けるという受賞論文を発表した。この研究のなかで、彼女たちは、病院看護師はその職務をまっとうできるように、しばしば最前線で遭遇する問題を解決している（第一次問題解決）が、その根底にあるシステム上の欠陥に対処するほど深く掘り下げていない（第二次問題解決）ことが多いと指摘している。看護師は自分の持ち場内での問題は解決していても、その遭遇した問題をもっと広い範囲に伝えることはしていない。このように問題を孤立したものとして扱うことは学習の妨げとなり、問題が再発を繰り返す恐れがあることを意味している。詳細についは、Tucker, A. and A. Edmondson. (2007). "Why Hospitals Don't Learn from Failures: Organizational and Psychological Dynamics That Inhibit System Change." *California Management Review* 45(2): 53-71 参照。

20. ゼネラルエレクトリック社の前 CEO ジャック・ウェルチは、その著作の中で構造の複雑さがもたらす危険性について述べている。Welch, J. (2001). *Jack: Straight from the Gut*. New York: Warner Business Books（『ジャック・ウェルチ　わが経営（上）（下）』、宮本喜一訳、日本経済新聞社、2005年）参照。

21. 本章のこの部分は私がハーバード・ビジネススクールのジャン・リブキン教授および助手のエリカ・ファーリンズとともに行った調査に基づいている。Rivkin, J. W., A. Roberto, and Erika Ferlins. (2006)." Managing National Intelligence (A): Before 9.11." *Harvard Business School Case Study* 9-706-463 参照。

22. *The 9.11Commission Report: Final Report of the National Commission on Terrorist Attacks Upon the United States*. (2004). New York: W.W. Norton & Company. p.353（訳注：ダイジェスト版として『9.11委員会レポートダイジェスト：同時多発テロに関する独立調査委員会報告書、その衝撃の真実』、松本利秋、ステファン丹沢、永田善文訳、WAVE出版、2008年が出版されている）

23. 首席補佐官の役割をはじめとする、大統領の意思決定に関する優れた分析については、George, A.(1980). *Presidential Decision-making in Foreign Policy: The Effective Use of Information and Advice*. Boulder, Colorado: Westview Press; Johnson, R. T. (1974). *Managing the White House*. New York: Harper Row 参照。さらに、スティーブン・アンブローズのドゥワイト・D・アイゼンハワーを将軍および大統領の両面で捉えた下記の伝記作品を読んでみるのがいいかもしれない。Ambrose, S.E.(1990). *Eisenhower: Soldier and President*. New York: Touchstone.

24. Walcott, C., S. Warshaw, and Stephen Wayne. (2000). "The Chief of Staff." *The White House 2001 Project*: Report No. 21. p.1.

25. 同上、p.12。

26. 過去二件の NASA のスペースシャトルの事故に関して、エンジニアたちは宇宙船の安全性に重大な懸念を持っていたが、その懸念を統計的に有意なデータによって証明することはできなかった。けれども、彼らの直観はシャトルが安全でないことを告げていた。これに対して、NASA の文化は直観に基づいた判断を重要視せず、代わりに大規模なデータベースから得た数値化された証拠を特に重視していた。チャレンジャー号の事故の詳細については、Vaughan, D.(1996). *The Challenger Launch Decision: Risky Technology, Culture, and*

7. 壊滅的障害に関する文献の論評に興味があれば、最近出版された次の本に私が書いた一章があるので参考にしていただきたい。Robert, M. (2008). "Why Catastrophic Organizational Failures Happen." in C. Wankel (ed.), *21st Century Management* (pp.471-481). Thousand Oaks, CA: Sage Publications.

8. Edmondson, A. C. and M. D. Cannon, (2005). "Failing to Learn and Learning to Fail (Intelligently): How Great Organizations Put Failure to Work to Improve and Innovate." *Long Range Planning Journal*. 38(3): 299-320.

9. シム・シトキンは、組織が彼の「Intelligent Failure（知的失敗）」と呼ぶことからいかに恩恵を受けることができるかについて、独創性に富んだ論文を執筆している。こうした失敗が示しているのが包容力をもって受け入れるべき学びの機会なのだと説いている。詳しくは、Sitkin, S. B. (1996). "Learning through failure: The strategy of small losses." In M. D. Cohen and L. S. Sproull (eds.), *Organizational Learning*. (pp.541-578). Thousand Oaks, CA: Sage.

10. トヨタの知恵と改善の文化については、Takeuchi, H., E. Osono, and Norihiko Shimizu. (2008). "The contradictions that drive Toyota's success." *Harvard Business Review. June*: 96-105; Spear, S. and Kent Bowen. (1999). "Decoding the DNA of the Toyota Production System." *Harvard Business Review*. September: 96-107 参照。

11. Weick, K. and Kathleen Sutcliffe. (2001). *Managing the Unexpected: Assuring High Performance in an Age of Complexity*. San Francisco: Jossey Bass. p.56 （『不確実性のマネジメント：危機を事前に防ぐマインドとシステムを構築する』西村行功訳、ダイヤモンド社、2002 年）。

12. Mishina, K.(1992). "Toyota Motor Manufacturing, U.S.A. Inc." *Harvard Business School Case Study* No. 9-693-019. 三品氏は、現場作業者が監督者に潜在的問題を警告するためにアンドンの紐を引くことができる手続きをはじめとするトヨタの生産方式を詳細に説明している。また、アンドンの紐が引かれたときに、どのような場合に、またどのようにして生産ラインが実際に停止するかについても述べている。

13. Fishman, C. (2006). "No satisfaction." *Fast Company*. 111:82-91.

14. Watanabe, K. (2007). "The HBR Interview: Lessons from Toyota's Long Drive." *Harvard Business Review*: July-August: 74-83.

15. Clark, M. with A. Joyner, (2006). *The Bear Necessities of Business: Building a Company with Heart*, Hoboken, NJ: John Wiley and Sons, p.89.

16. 同上、p.92。

17. 同上。

18. エイミー・エドモンドソンは、心理的安全性というテーマについて多彩な著述を発表している。たとえば、下記参照。Edmondson, A. (1999). "Psychological safety and learning behavior in work teams." *Administrative Science Quarterly*, 44: p.354; Edmondson, A. and Gary Pisano. (2001)." Disrupted Routines: Team Learning and New Technology Adaptation." *Administrative Science Quarterly* 46: 685-716; Edmondson, A. (2003). " Speaking up in the

原 注

第1章

1. ここに掲げた例は、卒業論文執筆中の学生のジェイソン・パーク、さらにハーバード大学教授のエイミー・エドモンドソンおよびデビッド・エイガーといっしょに私が行った調査に基づいて作成したものである。私たちは、メンフィスのバプチスト・メモリアル病院、ペオリアのセントジョセフ病院、セントルイスのミズーリ・バプチスト医療センター、ボストンのベス・イスラエル・ディーコネス医療センターの四病院で調査を行った。この調査の詳細については、ジェイソン・パークが優秀賞を受章したに2006年のハーバード大学卒業論文 "Making rapid response real: Change management and organizational learning in critical patient care." 参照。この調査の期間中に、ジェイソンと私は4つの病院で49人の医療専門家にインタビューを行い、これらの病院のうちの一つで毎週開かれる管理者会議に数カ月の間オブザーバーとして出席した。私たちは、この調査活動を支援し、協力いただいたミズーリ・バプチストの正看護師ナンシー・サンダーズ、セントジョセフの正看護師マーラ・スロック、メンフィスのバプチスト・メモリアルのエメル・ゴールデン医師、ベス・イスラエル・ディーコネスのマイケル・ハウエル医師に特に感謝の意をささげたい。

2. Franklin, C., and J. Matthew. (1994). "Developing strategies to prevent in-hospital cardiac arrest: Analyzing responses of physicians and nurses in the hours before the event." *Critical Care Medicine*. 22(2): 244-247.

3. 緊急対応チームの詳細については、医療の質改善研究所発行の手引書 "Getting Started Kit: Rapid Response Teams." 参照。

4. Sharek, P. J., L. M. Parast, K. Leong, J. Coombs, K. Earnest, J. Sullivan, et al. (2007). "Effect of a Rapid Response Team on Hospital-wide Morality and Code Rates Outside the ICU in a Children's Hospital." *Journal of the American Medical Association*. 298: 2267-2274.

5. この点に関する研究では社会学者チャールス・ペローによるものと、心理学者ジェイムズ・リーゾンによるものの二つが有名である。詳細については、C. Perrow. (1999). *Normal Accidents: Living with High-Risk Technologies*. Princeton, NJ: Princeton University Press, および J. Reason. (1990). *Human Error*. Cambridge, England: Cambridge University Press (『ヒューマンエラー：認知科学的アプローチ』林善男訳、海文堂、1994年) 参照。リーゾンは、この著書のなかで、ほとんどの場合一連のミスが組織における事故の原因となっていると主張している。彼は事故に対して組織が講じる防衛方法に関して独自の「スイスチーズ・モデル」を提言している。この概念によれば、事故に対する何重かの組織の防衛の壁はスライスしたチーズで説明できる。リーゾンはこの防衛の壁の弱点をチーズの空いた穴に例えている。スイスチーズの空いた穴は完全に一直線に空いているのではないのが通常だ。したがって、一方の側に空いた穴から覗いても反対側は見えない。ところが非常にまれなケースだが、不運にも穴が端から端まで一直線につながっている場合がある。リーゾンは、小さなミスがチーズの塊を貫いて横切る場合がある、つまり小さなミスが組織のシステムの間で次から次へと転送されていくことがあると言う。けれども、ほとんどの場合穴は一直線ではない。したがって、通常は小さなミスが転送されてシステム全体を通り抜ける前に防衛層の一つがそのミスを補足しているのだ、と説明している。

6. Turner, B.A. (1976). "The organizational and interorganizational development of disasters." *Administrative Science Quarterly*. 21(3): 378-397.

● 著者

マイケル・A・ロベルト
Michael A. Roberto

ハーバード・ビジネススクール教授として6年間を過ごしたのち、ブライアント大学で経営学の終身教授となる。専門は、リーダーシップ、意思決定、経営戦略など。著書に『決断の本質』（英治出版）がある。アップル、モルガン・スタンレー、コカ・コーラなど、世界的企業においてリーダーシップ開発やコンサルティングを行い、FBIやNASAといった米政府機関での講演も行う。

● 訳者

飯田 恒夫
Iida, Tsuneo

1961年、大阪大学法学部卒業。20年の海外駐在を含む総合商社での勤務を経て、ビジネス・経済関係の翻訳業務に従事。主な訳書に『ボリンジャーバンド入門』、『ゲイリー・スミスの短期売買入門』、『私は株で200万ドル儲けた』（いずれもパンローリング）、『エグゼクティブコーチング（上）』（ファーストプレス）などがある。

● 英治出版からのお知らせ
本書に関するご意見・ご感想を E-mail（editor@eijipress.co.jp）で受け付けています。
また、英治出版ではメールマガジン、Web メディア、SNS で新刊情報や書籍に関する記事、イベント情報などを配信しております。ぜひ一度、アクセスしてみてください。

メールマガジン：会員登録はホームページにて
Web メディア「英治出版オンライン」：eijionline.com
ツイッター：@eijipress
フェイスブック：www.facebook.com/eijipress

なぜ危機に気づけなかったのか
組織を救うリーダーの問題発見力

発行日	2010 年 2 月 25 日 第 1 版 第 1 刷 2022 年 10 月 15 日 第 1 版 第 5 刷
著者	マイケル・A・ロベルト
訳者	飯田恒夫（いいだ・つねお）
発行人	原田英治
発行	英治出版株式会社 〒 150-0022 東京都渋谷区恵比寿南 1-9-12 ピトレスクビル 4F 電話 03-5773-0193 FAX 03-5773-0194 http://www.eijipress.co.jp/
プロデューサー	鬼頭穣
スタッフ	高野達成 藤竹賢一郎 山下智也 鈴木美穂 下田理 田中三枝 安村侑希子 平野貴裕 上村悠也 桑江リリー 石﨑優木 渡邉吏佐子 中西さおり 関紀子 齋藤さくら 下村美来
印刷・製本	大日本印刷株式会社
装丁	重原隆
翻訳協力	株式会社トランネット http://www.trannet.co.jp

ISBN978-4-86276-064-7 C0034 Printed in Japan.

なぜ人と組織は変われないのか ハーバード流 自己変革の理論と実践

ロバート・キーガン、リサ・ラスコウ・レイヒー著 池村千秋訳 本体 2,500 円+税

変わる必要性を認識していても85%の人が行動すら起こさない? 「変わりたくても変われない」という心理的なジレンマの深層を掘り起こす「免疫マップ」を使った、個人と組織の変革手法をわかりやすく解説。発達心理学と教育学の権威が編み出した、究極の変革アプローチ。

チームが機能するとはどういうことか 「学習力」と「実行力」を高める実践アプローチ

エイミー・C・エドモンドソン著 野津智子訳 本体 2,200 円+税

いま、チームを機能させるためには何が必要なのか? 20 年以上にわたって多様な人と組織を見つめてきたハーバード・ビジネススクール教授が、「チーミング」という概念をもとに、学習する力、実行する力を兼ね備えた新時代のチームの作り方を描く。

人を助けるとはどういうことか 本当の「協力関係」をつくる7つの原則

エドガー・H・シャイン著 金井壽宏監訳 金井真弓訳 本体 1,900 円+税

どうすれば本当の意味で人の役に立てるのか? 職場でも家庭でも、善意の行動が望ましくない結果を生むことは少なくない。「押し付け」ではない真の「支援」をするには何が必要なのか。組織心理学の大家が、身近な事例をあげながら「協力関係」の原則をわかりやすく提示。

サーバントリーダーシップ

ロバート・K・グリーンリーフ著 金井壽宏監訳 金井真弓訳 本体 2,800 円+税

希望が見えない時代の、希望に満ちた仮説。ピーター・センゲに「リーダーシップを本気で学ぶ人が読むべきただ一冊」と言わしめた本書は、刊行以来、研究者・経営者・ビジネススクール・政府に絶大な影響を与えてきた。「サーバント」、つまり「奉仕」こそがリーダーシップの本質だ。

学習する組織 システム思考で未来を創造する

ピーター・M・センゲ著 枝廣淳子、小田理一郎、中小路佳代子訳 本体 3,500 円+税

経営の「全体」を綜合せよ。不確実性に満ちた現代、私たちの生存と繁栄の鍵となるのは、組織としての「学習能力」である。――自律的かつ柔軟に進化しつづける「学習する組織」のコンセプトと構築法を説いた世界 100 万部のベストセラー、待望の増補改訂・完訳版。